J'avais un an en 1900

DU MÊME AUTEUR

Mes écoles, collection Vécu, Robert Laffont
Prix Fabien de l'Académie Française.

Edouard Bled
avec la collaboration d'Odette Bled

J'avais un an en 1900

Fayard

Pour Odette, mon épouse, mon amie,
La femme que je ne finis pas d'aimer,
Ce livre des évocations lointaines de mon enfance,
De mon adolescence
Et de nos souvenirs mêlés pendant plus d'un demi-siècle.

AVANT-PROPOS

Une de ces dernières années, je fus l'invité d'une maison de la Culture de la région parisienne pour évoquer des souvenirs. Je proposai à l'assistance de parler de ma rue au début du siècle — au temps où la banlieue était formée de gros villages. Et ma mémoire fidèle fit revivre les habitants de chaque maison dans des attitudes familières avec leur personnalité singulière et attirante. Chacun vint jouer une scène de sa vie dans la rue où il avait vécu. Et moi, pendant au moins trois heures, je ne vis personne des gens qui m'entouraient, mais seulement mes amis d'autrefois qui m'accueillaient avec leurs mains franches et leurs sourires.

A la fin de la causerie, les auditeurs intéressés me dirent : « Pourquoi n'écririez-vous pas ce que vous venez de nous raconter ? » Ainsi m'était suggérée l'idée d'un livre où les étapes de ma vie refléteraient l'attachement à une rue, à un quartier sur lesquels s'étaient posés mes premiers regards. Des souvenirs nés avec le siècle et engrangés au cours des années forment une chronique du temps qui s'embellit d'un roman d'amour dont les personnages sont pris dans le tourbillon de l'Histoire, les événements nous entraînant tous alors vers un destin collectif. Toute notre vie nous mettons nos pas dans ceux de l'Histoire.

CHAPITRE PREMIER

Quand des fils d'argent commencent à s'insinuer dans notre chevelure, certains soirs, en fermant les yeux, nous nous laissons entraîner dans le monde des souvenirs assoupis qui, à notre approche, s'animent, bruissent et deviennent tout vibrants. En pensée, nous aimons à nous retrouver dans le village ou le quartier de la ville où nous sommes nés, où nous avons joué avec d'autres enfants, à reprendre le chemin de l'école pour revivre les premières émotions que nous a laissées le cher encrier de porcelaine. Retrouver sa rue avec ses parents, ses amis, ses voisins, figés dans des attitudes familières depuis des années et des années comme dans un film dont la projection s'est arrêtée subitement et les voir se ranimer lorsqu'elle reprend, n'est-ce pas merveilleux ? Vision magique, fidèle, consolante de la mémoire.

Et, dans la clarté blonde et fraîche d'une belle matinée de printemps, nous allons au-devant de notre enfance pour réunir des souvenirs comme nous cueillons des fleurs des champs pour en faire un bouquet.

Les rues sont des cours d'eau, fleuves ou rivières, avec une source, des affluents, une embouchure. La mienne, dans mon enfance, était désignée par un prénom : elle s'appelait la rue Gustave. Dans mon quartier, à Saint-Maur, quelques rues portaient aussi des prénoms : Emile, Léonie, Joséphine, Aline, qui étaient les enfants du créateur de l'endroit. François Adam, propriétaire d'un immense domaine, l'avait loti, un peu avant la guerre de 1870, en parcelles de six cents à huit cents mètres carrés. Elles avaient été acquises par des commerçants ou des artisans de Paris, qui firent construire des résidences pour y passer les dimanches et quelques jours pendant la belle saison et aussi pour s'y retirer lorsqu'ils auraient cessé leurs activités. Ainsi fut fondé le quartier d'Adamville. Mes grands-parents achetèrent une parcelle peu avant 1870 et mes parents en acquirent quatre en 1887.

De nombreuses parcelles étaient encore libres en 1914. Elles étaient nos terrains de jeux.

Au début du siècle, les manières de vivre des uns et des autres étaient si proches que votre rue devait ressembler à la mienne, mi-campagnarde, mi-citadine. Les maisons étaient d'aspect fort varié et diversement situées ; les unes étaient construites en bordure de rue, d'autres tout au fond d'un jardin. On y accédait alors par une large allée limitée de chaque côté par une longue plate-bande plantée à distance régulière d'arbres fruitiers en quenouille ; dans les intervalles se dressaient de hautes touffes de fleurs. Ces plates-bandes étaient bordées d'œillets mignardises, de corbeille-d'argent, parfois de buis bien taillé. Près de la maison, un grand arbre, tilleul ou marronnier, à l'ombre duquel on déjeunait l'été et aussi l'on se reposait par les après-midi de grande chaleur. Dans chaque jardin, un puits dont on entendait grincer la chaîne et la poulie. Les grilles étaient fermées à clef et munies de petits vantaux que l'on ouvrait pour reconnaître le visiteur.

Les maisons repliées sur elles-mêmes prenaient une vie un peu secrète et certainement heureuse. Cependant, le mystère était percé quand le propriétaire charriait du fumier à pleines brouettées ou, qu'appuyé sur le manche de sa fourche, il restait à parler.

Notre maison sera plantée à dix mètres de la rue avait dit mon père. Sa porte-grille à deux battants dépourvue de vantaux et les barreaux espacés surmontant à mi-hauteur le mur de clôture permettront de la voir accueillante dans son jardin.

Avec son marché, animé deux jours par semaine de couleurs et de rumeurs, son école studieuse et bruyante, sa chapelle, sa place rayonnante, ses rues où s'alignent quelques tilleuls ou quelques acacias aux grappes blanches parfois jaune pâle, bourdonnantes d'abeilles au printemps, ses grands espaces libres où stridulent les grillons, végètent des chardons épineux, et une herbe rase usée par les va-et-vient des gens ou les jeux des enfants, mon quartier est un grand village. Pourtant, Paris est à deux pas, on aperçoit certains soirs à l'ouest sa lueur au bas du ciel. Dans ce village, dont le souvenir m'est cher, j'eus le bonheur de naître en 1899, dans la maison à tourelle de ma grand-mère.

J'ai sept ou huit ans, c'est jeudi. Sur des vêtements étriqués, je porte un sarrau noir aux manches trop courtes. Mes galoches que mon père a réparées sont pourtant bien cirées, c'est la règle familiale. Ma mère dit : « tout cela suffit bien pour jouer dans la rue ou dans la plaine. Les vêtements propres et en bon état, c'est pour aller à l'école et tu le sais bien, nous devons faire des économies pour avoir notre maison bientôt ».

Il fait beau, mon frère Jacquot et nos amis sont déjà partis pour la plaine essayer un nouveau cerf-volant. La plaine est une vaste étendue où nous passons une grande partie de nos moments de liberté, nous y sommes à l'aise. Elle est la source de notre rue, elle ne peut en être détachée. J'ai été retardé car je suis allé chez la boulangère acheter les deux pains fendus de quatre livres que nous consommons chaque jour. C'est ma tâche quotidienne que pour rien au monde je ne laisserais à d'autres. La boulangère m'aime bien et moi aussi. Elle me tapote la joue et m'appelle « mon petit Edouard », puis elle est belle la boulangère avec ses yeux bruns, bien doux qui ressemblent à ceux de ma mère et, pour moi, elle force toujours la pesée. De retour chez moi, je mets les deux miches dans la panetière, je dégringole l'escalier pour rejoindre ma bande à toute vitesse. Au passage, ma grand-mère me dit : « Tu es bien pressé. » Bien sûr que je suis pressé car je suis un fameux joueur. Arrivé près du café de M. Pélerin, j'aperçois mes amis. J'attends que le bruyant et massif tramway vert et rouge, à la longue perche — le trolley — munie d'une roulette à gorge qui glisse sur un câble pour capter le courant, soit passé. J'ai devant moi un espace important de notre domaine.

Sur l'autre trottoir, à une trentaine de mètres à gauche, une carrière entourée de murs, en voie de comblement. Chaque jour, des tombereaux y déversent des ordures, des gravats, des débris de toutes sortes. L'argent de poche est rare, à nous de le fabriquer. Souvent le jeudi, nous allons, munis d'un vieux sac et d'un long bâton, à la recherche de trésors dont la vente nous procurera quelques sous. Nous enfouissons dans notre sac : boîtes de sardines, boîtes de conserve recherchées pour leur soudure à l'étain, gros os de pot-au-feu, qui deviendront sous une main habile boutons, jetons, objets divers, enfin tous les débris offrant quelque intérêt. De cette carrière pendant des années et des années a été extrait le sable utilisé à la construction des premières maisons du quartier.

A trente mètres, à droite, une autre carrière, en pleine exploitation, celle-là. Nous y allons parfois ramasser de petits coquillages dont nous faisons des colliers pour les filles. Et pourtant elles ne jouent jamais avec nous ! Les falaises de la carrière sont percées de trous où nichent des martinets. Nous les voyons parfois passer leur tête comme s'ils se mettaient à la fenêtre pour observer le voisinage, rien n'échappe à leur regard aigu ; si un moucheron passe à leur portée, ils s'élancent pour le happer et profitent de cette sortie pour tournoyer joyeusement.

Juste à côté de son travail, le carrier a sa maison, une écurie pour son cheval, un hangar pour son tombereau et le harnachement. Nous nous attardons à regarder le carrier travailler avec sa large pelle, son pic, ses tamis qui lui permettent de séparer les gros cailloux, des gravillons et du sable fin. C'est une tâche rude : aussi est-il souvent le torse nu, le pantalon tenu par une large ceinture de flanelle bleue. Nous aimons bien son cheval gris pommelé qui nous fournit les crins de sa queue avec lesquels nous montons nos lignes pour pêcher la grenouille.

Ainsi, entre les deux carrières, une trouée donne accès à la Plaine large d'une bonne centaine de mètres et longue de deux à trois cents mètres.

Elle va de la maison peinte en bleu outremer, unique en

son genre, jusqu'à la place Gambetta plantée de tilleuls. Cette maison nous intrigue fort, car elle est différente des autres et, de plus, nous n'avons jamais pu connaître les gens qui l'habitaient.

Je retrouve mes amis, ils s'affairent autour du cerf-volant. Le premier essai n'a pas été concluant. Il faut allonger la queue pour assurer l'équilibre. Le cerf-volant est la réalisation d'un travail d'équipe dont le maître d'œuvre est mon frère Jacques qui gardera toute sa vie un esprit curieux et inventif. Qu'il est majestueux notre cerf-volant ! Quand rien ne vient contrarier son ascension, il monte comme s'il se frayait un chemin dans l'espace puis il plane tel un bel oiseau. Sa queue faite de papillotes de diverses teintes a les ondulations capricieuses d'un long serpent multicolore. Parfois, on ne sait pas trop pourquoi, il tourne sur lui-même, comme un soleil de feu d'artifice et l'on a bien du mal à le redresser. Il arrive que sous un coup de vent subit, la ficelle casse, alors on court, on crie, on s'affole.

Depuis longtemps, nos voix se sont dispersées. Si elles ne se sont pas perdues, elles doivent revenir dans cette grande Plaine de notre enfance, pour se retrouver, par les belles journées d'été.

Nulle part ailleurs, nous ne faisions évoluer nos cerfs-volants. Ce n'était cependant pas le seul jeu auquel nous nous livrions en ce lieu. Il y avait les fameuses parties de gendarmes et de voleurs. Antoine, que nous surnommions « couche tout nu » parce qu'il ne mettait une chemise que le dimanche, fit un jour cette réflexion sublime :

— Et si l'on dirait qu'on serait tous des voleurs ?

Mais les autres se récrièrent :

— Ce serait pas marrant, on pourrait pas jouer.

— Si, les moins voleurs seraient les gendarmes.

— Non, les plus voleurs seraient les gendarmes parce qu'ils connaissent tous les coups.

— Ah ! ben ça alors !

— Si les gendarmes arrêtent tant de voleurs, c'est qu'ils savent tout.

Et, pour appuyer cette remarque, quelqu'un dit :

— C'est comme les maîtres qui connaissent toutes les farces que font les élèves.

Jacques, qui avait écouté et n'avait encore rien dit, prit la parole :

— On n'y comprend rien avec vos histoires. Il nous faut de vrais gendarmes et de vrais voleurs. Toi, l'Antoine et moi serons les gendarmes. Toi, le Dadard, tu garderas la prison. Quant à toi, le Didi, tu es le chef de tous les voleurs.

Quand on m'amenait un prisonnier, celui-ci n'avait qu'une idée : s'évader. Alors, il y avait des tractations, il me disait :

— Si tu me paies un roudoudou quand tu auras un sou, je ne me débinerai pas.

L'affaire se concluait et le jeu se poursuivait. Mais quand il y avait plusieurs prisonniers, je ne pouvais payer ces roudoudous à tout le monde avec un sou !

Notre ardeur au jeu nous faisait quelquefois sortir des limites de notre territoire. De l'autre côté de l'avenue Gambetta, un vaste espace piqué çà et là de quelques pavillons coiffés de tuiles bien rouges et surtout l'entreprise Herbet où l'on trouvait tous les matériaux de construction.

Il y avait là mille cachettes. Nous y allions sans crainte car le comptable de cette importante entreprise était un ami de mes grands frères Georges et Louis. Nous connaissions bien sa jeune femme Loulou, blonde aux yeux bleu clair toujours rieurs, menue, à la silhouette fragile, une vraie poupée. Tout ce monde se retrouvait à la Fauvette pour danser. Loulou était légère comme un papillon dans sa robe à volants, ses rubans et ses dentelles. La danse la passionnait et enflammait ses joues. Quelquefois, elle me faisait sautiller. J'aimais bien lui tenir la main. A cette époque, mes frères chantaient un air à la mode : « Ah ! si vous connaissiez Loulette... ». Je les écoutais avec ravissement et le petit garçon de huit ans faisait un rapprochement entre cette gentille Loulette et Loulou son amie à la peau de pêche.

Le point le plus éloigné de nos escapades, de ce côté, se situait aux Quatre-Chemins. Cette appellation sonnait bien, elle nous plaisait. Elle nous rappelait certains lieux-dits : les Quatre-Routes, les Quatre-Vents... des romans d'Erckmann-Chatrian que nous lisions, le soir avec délices dans la clarté blonde et douce de notre grande lampe à pétrole. Les Quatre-Chemins, beau lieu-dit, en vérité, et pourtant, nous n'aimions guère passer par là, à cause de l'Orphelinat avec son portail à double battant, sa porte étroite, le tout peint d'un noir lugubre, ses hauts murs. Nous entendions tinter tristement la cloche quand le vent soufflait de l'Est. Nous rencontrions parfois les orphelins en promenade, le jeudi ou le dimanche après-midi par les rues du quartier. Ils allaient, sous la surveillance d'un maître, en rangs, par deux, se donnant la main, mornes et dociles, le visage fermé. Ils portaient un uniforme et, l'hiver, une méchante pélerine qui leur couvrait les épaules et descendait à peine à la taille, alors que moi, j'en avais une, ample, épaisse qui m'enveloppait tout le corps et me donnait le bien-être de sa douce chaleur. Deux poches profondes me protégeaient les mains. Quand je parlais des orphelins, ma mère me disait :

— Pourquoi affubler ces enfants, d'un uniforme ? A-t-on besoin de signaler leur malheur ?

Ma mère avait raison et pourtant tous les pensionnats avaient leur uniforme.

Il y en avait un, en particulier, qui aux yeux des parents se parait de toutes les vertus et faisait froid dans le dos des enfants quand on envisageait de les y envoyer. C'était l'institution Saint-Nicolas. Si à la fin du mois, on présentait à ses parents un mauvais livret, il n'était pas rare de s'entendre dire :

— Si le mois prochain tes notes sont aussi mauvaises, on te mettra à Saint-Nicolas.

Je ne pouvais m'empêcher de penser à ces malheureux orphelins qui ne connaissaient pas la tendresse d'une mère, moi qui en avais une si douce, qui m'embrassait, me disait : « Bonne nuit, mon enfant » en me bordant dans mon petit lit de fer poussé contre la cheminée. Et je m'endormais alors, rassuré, dans la clarté bleutée de la veilleuse à huile en forme de pagode chinoise.

Lisant nos journaux illustrés, nous voyions de jeunes garçons, en costume marin au grand col bleu, coiffés de

Jean-bart, à ruban flottant au vent, remuer du sable sur la plage de Trouville, alors très fréquentée et construire des châteaux où ils plantaient un petit drapeau tricolore. Leurs mères, sur des chaises longues ou assises sur le sable, lisaient ou bavardaient, abritées du soleil par des ombrelles de couleurs claires à volants car il était de mode pour les femmes de la ville de garder un teint de lait et d'éviter le hâle des campagnards. C'est à ces jeunes privilégiés des beaux quartiers de Paris que nous songions. Nous aussi, nous en avions du sable fin, jaune, plein de coquillages. Entre nos doigts, il ruisselait comme une poudre d'or. Et ce sable qui était sous nos pieds avait été amassé, caressé par la mer pendant des siècles et des siècles au temps où des animaux monstrueux y vivaient ou s'y baignaient. Nous construisions aussi des châteaux surmontés d'un drapeau que nous avions coloré nous-mêmes. Jaloux de ces enfants, nous qui portions des culottes rapiécées pour jouer, nous ne l'étions pas. Nous vivions toute l'année, en liberté, respirant l'air salubre de notre banlieue. Mais nous étions habités par un rêve : voir la mer déferler sur le rivage, et de grands oiseaux blancs voler au-dessus de nos têtes, leurs ailes déployées. Lorsque nous apercevions de petits nuages blancs se déplacer dans l'azur, nous les prenions pour des voiliers qui nous emportaient vers des pays inconnus.

Nous élevions un haut monticule comme une montagne et nous tracions une route qui au départ plate, rectiligne et assez longue, s'élevait en lacets, passait sous des tunnels et sinueuse, atteignait le sommet. Du plus haut nous faisions rouler nos billes et nos agates. C'était à celui qui ferait rouler sa bille, le plus loin possible, sur la route droite. Ce sable frais nous engageait à jouer à « la carotte ». On ferme la main gauche et, successivement, on place la pointe de son couteau de poche tenu verticalement par l'index droit à la jointure des principales phalanges de chaque doigt. Un coup sec vers le bas, le couteau libéré décrit une portion de cercle, la lame doit se planter droit dans le sable. La réussite n'est pas toujours là. Alors on recommence. Il y avait toujours un roudoudou à gagner ! Pendant tous ces travaux, l'un ou l'autre essayait d'attraper de grosses sauterelles vertes qui portent sous le ventre un grand couteau noir. Or, une sauterelle ça saute ! Elles faisaient des bonds prodigieux, mais nous arrivions tout de même à en retenir prisonnières sous notre main ou notre béret. Nous savions que les sauterelles sont nuisibles, qu'elles détruisent les récoltes dans certains pays d'Afrique, aussi nous ne voulions pas les épargner. J'en avais donné aux poules de ma grand-mère mais sans succès.

L'Antoine avait dit :

— Une de mes tantes nous a écrit que dans les arbres de son jardin, il y a des cigales qui chantent toute la journée et l'empêchent de faire la sieste. Ces sauterelles sont des idiotes, elles ne disent rien !

Et d'un coup de talon, il les écrasait. Cependant nous en gardions quelques-unes pour nos parties de pêche.

A cette impitoyable oraison funèbre répondait notre inaltérable sympathie pour les grillons qui, par centaines, stridulaient dans la plaine. Quand nous approchions de leurs trous, ils se taisaient, mais si nous restions immobiles un long moment, rassurés, ils se reprenaient à chanter. Nous aimions nos cricris. Nous n'avions qu'un désir, les taquiner, jouer avec eux, les entraîner dans une petite promenade, en les emmenant à la maison.

Dans le trou où il gîtait, nous enfoncions une longue tige de graminée et nous l'agitions. Le grillon sortait pour voir ce qui se passait. Et hop ! nous le mettions dans une grosse boîte en carton de cent allumettes. Lorsque nous en avions six, nous revenions en sifflotant. L'accueil de notre mère était narquois. « Encore une invention ! » disait-elle. Désapprobatrice, elle aurait pu nous ordonner de les reporter où nous les avions pris. Elle préférait que nous nous rendions compte par nous-mêmes de notre erreur. Nous les placions dans un bocal sans couvercle pour qu'ils puissent respirer à leur aise, mais ils ne pouvaient s'échapper, car leurs pattes glissaient sur le verre. Nous leur donnions des miettes de pain, des débris de petit blé, des feuilles de salade très tendres, coupées en petits morceaux. Ils ne paraissaient pas sensibles à nos gâteries, peut-être n'avaient-ils qu'un léger appétit ?

— « Qu'est-ce qu'on se fatigue pour eux ? Ils sont bien difficiles ! » disions-nous un peu vexés. Notre mère, tout en vaquant à ses occupations ménagères, nous écoutait et intervenait :

— « Croyez-vous qu'ils aient l'habitude de trouver des mies de pain et de la salade dans leurs trous ? Chaque animal a sa pâture. »

Nous étalions un journal sur la table et nous tentions de les aligner pour faire la course. Mais nos grillons ne comprenaient pas et partaient de tous les côtés sauf du bon.

— « Ah ! qu'ils sont têtus ! ils ne comprennent même pas qu'on veuille les faire courir. »

Même insuccès quand nous voulions les faire monter à une échelle que nous avions fabriquée nous-mêmes et dont les échelons étaient de longues allumettes.

Notre mère souriait et nous disait :

— « Les plus têtus ne sont pas toujours ceux qu'on croit. »

Pour nous expliquer nos échecs elle prenait souvent des exemples imagés qui nous frappaient toujours.

— « Pensez-vous que vous feriez monter un escalier à un éléphant ? »

Evidemment la comparaison était plutôt forcée. Et nous ne voulions pas abdiquer. Mais après plusieurs tentatives, il fallait s'y résoudre, remettre les six grillons dans la boîte d'allumettes pour aller leur rendre la liberté dans la plaine. Nous n'avons jamais tué ou fait souffrir un grillon. Certes, nous ne le considérions pas comme un animal sacré, mais comme un ami, cet insecte de la taille de notre petit doigt et tout vêtu de noir comme le curé de notre paroisse. Il ne faisait de mal à personne, il ne mordait pas, il ne pinçait pas, on disait même qu'il portait bonheur, c'était un fétiche. Nous avions lu dans notre livre de lecture la belle histoire : *les Quatre Cricris de la boulangère.* Nous la tenions pour absolument vraie sinon elle n'aurait pas figuré dans notre livre :

« Un petit garçon vivait avec sa mère dans un pauvre logement. Elle restait de longues heures, penchée sur des ouvrages de couture mal payés. Ses yeux étaient rougis par le travail, les veilles et les larmes, car malgré ses efforts, elle ne parvenait pas à gâter son petit garçon et parfois même à payer le pain. L'enfant aimait sa mère et se rendait compte du mal qu'elle se donnait. Il aurait voulu la voir sourire, elle ne souriait jamais, et même quand elle le prenait dans ses bras, elle pleurait.

Il avait entendu dire que les grillons portent bonheur. Il mit une boîte d'allumettes dans sa poche et descendit chercher le pain. Il n'avait pas d'argent. Sa maman lui avait dit : tu demanderas poliment à la boulangère si elle veut attendre encore un peu. Je la paierai samedi. La boulangère accepta, bien sûr, elle aimait le petit garçon et savait que sa maman était travailleuse. Bien qu'il eût sa miche de pain sous le bras, il ne partait pas. Il sortit sa boîte de sa poche et la tendit à la boulangère.

— Voulez-vous, Madame, me donner des grillons pour que maman ne pleure plus.

La boulangère émue par la tendresse du petit garçon lui fit donner quatre grillons. Puis elle prit le carnet où figurait le compte de la maman, le barra d'une croix, écrivit " payé ", ajouta un petit mot : " Vous avez un petit garçon qui a un grand cœur. " Elle donna le tout à un mitron qui avait de grandes jambes et arriva le premier chez la maman.

Quand le petit garçon rentra, il vit sa maman souriante, les yeux levés de dessus son ouvrage et qui lui tendait les bras. Il crut que c'était le miracle des grillons. »

Cette histoire, je l'ai lue il y a près de soixante-quinze ans. Je la raconte aujourd'hui telle que je l'ai retenue. Nos livres étaient pleins de ces évocations morales qui nous émouvaient et nous laissaient sensibles à la détresse des autres.

Un jour, nous revînmes tout essoufflés :

— Maman, « ils » nous prennent la plaine.

— Qui ça, « ils » ? D'autres enfants jouent aussi dans la plaine ? C'est bien leur droit.

— Non, il y a des terrassiers qui creusent de grands trous.

— On va construire sans doute des maisons.

— Oui, près de l'avenue Gambetta.

— C'est normal, les gens veulent vivre au grand air · à

Paris il y a trop de bruit, de poussière et de mauvaises odeurs.

Nous écoutions, surpris qu'elle ne prenne pas part à notre déception. Mais c'est vrai, l'air, l'espace appartiennent à tout le monde.

Cette plaine où j'ai passé tant d'heures libres et heureuses a disparu. Ce lambeau de paradis de mon enfance, maintenant perdu, reste ancré dans ma mémoire. Comme le voyageur épuisé qui traverse le désert, voit au fond de l'horizon apparaître par mirage une palmeraie où il trouvera l'ombre et la source pour étancher sa soif, ma plaine surgit de mes souvenirs émerveillés ou de mes rêves et me laisse une impression de délicieuse nostalgie.

CHAPITRE II

Pour regagner ma rue, je devais traverser le boulevard de Bellechasse que suivait le tramway électrique reliant Saint-Maur à Paris, de l'Eglise de la Varenne à la Porte de Vincennes. Cette ligne était à voie unique, son ballast, au printemps, prenait un petit air de fête en s'égayant de folles graminées, parmi lesquelles s'étaient égarés, de-ci, de-là quelques pieds de boutons d'or et de marguerites sauvages que nous devions, sans doute, aux grasses prairies du bord de Marne. De distance en distance, la voie se doublait d'une bifurcation pour assurer la circulation dans les deux sens. A chaque croisement, le tramway arrivé le premier s'arrêtait. Le receveur descendait et enfonçait un gros crayon dans un orifice situé sous une sorte de compteur fixé sur un poteau métallique supportant les deux câbles électriques. Une lampe s'allumait : verte, la voie était libre, le tramway reprenait sa route; rouge, il attendait. Passait alors le tramway venant en sens inverse, tel un gros insecte menaçant n'ayant plus qu'une antenne. Il s'arrêtait à quelque distance de l'aiguillage, le receveur descendait, et, muni d'un long et lourd levier, manœuvrait l'aiguillage et maintenait son effort jusqu'à ce que le tramway fût passé.

Les deux *wattmen* se faisaient un geste amical de la main et les deux voitures reprenaient leur course, se tournant le dos. Au passage des rues et partout ailleurs où la circulation des voitures et des bicyclettes l'exigeait, le ballast était revêtu de petits pavés bien scellés, maintenus de chaque côté par un deuxième rail. Des cailloux, des débris de toute sorte, de la boue séchée obstruaient la rainure entre les deux rails. Alors, périodiquement, on voyait apparaître la silhouette voûtée du décrotteur de rails. Il poussait un outil à long manche qui prenait appui sur les rails et comportait au milieu une sorte de dent qui s'enfonçait dans la rainure et la dégageait de ce qui l'encombrait. Avec un petit outil à main, il parfaisait son travail. On le voyait s'éloigner du côté de La Varenne et revenir plus tard en sens inverse.

Petit métier, utile à un ensemble d'activités, comme le sont tous les petits métiers et dont on ne perçoit pas toujours l'importance, le décrotteur de rails n'était pas seulement un personnage familier de notre horizon, mais aussi de toutes les villes et de toutes les banlieues où circulaient des tramways électriques.

Mais qui prenait le tramway ? Les gens qui l'ayant à leur porte se rendaient occasionnellement à Paris pour visiter des amis ou faire des achats dans les grands magasins, des artisans, des couturières à domicile qui faisaient une livraison une fois par semaine. Le billet, en deuxième classe, coûtait huit sous auxquels il fallait ajouter trois sous pour le billet de métro. Le voyage aller et retour revenait à vingt-deux sous. Les travailleurs qui se rendaient chaque jour à Paris prenaient le train qui les déposait à la Bastille et les ramenait chez eux pour trente sous par semaine. Celui qui aurait voyagé tous les jours en tramway se serait imposé une charge annuelle supplémentaire de deux cinquante francs, somme équivalente à la valeur de cinq complets de confection en pure laine.

Le samedi soir et le dimanche, c'étaient les Parisiens qui venaient dans notre banlieue. L'été, à la motrice était attachée une voiture à découvert, la « baladeuse », dont les sièges étaient orientés dans le sens de la marche. De grands rideaux protégeaient du soleil et de la pluie. Lorsque le tramway prenait de la vitesse, les hommes devaient retenir leur canotier et les femmes leur chapeau. Dans le tramway du retour, le dimanche soir, les conversations allaient bon train, les rires fusaient et les bouquets de fleurs ajoutaient leurs parfums et leurs couleurs à cette note joyeuse.

De tous les jouets que je possédais, deux avaient ma préférence : un tramway et un train dont la locomotive tirait un tender, deux wagons de voyageurs et une plate-forme de marchandises. Je les faisais circuler sur des rails qui, en se croisant, formaient les boucles d'un grand huit. Tout au long du parcours, je disposais des animaux : des vaches, des chevaux, quelques moutons et leur berger et aussi des arbres et une maisonnette découpés dans du carton et coloriés soigneusement. J'avais ainsi l'impression, après avoir remonté les ressorts du tramway et de la locomotive et qu'ils démarraient, que je partais réellement en voyage vers un lieu inconnu : un petit village blotti dans la verdure, ou encore un port ensoleillé où se balancent des navires qui ont apporté des épices aux arômes forts ou délicats qu'utilisait ma mère. Ces deux jouets me rendaient contemplatif et éveillaient en moi des rêves.

Le tramway qui passait au bout de ma rue était un grand jouet à dimensions humaines. Je le prenais une ou deux fois par an, avec ma mère, pour rendre visite à mes oncles qui demeuraient dans le quartier de la Bastille. Après Joinville, la voie était double jusqu'au terminus. La traversée du Bois de Vincennes, quelle que fût la saison, était un enchantement et le tramway comme grisé de vitesse, filait, filait... à trente à l'heure peut-être. Au fort de Vincennes, on voyait circuler des soldats de toutes armes dont les célèbres et populaires chasseurs à pied surnommés « les vitriers ». Un peu avant le pont de la Petite Ceinture, tous les voyageurs descendaient. Un employé de l'octroi qui avait gardé le nom de gabelou, vérifiait si l'on entrait des marchandises dans Paris : pour une douzaine d'œufs on devait payer un ou deux sous.

Avant de s'engouffrer dans le métro, au loin on apercevait les Colonnes du Trône qui se dressent comme deux longs cierges dont les flammes éternelles sont les statues de Philippe Auguste et Saint Louis protégeant leur bonne ville de Paris.

Prendre le train me donnait aussi bien des joies. Quand je passais sur le viaduc de Saint-Maur, j'avais l'impression d'être en ballon. Je dominais les maisons aux toits de tuiles ou d'ardoises, les bouquets d'arbres, les massifs de fleurs, les personnages et les charrois. Tout formait une mosaïque étrange et prenait la taille de mes jouets ; mais je tremblais quand le train entrait sous un tunnel, surtout celui de Saint-Mandé où quelques années auparavant deux trains s'étaient télescopés. Les wagons avaient pris feu, le nombre des victimes avait été très élevé. Le train arrivait à la Bastille, toutes les portières s'ouvraient d'un coup, les voyageurs s'affairaient vers la sortie comme des fourmis dont un promeneur aurait heurté la fourmilière. Une fois encore, une colonne se dressait devant nous : le génie de la Bastille, le flambeau de la liberté dans la main droite, semblait nous attendre pour prendre son essor.

Que représentaient pour moi notre tramway de banlieue, notre train à impériale ? Les voyages, l'évasion, le rêve, de grands espaces, ces ailleurs mystérieux sortis des romans de Loti.

On grandit, on remise les jouets avec les illustrés dans une grande boîte en carton que l'on range dans un réduit ou dans un grenier si, par chance, on en a un. Puis, quand les cheveux blanchissent, on les redécouvre, on les répare, on les astique, on en recherche de semblables chez les brocanteurs.

Nos jeunes et vertes années nous attirent, nous retiennent d'autant plus qu'inexorablement chaque jour nous en éloigne et les souvenirs de cette époque lointaine se bataillent pour être les premiers à être reconnus.

CHAPITRE III

J'entends encore la voix rieuse de ma mère me dire : « Une fois de plus, te voilà parti... » Bien souvent, on me parlait, je ne répondais pas. Une idée subite me traversait l'esprit, je la suivais comme on suit un oiseau passant devant les yeux. Ce penchant m'est toujours resté, mais maintenant je suis descendu de mon petit tramway de banlieue ou de mon train tout empanaché de fumée qui traîne ses wagons massifs et ressemble à un long serpent noir déroulant ses anneaux, enfin je retrouve ma rue avec son tran-tran familier d'il y a trois quarts de siècle, ses bruissements, ses chuchotements, ses éclats de rire, ses jours de liesse et ses drames quand une porte s'encadrait d'une tenture noire frappée d'un monogramme en laine blanche ou en fil d'argent.

Au numéro 1, une grande bâtisse à deux étages en briques roses, plantée à l'angle du boulevard de Bellechasse et de notre rue. Très haut, près du pignon, deux affiches publicitaires, fraîches de couleurs vives, charmantes avec les jeunes personnages vous invitant à déguster les friandises qu'ils proposaient à l'attention des passants.

Sur l'une, une fillette en jupe gros bleu à motifs jaunes, en boléro noir, écrivait en se haussant sur la pointe des pieds : « Chocolat Menier. Méfiez-vous des contrefaçons. » Elle avait posé près d'elle son grand parapluie bleu, son panier d'osier qui devait contenir son déjeuner et son goûter avec les tablettes de chocolat qu'elle recommandait. Sur l'autre, un garçonnet coiffé d'un grand béret, sa gibecière accrochée dans le dos, regardait certainement avec convoitise l'inscription « Petit-beurre Lu. Nantes. Lefèvre Utile ». Ces deux enfants étaient si sympathiques, si vrais dans leur attitude, qu'on s'attendait à les voir s'animer, descendre de leur affiche, nous sourire, puis se donner la main comme un frère et une sœur qui prendraient le chemin de l'école.

Que de fois ai-je vu des voitures qui débouchaient de notre rue, renversées, leur chargement jonchant la chaussée, les chevaux les jambes brisées, le cocher blessé assis sur une chaise, buvant un cordial que lui avait tendu la propriétaire du café ! Le choc avait été entendu, les gens sortaient de leur maison, s'attroupaient. Chacun disait son mot : « Les tramways vont trop vite. Ils ne devraient pas circuler dans les rues. Les rues devraient être réservées aux voitures tirées par des chevaux. Il faudrait des signaux lumineux comme pour les chemins de fer... » Mme Pélerin avait téléphoné au commissariat. Deux « hirondelles », coiffées de leur légendaire casquette plate et pédalant au même rythme tranquille, arrivaient, questionnaient les uns et les autres, écrivaient sur un calepin... On poussait la voiture pour dégager la voie. Le tramway repartait, mais il arrivait aussi que le tramway déraillât, alors, alors... tout se compliquait.

Cette maison était habitée par des gens du Nord, reconnaissables à leur accent et à certains mots qui n'étaient pas de notre langage familier. Aux vacances, ils recevaient des parents dont les enfants participaient à nos jeux. Il y en avait un que j'avais surnommé : Tchiotte-pelle. Il voulait toujours que je lui prête ma pelle. Il me disait : « donne-moi ta tchiotte-pelle ». Nous étions bons amis et le restâmes jusqu'au jour où il me lança un pavé en pleine tête au-dessus de l'œil droit. On refaisait la chaussée du boulevard et de place en place sur le trottoir s'entassaient des pavés. Nous nous amusions à construire un muret, il me lançait les pavés que je disposais les uns sur les autres. Tout à coup, alors que j'avais la tête baissée, j'en reçus un en plein visage. Sous le choc je chancelai, j'avais le visage inondé de sang et l'œil droit bouché. Je rentrai à la maison accompagné de mon frère Jacques. Quand ma mère me vit elle s'écria :

— Mon pauvre enfant ! mais que t'est-il arrivé ?

— Je ne vois plus de cet œil.

Je tremblais, j'avais peur de mourir, j'avais mal dans la tête. Elle avait fait bouillir de l'eau, mis une pincée de gros sel, puis avec du coton hydrophile, elle me lavait avec précaution ; ensuite elle m'avait baigné l'œil avec de l'eau boriquée dans une œillère de porcelaine.

Je lui disais :

— Dis maman, je n'irai pas à Montparnasse.

— Mais non, mon petit, tu n'iras pas à Montparnasse.

— C'est vrai, hein, que je n'irai pas à Montparnasse ?

Puis pour s'assurer que je n'avais rien de grave à l'œil, elle me dit de fermer l'œil gauche et elle me fit compter ses doigts. Le pavé avait fendu largement l'arcade sourcilière mais l'œil ne semblait pas avoir été touché. J'avais peur de la mort et quand je disais Montparnasse c'est du cimetière qu'il s'agissait, nous y avions deux tombes et j'avais entendu mon père dire :

— Il y a encore une place.

Et voilà que dans ma frayeur, je me figurais que cette place était pour moi. Pour le dîner, elle m'avait fait un tapioca au lait que j'aimais bien. Puis elle m'avait couché, me bordant dans mon petit lit de fer contre la cheminée de sa chambre. Rassuré, je m'étais endormi. O mains douces, ô cœur sublime d'une mère qui panse toutes les blessures...

A l'approche de la Toussaint, j'allais au cimetière Montparnasse avec mon père ou l'un de mes grands frères. Nous portions chacun un gros bouquet des plus beaux chrysanthèmes que ma mère avait cueillis dans le jardin et enveloppés dans un grand papier blanc. Nous traversions le Luxembourg et je m'étonnais de voir d'autres enfants faire du patin à roulettes et se livrer à mille extravagances, alors que, mélancolique, pénétré de ma mission, j'allais me recueillir sur la tombe de vieux parents que je n'avais pas connus : le parrain de mon père, un grand savant que mes arrière-grands-parents avaient élevé jusqu'à l'adolescence, les parents de mon père et ses grands-parents et sa petite sœur Laure décédée à l'âge de quatre ans. Ils étaient allongés les uns sur les autres comme dans les couchettes d'un navire qui ne quittait jamais la rive...

Au numéro 2 le café et au numéro 4 l'entrepôt de vins en gros de M. et Mme Pélerin. Lorsqu'il y avait une réunion de famille à la maison, pendant que les dames buvaient à petites gorgées le madère ou le malaga que ma mère leur avait servi dans un petit verre de cristal et se racontaient leurs affaires de femmes, les hommes allaient au café car, à cette époque, ce n'était pas l'usage d'avoir chez soi tout un assortiment d'apéritifs. Dès que M. Pélerin nous voyait entrer, il essuyait son comptoir d'étain d'un geste large et machinal. Lorsque nous étions assis, il venait vers nous. L'apéritif était souvent coupé d'un sirop : Raphaël-citron, vermouth-cassis, Picon-fraise, servi dans un grand verre. Il apportait de l'eau de Seltz. Sur la table, il y avait toujours le porte-allumettes en porcelaine, garni de son frottoir. Je les accompagnais naturellement et j'avais droit à une grenadine à l'eau de Seltz et M. Pélerin me disait :

— Alors Edouard, avec une petite goutte de kirsch ?

Mon père achetait de temps à autre un casier de douze bouteilles de vin rouge pour marquer son estime de bon voisin à M. Pélerin. D'habitude, mon père se faisait livrer deux cent vingt-huit bouteilles de bon vin courant et les vins fins par l'intermédiaire de l'oncle Nicolas qui, au passage, avait son petit bénéfice.

Chaque jour, M. Pélerin partait livrer des tonneaux ou des casiers de bouteilles chargés sur une voiture attelée d'un magnifique percheron gris pommelé dont il prenait grand soin et même il le parait d'une fleur, d'un ruban pour témoigner qu'il le prenait pour un bon compagnon.

Mais si j'ai gardé un souvenir précis et amical de M. Pélerin, c'est pour les émotions qu'il a fait vibrer en moi et dont les échos ne se sont pas perdus.

M. Pélerin jouait de la trompe — nous disions du cor de chasse — et, parfois, le dimanche à la belle saison et en fin d'après-midi, un ami qui jouait avec la même passion venait le voir. M. Pélerin restait près de sa boutique au bout de notre rue tandis que son ami se postait près de chez nous. La distance qui les séparait était à peu près de deux cents mètres. M. Pélerin commençait de jouer, c'était comme un appel auquel son ami répondait. C'était d'abord une plainte qui progressivement s'enflait pour devenir un sanglot désespéré. L'autre adoucissait ses accents pour lui montrer qu'il prenait part à sa souffrance et le consoler. C'était émouvant, nous étions tous bouleversés, comme pris par un sortilège. Quand c'était fini, ma grand-mère et mes parents disaient :

— Que c'est beau ! M. Pélerin et son ami ont un grand talent.

Mais ma grand-mère ajoutait :

— Vous rappelez-vous, Alexandre, quand nos familles allaient ensemble déjeuner sur l'herbe dans les bois de Meudon ou de Vincennes ? Votre père, mon mari, et le grand-père Auguste qui avaient leur trompe en sautoir se mettaient à sonner dès leur arrivée sous les grands arbres. C'était encore plus beau !

— Oui grand-mère, c'était encore plus beau, plus poignant. C'étaient des maîtres.

Si l'on n'était pas pressé par le temps ou préoccupé par un souci, on ralentissait le pas en passant devant la fenêtre ouverte de M. Bertrem au numéro 3. Les notes mélodieuses de la flûte ou les accords langoureux du piano mettaient de l'optimisme dans le cœur pour la journée. M. Bertrem était musicien amateur mais un excellent musicien, ami de ma famille. Il faisait partie du petit orchestre qui entraînait les danseurs en tourbillons joyeux le samedi soir ou le dimanche après-midi, dans la grande salle du Café de la Fauvette, place du Théâtre. Souvent, à l'occasion des mariages, on le prenait pour tenir le piano, faire chanter et danser. Il recevait alors une pièce d'or. Affligé de claudication, il ne dansait pas. Mes frères faisaient valser sa jolie femme. J'entendais dire :

— Dieu que sa femme est jolie !

Et il y avait toujours quelqu'un qui avançait malicieusement :

— C'est certainement sa flûte qui l'a séduite, il en joue si bien.

Mais son métier principal était décorateur sur porcelaine. Il peignait des femmes dévêtues, aux rondeurs agréables, inspirées de Boucher, des pastorales ou encore des scènes d'escarpolette à la Watteau. Notre ami Bertrem était riche de beaucoup de talents.

La rue Marie était le premier affluent de notre rue. Ma grand-mère applaudit quand on lui donna le nom de Béranger :

— Il mérite bien d'avoir une rue. C'est un des plus grands poètes de ma jeunesse, au moins aussi grand que Victor Hugo.

D'ailleurs, elle avait toutes ses chansons.

Ce qui nous attirait rue Marie, c'était la remise des forains, qui, pendant cinq ou six mois, installaient leur grand et magnifique manège de chevaux de bois pour les fêtes de Saint-Maur et des environs. Ce qui nous plaisait, c'étaient les petits personnages qui s'animaient et nous invitaient à prendre place : une danseuse qui virevoltait entre quatre musiciens jouant l'un de la clarinette, les autres du tambourin, des cymbales et du piston. Dès le début de l'automne, ils prenaient leur quartier d'hiver. Ils étaient propriétaires d'un vaste terrain, d'une remise, d'une écurie et d'une petite maisonnette. Sous le spacieux hangar, ils mettaient leur roulotte, deux grands chariots et toutes les pièces du manège démonté. Ils s'occupaient à raviver les couleurs des animaux, des personnages, à graisser la mécanique, les engrenages, à réparer. Le temps leur faisait défaut, nous leur rendions quelques menus services, nous leur faisions leurs commissions. Ils nous donnaient parfois une petite pièce, la chasse à l'argent de poche étant toujours ouverte. De plus, quand nous allions à la fête de la place de la Mairie qui était la plus belle et durait un mois, nous profitions d'un avantage qu'ils nous avaient promis : deux tours gratuits pour un tour payant.

Dans l'écurie où nous n'osions pas entrer car il nous faisaient peur, trois superbes percherons : Glaci, gris-bleu,

Pichard, blanc et beige, Yell, beige clair, trois noms bretons car les forains étaient de Bretagne.

Chevaux de bois ! manèges enchantés de notre enfance, véhicules de tant de rêves ! Dans ce tourbillon musical, j'étais sur un cheval blanc pour moi plein de vie, bien qu'il fût cloué au sol. Je tenais les rênes, je les agitais, je pressais les flancs de ma monture et je m'imaginais que ce cheval blanc, comme ceux des légendes, allait prendre des ailes, m'emporter au-dessus des nuages vers une ville lointaine aux toits d'or.

Quand je revois un manège, soit dans une fête foraine, soit dans un jardin public comme le Luxembourg, je suis ému, je pense à toutes ces choses et si j'aperçois un petit enfant blond aux yeux clairs, je me rappelle l'histoire charmante de mon petit ami Françonnet, intelligent certes, mais n'aimant pas le calcul et disant :

— A quoi ça sert le calcul ? A rien !

Sa maman en était contrariée et lui disait :

— Cela m'ennuie que tu dises cela !

Et Françonnet répondait :

— Puisque je m'en fiche, t'as qu'à t'en ficher aussi.

Sa maman ajoutait :

— Mais que feras-tu quand tu seras grand si tu ne sais pas compter ?

— Eh bien ! je tiendrai un manège de chevaux de bois.

— Mais comment feras-tu pour rendre la monnaie ?

— C'est ma femme qui rendra la monnaie.

Le destin est curieux et plein d'ironie car Françonnet devint un mathématicien remarquable.

Je retourne dans ma rue au numéro 5, une maison longue dont les volets des fenêtres de l'unique étage étaient toujours fermés, ce qui lui donnait un air mystérieux. Un couple l'habitait. On voyait rarement la femme ; quant à l'homme, il partait vers six heures du soir revêtu de l'uniforme marron chocolat des employés de la Compagnie des wagons-lits. Il était coiffé d'un képi bas de même couleur à courte visière. Il portait en bandoulière une grande sacoche en cuir noir. Il revenait le surlendemain matin ou parfois trois ou quatre jours plus tard. Il faisait

Paris-Londres, Paris-Berlin et quelquefois l'Orient-Express. Pour moi il était un homme heureux, l'image même des voyages que nous aurions voulu entreprendre. Ces rêves d'espaces inconnus étaient éveillés par la lecture des *Voyages extraordinaires* de Jules Verne. Nous le jalousions, nous qui aurions tant aimé partir. Et voilà que lui, après ses longues absences, avec un réel plaisir, enfonçait la clef dans la serrure de l'étroite grille qui donnait accès à son jardin. Son bonheur était là, sur place.

Ma mère qui avait lu le roman de Pierre Loti disait :

— Peut-être a-t-il croisé le regard vert d'Aziyadé mais il n'y a pas prêté attention, préférant retrouver sa femme et, comme Candide, cultiver son jardin.

Au 7, le propriétaire était souvent à sa fenêtre qui donnait sur la rue. Un peu plus de la cinquantaine, grand, taillé en Hercule, il avait été fort de la Halle où il coltinait des quartiers de viande. Il était fier de montrer son grand chapeau. Il aimait bavarder avec les passants. Il avait une musculature formidable, faisait saillir ses biceps et me disait :

— Edouard, touche.

Et je palpais une grosse boule de chair dure comme du bois :

— C'est de la pierre !

Il souriait. Il se vantait de soulever, en se plaçant dessous, un billard sur lequel plusieurs hommes étaient assis.

— Tout cela ne sert à rien, remarquait mon père. C'est un pari absurde !

Il avait lutté contre les deux champions de l'époque : Paul Pons et Raoul le Boucher. Mais il était allé au tapis. Malgré le respect que nous devions à sa force, nous le surnommions le « Costaud des Epinettes ». Notre voisin était un brave homme et malgré sa force n'aurait pas fait mal à une mouche. Mon père rapportait que l'homme le plus fort de France était un nommé Besse, paysan des montagnes de Corrèze.

Au numéro 6, un immeuble de deux étages, bien exposé au sud, était le fief de la famille Devillers, de deux familles devrais-je dire, car deux frères avec leurs nombreux enfants vivaient là comme en communauté. C'étaient des catholiques fervents et de fidèles pratiquants. J'allais en classe avec le plus jeune alors que les aînés étaient les camarades de mes grands frères. Nous nous retrouvions au catéchisme, à la messe et parfois le dimanche après-midi au patronage « des curés ». Nous jouions au ballon avec un jeune prêtre, l'abbé Bel, qui retroussait sa soutane pour mieux assurer ses coups de pied. Nous l'aimions bien, il avait un franc-parler qui me surprenait. Lorsque mon frère Jacques ne m'accompagnait pas, il m'interpellait :

— Alors, et ton frangin, on ne le voit plus, où va-t-il se balader ?

Au fond de la grande cour du patronage s'étendait un long bâtiment divisé en plusieurs salles où il y avait des jeux. Plus tard, on y installa une école libre à plusieurs classes. Le directeur était M. Costes.

Et là je me remémore un souvenir qui fit grand bruit à la maison. Mon frère Jacques était un gentil garçon mais il était têtu comme un mulet. Un jour, il entra en conflit avec son instituteur et se vit infliger une punition.

— Je ne la ferai pas, ce n'est pas juste.

Et d'autorité, il quitta l'école et se fit inscrire à l'école libre en prévenant le directeur, M. Costes, que notre mère viendrait le voir. Je ne vendis pas la mèche mais à la fin du mois quand il fallut montrer les livrets, tout se découvrit. Ma mère dit à Jacques :

— Je ne sais pas comment je vais expliquer cela à ton père. C'est grave.

Elle sut atténuer l'affaire et le lendemain mon père chapitra Jacques :

— Ce n'est pas bien ce que tu as fait, tâche de bien travailler sinon je te mettrai en pension.

Ma mère eut la délicate mission de voir le directeur de l'école communale qui avait pour nous grande estime car, depuis plus de quinze ans, les Bled se succédaient dans son école.

La guerre de 1914 avait décimé ou dispersé nos familles et récemment voilà qu'un entrefilet paru dans Nice-Matin permit des retrouvailles émues. Je signais mon premier livre de souvenirs *Mes écoles* dans une grande librairie à Nice.

Je vis arriver un vieux monsieur de mon âge, le pas hésitant. Il avait mon ouvrage à la main.

— Je l'ai acheté dès qu'il est sorti.

— Il vous a plu ?

— Beaucoup, j'ai retrouvé mon enfance et ma jeunesse. Il est mon livre de chevet. J'en lis quelques pages chaque soir.

Il m'avait donné son nom : Devillers.

— Devillers de la rue Gustave !

— Oui, tu te rappelles M. Pélerin ? le son du cor et le piaffement de ses chevaux ? L'hiver, de mon lit, je suivais les lumières des lanternes de sa voiture de livraison.

Je me suis levé et nous nous sommes serré la main avec émotion. C'est doux de retrouver après tant d'années un ami d'enfance avec qui on a partagé à l'école le premier pain de la connaissance, les mêmes jeux, qui a été élevé dans la même atmosphère, dont les yeux se sont posés sur les mêmes horizons, et qui a entendu les mêmes chansons, et les mêmes bruits.

Au 8, s'écoulaient les jours paisibles d'un vieux ménage, monsieur et madame Rousselot. A la manière dont ils se parlaient on sentait qu'ils se donnaient l'un à l'autre beaucoup de tendresse. Monsieur Rousselot se plaisait dans son jardin. Sur des vêtements usagés, il portait un grand tablier bleu à la poche profonde d'où sortaient des brins de raphia comme de longs cheveux blonds. Il taillait ses arbustes et ses arbres fruitiers, émondait ses fleurs. De larges bordures de myosotis menaient jusqu'au petit escalier donnant accès à la maison.

Ces milliers de petits yeux bleus vous regardaient, semblaient vous faire signe et vous inviter à entrer.

On entendait parfois madame Rousselot dire à son mari :

— Théo ! as-tu arrosé les mylotis ?

Bien que le mot myosotis ait été déformé il sonnait bien et convenait à ces fleurs délicates. Madame Rousselot me demandait souvent de faire ses commissions :

— Edouard, veux-tu aller à l'épicerie ? Tu m'achèteras

une livre de café et un kilo de sucre. Tu auras un sou pour toi.

— Je vous ferai vos commissions, même si vous ne me donnez pas un sou.

— Tu es bien gentil.

Quand je revenais, elle me disait :

— Tiens, voilà pour toi, et elle ajoutait :

— Quand j'étais enfant, je faisais les commissions d'une voisine qui souffrait des jambes. Elle me donnait le même petit sou avec la tête de Napoléon III. C'était un homme capable et bon, mais il était malade et tu sais, les Prussiens ne valent pas cher, ils sont venus jusque dans notre jardin en 70.

Je l'écoutais. C'était vrai ce qu'elle disait. Ma grand-mère avait trouvé dans le sien, une boucle de ceinturon portant l'inscription : *Gott mit uns*.

— Quand tu mangeras les bonbons, pense à moi. J'aimais tant les bonbons de la petite épicerie au bas de chez nous.

Ce vieux couple avait su garder des parcelles du bonheur de leur jeunesse qui éclairaient et adoucissaient leur vieillesse, les aidaient à supporter les soucis et à continuer à mener une vie sereine et heureuse. Quand s'en sont-ils allés ? En 1914, ils ont vu partir avec tristesse tous les jeunes du quartier. J'ai moi-même quitté la maison pour des années et je n'ai rien su d'eux.

Quand je vois des bouquets de myosotis à l'éventaire d'un fleuriste, j'ai une pensée attendrie pour mes vieux amis.

Mon petit copain Julot habite au numéro 9. Je dis petit, car il est bref de taille et, si j'écris au présent, c'est qu'à ma connaissance il est encore, avec moi, un des rares témoins de cette époque lointaine. Il était de toutes nos escapades dans le quartier, de tous nos jeux, de nos randonnées à Bonneuil, Boissy-Saint-Léger, la forêt de Grosbois, Chennevières... Nous avons suivi des voies différentes mais l'amitié que nous avons scellée au début du siècle ne s'est pas altérée.

Il exerçait un métier manuel, un beau métier. Il travaillait dans le bâtiment, il donnait la sécurité et le bonheur de se trouver bien chez soi. J'ai un grand respect pour le travail conduit par l'intelligence des mains. Mes frères étaient des artisans et Dieu sait si leurs doigts pensifs ont créé de belles choses. Il avait un grand frère qui, un jour, partit comme beaucoup d'autres « la fleur au fusil » et ne revint jamais.

Je n'ai pas gardé de souvenirs du 11. Ce devait être une parcelle close de murs où l'on venait rarement.

Quant au numéro 13, il n'existait pas, par superstition sans doute.

Au 15, un couple de rentiers d'allure encore jeune bien que le mari ait dépassé la soixantaine ; la femme, d'origine italienne, les yeux sombres, toujours souriante, n'avait certainement pas encore atteint cet âge. Leur pavillon était au fond du jardin, où tous les deux travaillaient régulièrement. C'était leur passe-temps. Lui était plutôt grand, le visage frais, les yeux clairs, une longue moustache fournie qui avait dû être blonde lui tombait de chaque côté de la bouche, à la gauloise. C'était un peu l'usage que les voisins s'invitent à faire un tour de jardin. On ne pouvait faire que des compliments : les légumes étaient beaux et sains, les arbres fruitiers prometteurs, les fleurs magnifiques en abondance. J'avais remarqué dans leur potager trois ou quatre planches de salades, mais rien que de romaines. Je m'en étonnais car chez nous, nous en avions de plusieurs variétés : des laitues, des scarolles, des batavias, de la chicorée frisée et des romaines bien sûr. Un jour, je leur en fis la remarque. Notre voisine qui avait encore de la jeunesse non seulement dans la voix et dans les yeux dit simplement en me regardant malicieusement et en me pinçant le bras :

— Il n'aime que sa romaine, il en mangerait toute la journée.

— Maria, tu ne crois pas que tu exagères un peu ?

Tout naturellement je les surnommais : le Gaulois et la belle Romaine. Mes deux gallo-romains prenaient la vie du bon côté, on les entendait chantonner en s'affairant autour de leurs salades.

La façade du 17 s'étendait sur une trentaine de mètres ; en son milieu une large porte-grille à deux battants qui ne s'ouvraient que très rarement. Sur le trottoir, quatre tilleuls plutôt malingres.

Ce qui surprenait dans certaines rues de notre quartier, c'étaient ces arbres, plantés de place en place au hasard, sans ordre, à des distances capricieuses. Ainsi, à l'angle de la maison de ma grand-mère, un énorme acacia à la ramure imposante, et un autre cinquante mètres plus loin. Qui les avait plantés, à quel moment ? Je ne sais. Cette propriété est à l'angle de notre rue et de la rue François Adam sur laquelle se trouve une petite porte proche de la maison située tout au fond du jardin, construction importante d'un étage avec une chambre sous le toit ou un vaste grenier avec fenêtre. Trois personnes l'habitaient, un jeune couple, bien assorti, à mi-chemin de la trentaine et de la quarantaine et une dame aux cheveux blancs, au visage gracieux et encore jeune, la maman de l'un d'eux peut-être. Ils avaient tous bonne allure et vivaient en parfaite harmonie. Lui, toujours bien vêtu, souvent en complet dont le veston à petits revers boutonné très haut laissait paraître le gilet barré d'une imposante chaîne d'or. Il portait chaussures fines et chapeau melon. Les femmes sortaient peu. Les commerçants livraient chaque jour l'essentiel, chacun restait dans son univers ou se calfeutrait l'hiver dans sa maison, enveloppé par la chaleur bien tiède de sa cuisinière à charbon de terre ou de boulets et d'une salamandre à anthracite. Pendant l'été, parfois le dimanche, ils passaient tous les trois devant chez nous allant en promenade : la jeune femme brune, le corps souple dans une robe blanche et abritée du soleil sous une ombrelle blanche à volants, la maman vêtue d'une robe tirant sur le mauve portant une ombrelle de même teinte que la robe. C'était l'époque des ombrelles que les femmes savaient animer avec grâce. Ma mère en avait deux, une bleu tendre et une plus belle, bordeaux, assortie à sa robe de cérémonie. Ces deux promeneuses étaient coiffées d'un chapeau de paille légère car les personnes « comme il faut » ne sortaient jamais sans chapeau.

Il arrivait aux jeunes de partir à bicyclette avec un autre couple. Les hommes avaient un costume, des bas et des chaussures cyclistes et une casquette ; les femmes une jupe-culotte, une courte jaquette et coiffées d'un canotier retenu par une large écharpe de mousseline. La roue arrière de la bicyclette des femmes était protégée d'un filet et la chaîne d'un carter pour que la jupe ne soit pas prise dans les rayons ou dans la chaîne, ce qui aurait entraîné des chutes. La bicyclette était à la mode au début du siècle, les jeunes rêvaient d'en avoir une : c'était le dépaysement, les longues promenades, la chansonnette, la découverte d'une guinguette où l'on se reposait un instant, la griserie de l'air vif quand on se laisse aller en roue libre dans une descente. Mais une bicyclette BSA, Alcyon ou Peugeot coûtait cher, au moins deux cent cinquante francs à trois cents francs, presque deux mois du salaire de certains travailleurs ! Qu'un couple ait deux belles bicyclettes et la tenue appropriée, voilà qui témoignait d'une certaine aisance !

Dans notre quartier où les moindres bruits, les moindres sons portaient loin, on entendait certains soirs d'été monter les notes langoureuses d'un piano. Elles semblaient suivre les ondulations d'une vague qui vient mourir sur le rivage ; puis une voix de femme s'élevait interprétant : *Un poète m'a dit, Pensées d'automne, Chagrin d'amour...*

C'était la dame blanche qui ouvrait son cœur et nous charmait. J'aurais aimé lui dire qu'elle chantait bien mais je ne suis jamais entré dans cette maison car il n'y avait pas d'enfants.

Le 10 faisait face au 15 et au 17 à l'autre angle de notre rue. Le crépi de son mur de clôture avait des reflets jaunes. Là habitait mon copain Didi, le farceur, l'affamé, bien qu'il ne manquât de rien, atteint d'un tic donc imbattable dans les concours de grimaces ! Il excellait aussi à marcher sur les mains et à faire les pieds au mur comme mon frère Jacques, performances qui m'étaient impossibles.

— Mon vieux Dadard, t'as le cul trop gros, me disait-il

C'était sans doute vrai, mais je prenais ma revanche à la

course et aux échasses. J'allai au 10 pendant des années et toujours avec le même plaisir. La maison était construite en équerre. Sur le petit côté, de plain-pied, deux pièces entièrement vitrées au-dessus d'un soubassement en brique d'un mètre environ. A la suite, un peu en retrait, une cuisine surélevée de trois ou quatre marches. Sur le grand côté de l'équerre, plusieurs chambres. Au milieu de la cour, un puits d'où l'eau était tirée par un système à godets, actionné par un grand volant. L'eau se déversait dans une vasque où on la puisait avec des récipients de formes diverses.

Les deux pièces vitrées étaient inondées de lumière et de soleil, auxiliaires indispensables et précieux pour ceux qui y travaillaient. Le père de Didi qu'on appelait le père Lowen était petit et sec, il portait un grand béret incliné sur une oreille laquelle avait du coton en permanence. Il ne quittait jamais son béret, ni au travail, ni à table, de sorte que je n'ai jamais su s'il était chauve. Il était sculpteur et occupait une des deux pièces vitrées. Son atelier était impeccablement rangé. Bien à la portée de sa main, des outils fort nombreux : varlopes, rabots de toutes tailles, scies, râpes, limes fines, gouges, ciseaux... Il sculptait des panneaux pour buffets Henri II ou pour crédences Renaissance. Son talent était grand, aussi ne manquait-il pas de travail. Les sculpteurs et les ciseleurs étaient les artisans les mieux rétribués du Faubourg Saint-Antoine. Ils gagnaient jusqu'à dix francs par jour, mais le père Lowen qui était aux pièces gagnait beaucoup plus. Et des fleurs, des fruits, des têtes d'hommes, des animaux de la forêt émergeaient de la masse brute du chêne ou du noyer et petit à petit prenaient vie sous ses mains habiles, prestes et attentives. Une fois par semaine, il livrait son travail en prenant le tramway.

Dans l'autre pièce travaillait Henriette, sa femme, aidée d'une ouvrière. Autant lui était petit et sec, autant elle était bien plantée. C'était une blonde aux yeux clairs. Elle lavait du linge fin à la main et le repassait. Une cloche, fourneau rond constamment allumé, chauffait. Disposés tout autour, comme une auréole, des fers à repasser de toutes tailles : des grands, des moyens, des lourds et même des petits en forme de cœur et des fers à friser. Quand elle se servait d'un fer, elle l'approchait de sa joue pour savoir s'il était assez chaud.

A cette époque, les femmes portaient des corsages très ouvragés, à petits plis ou enrichis de dentelle fine de Calais ou de Valenciennes, des pantalons, des jupons ornés de ces mêmes dentelles ou de broderie. Elles étaient attentives à la coquetterie de leurs dessous que les hommes, il va sans dire, appréciaient beaucoup, au point que dans la rue il n'était pas rare de voir un homme suivre une femme qui ayant retroussé sa jupe, laissait voir ses jupons.

Et moi, je les regardais travailler quand je leur portais les plus beaux jupons et pantalons de ma mère. Henriette m'expliquait :

— Tu vois les jupons vont par trois. Celui-ci s'appelle la secrète parce qu'il est près du corps et le touche, celui du milieu c'est la friponne et le dernier, la modeste. Quand tu seras grand, toi aussi tu offriras de beaux jupons à ta femme, comme ton père en offre à ta mère !

Et elle m'embrassait. J'aimais bien Henriette. C'était une amie de la famille.

— Ta mère est pressée ?

— Je ne sais pas. Elle ne m'a rien dit.

— Nous sommes mardi, tu reviendras samedi les chercher.

Et le ballot de linge informe et fripé, sous les doigts magiques d'Henriette reprenait vie. A sa façon, Henriette était une artiste, comme son mari.

Didi avait une sœur, Zézette, jolie, blonde avec des yeux bleus, mais elle était fragile comme le sont les plus belles fleurs. Et Zézette nous quitta alors qu'elle avait tout pour être heureuse. Le père Lowen était un brave homme mais irritable quand il avait quelque ennui. Sa main preste n'épargnait personne des siens, ce qui n'empêchait pas Henriette, Zézette et Didi de retrouver leur bonne humeur quand l'orage était passé. C'était alors des sourires, des rires, des chansonnettes... Puis Didi et sa famille émigrèrent à Paris. Je les regrettai tous.

Dans les années 50, alors que je me trouvais à la banque pour retirer des devises en vue d'un voyage à l'étranger, je vis arriver une équipe de convoyeurs de fonds. Le visage du chef, avec son léger tic, me rappelait celui de Didi. De plus, la même allure décidée qui était la sienne quand nous jouions aux gendarmes et aux voleurs, car notre facétieux insistait toujours pour être un gendarme. Et Didi qui se faisait botter les fesses par son père, prenait une délicieuse revanche en bottant celles de ses petits copains s'ils ne lui obéissaient pas assez vite. C'était lui. Il avait bien choisi sa voie, il jouait bien son rôle. J'étais directeur de collège. Nous nous dîmes quelques mots et échangeâmes nos adresses. Mais la vie est capricieuse, nous ne nous sommes jamais revus.

Vers la fin de 1912 une jeune femme blonde avec ses deux enfants les remplaça. Elle était belle et attirante. Elle ne passa pas inaperçue dans le quartier. Le Gaulois avait taillé sa moustache en deux petits crocs conquérants, fort à la mode. Il ratissait plus que de raison devant son mur de clôture et même généreusement devant celui du 17. Quand il la voyait arriver, il s'arrêtait, s'appuyait d'un bras sur son râteau, la saluait. Elle répondait par un vague sourire poli. Un jour que je passais par là et qu'il montait sa faction, il me demanda :

— N'est-ce pas qu'elle est belle notre voisine ?

Je ne pus que répondre oui, car comme tout le monde, je le pensais.

CHAPITRE IV

Je viens de parcourir les deux cents premiers mètres de ma rue Gustave. Je suis allé de porte en porte faire à chacun une visite et dire un mot d'amitié. J'arrive au croisement de la rue François-Adam avec la mienne. Sur l'unique bordure de pierre arrondie en arc de cercle, protégeant à ce carrefour un réverbère, nous nous tenions assis, culotte de velours contre culotte de velours, serrés comme des moineaux sur une branche ou sur le rebord d'une gouttière. Nos conciliabules reprenaient chaque printemps quand les arbres avaient renouvelé leurs feuilles, et que les martinets à l'œil vif, tout vêtus de noir comme des apothicaires de comédie ou des tabellions de village, annonçaient et préparaient l'arrivée de leurs cousines les hirondelles, habillées de noir, elles aussi, et d'un tablier blanc immaculé.

Le réverbère était une vigie, un protecteur, un ami. L'hiver sous sa lumière blafarde, après quelques mots nous nous disions :

— Salut ! à demain matin !

S'il avait neigé, avec un bel ensemble chacun se baissait, serrait un peu de neige dans sa main droite et la lançait en riant. Quand la boule avait fait mouche on criait : gagné, si elle était passée à côté : loupé !

A la belle saison, ce coin de rue était notre terrain de jeux : billes, toupies, balle au chasseur, balle au pot, ballon, osselets, échasses, quilles, quinet... Qui aujourd'hui sait ce qu'est le quinet ? C'est un jeu d'adresse très ancien cité dans de vieilles chroniques de certaines de nos provinces. Un morceau de bois rond d'une vingtaine de centimètres, dont les extrémités ont été taillées en pointe, est posé sur le sol. Avec un solide bâton, on tape d'un coup sec sur une pointe. Le quinet s'élève. On essaie de le frapper à nouveau pour l'envoyer le plus loin possible, mais que de coups dans le vide ! La compétition est engagée, les paris ouverts, les enjeux fort modestes. Les pères de nos pères jouaient au quinet le dimanche, sur la place de l'église, pariaient quelques liards. La partie finie, ils allaient boire un gobelet de cidre, de vin du pays ou de piquette à l'auberge du village.

Si notre carrefour pouvait se raconter, on l'entendrait dire d'une voix lointaine et amusée :

« Affublés de vieux vêtements, ils jouaient parfois la pantomime ! L'un d'eux portait la robe et le chapeau démodés d'une sœur. Il fallait bien qu'un garçon s'habillât en fille puisqu'en ce temps-là il n'était pas permis aux filles de jouer avec les garçons dans la rue. Pour accentuer la ressemblance, il se poudrait le visage de farine, alors que les autres se faisaient des moustaches avec du charbon de bois. Certains jonglaient avec des balles, marchaient sur les mains, se pliaient sur leurs avant-bras pour attraper avec leurs dents un mouchoir posé à terre, alors que d'autres se déformaient le visage par d'horribles grimaces. De vraies farces, de vraies scènes du Moyen Age ! », conclurait la voix amicale de notre carrefour. Nous étions bien tranquilles, pour nous livrer à tous ces jeux, à toutes ces excentricités car nos rues n'étaient pas très passantes.

Les petits marchands passaient à des heures fort différentes et leurs cris n'arrivaient pas à se croiser. Je les entends encore :

— Qui veut de ma raie tout en vie ?

— Chasselas de Fontainebleau !

— Pommes de terre au boisseau !

— Achetez mon petit cœur crémeux...

Quant aux voitures tirées par des chevaux, même si elles allaient à bonne allure nous avions le temps de nous égailler comme des moineaux. J'en aimais particulièrement deux. Celle du crémier était haut perchée sur deux grandes roues. Elle se dandinait. Bleu clair, on la voyait de loin. Le crémier s'arrêtait devant notre porte, c'était un homme roux, rougeaud, à la blouse bleue. A l'arrière de sa voiture, de grands tiroirs contenaient des paquets de beurre et des fromages : du brie, du livarot que nous appelions « le colonel » à cause des brins de paille qui l'entouraient et le faisaient ressembler à un képi galonné, il y avait encore du gruyère, du coulommiers, du roquefort...

La voiture que je préférais à toutes était le cabriolet du boucher. Il passait vers huit heures et demie prendre les commandes et les rapportait vers onze heures et demie. Le jeudi, il m'emmenait et me laissait parfois les guides dans les mains. J'étais fier, je m'imaginais conduire la voiture alors que le cheval n'avait besoin de personne car depuis longtemps il connaissait très bien sa tournée.

Avant de nous livrer à nos jeux, de nous lancer dans des aventures, nous en discutions, assis sur la bordure de pierre, cernant le réverbère. C'était notre « salon où l'on cause ». Chacun donnait son avis, mais mon frère Jacquot, notre chef, parce qu'il savait tout faire, imposait presque toujours ses vues, en ralliant tout le monde par une plaisanterie ou une pirouette. Nous parlions comme tout le monde mais notre langage s'émaillait parfois de mots populaires argotiques, les uns nous avaient été transmis, les autres nous les avions forgés.

Dans ma mémoire en bourdonnent encore quelques-uns :

nez : blase, pif, nasebrock
yeux : quinquets, mirettes
oreilles : esgourdes, feuilles de chou
jambes : guiboles, fumerons
pieds : panards, paturons
tête : caboche, bouille, ciboulot, quimberlot, citron, cigare et aussi tête de lard, tête de buis, tête de pioche
vêtements : fringues, frusques, nippes
pantalon : froc, falsard, culbutant, flottant, bouffant, fandart
veste : rase-pet
casquette : deffe, gapette, bâche
chapeau : tromblon, galure ou galurin, bitos, doulos, bibi

chaussures : godasses, godillots, tatanes, croquenots. ribouis, grolles, pompes, chaussettes à clous
parapluie : rifflard, pébrock
gifle : baffe, beigne, morniff, mandale, tarte, va-te-laver
correction : tourlousine, torgnole, tournée, trempe, floppée
imbécile : schnock, duschnock, tourte
une fille plate : une planche à pain
une fille très grande : une bringue, un échalas
un lieu très éloigné : pétaouchnock kamchaka
années : berges, piges
heures : plombes
horloge : dégoulinante
concierge : pipelet, cloporte
être surpris : rester baba, être comme deux ronds de frites ou deux ronds de flan
se presser : se magner
parler : jaspiner, baragouiner, dégoiser
se sauver : se trisser, se débiner, se calter, se barrer, mettre les bouts
courir : bagoter
un sou : un rond
chose sans valeur : pet de lapin
bicyclette : bécane, biclos, zing
quelque chose de beau ou de compliqué : superlificotentieux
être riche : avoir des ronds, de l'oseille, du fric, du flouze.

Cette énumération n'est pas exhaustive, bien des petits mots croustillants jouent encore à cache-cache dans ma mémoire.

Quelle saveur ils avaient alors pour moi ! Celle de l'amitié qui lie les membres d'un petit clan. De plus, ils étaient des petites touches de couleur dans notre vocabulaire bien pauvre.

J'ai toujours aimé les mots, j'écoutais avec plaisir les gens qui parlaient bien, leurs paroles comme une musique m'arrachaient à la réalité du moment.

Les vieux mots argotiques n'étaient bien sûr pas de mise à la maison. Un soir, j'en laissai échapper un. Nous étions allés avec ma mère et Jacquot voir le défilé du Mardi gras boulevard Beaumarchais. En tête une fanfare, puis un char où trônait « Le Bœuf gras », un bœuf blanc monumental et gras à souhait tout paré de cocardes. Il était le roi de la fête. Suivaient d'autres chars avec des gens costumés et masqués. Ma mère m'acheta un masque à tête de chien, Jacquot choisit un faux nez de clown rond et rouge comme une tomate. Nous rentrâmes à la maison dans cet accoutrement. Notre père arriva et rit de nous voir ainsi affublés. Nous passâmes à table. Jacquot voulut garder son faux nez et me fit des grimaces. Je lui lancai :

— Tu es moche ! Retire ton nasebrock.

Mon père me regarda et me dit :

— C'est un nouveau mot ? Cherche dans le dictionnaire s'il s'y trouve.

Je tournais les pages avec lenteur... car je savais bien qu'il n'y était pas et je dus l'avouer.

— Lorsque j'étais enfant, continua-t-il, si j'avais eu des écarts de langage, mon père m'aurait donné un bon coup de manche de couteau sur les doigts. Je ne le ferai pas car je te fais confiance pour que ça ne se reproduise pas.

Je me le tins pour dit. Mon père était aussi bon que le bon pain de la belle boulangère.

Après la nôtre, la rue François-Adam était la plus importante de notre territoire ; ses tronçons de longueur inégal, avaient pour nous des vocations fort différentes. L'un se perdait au loin et s'enfonçait dans le quartier de La Varenne. C'était l'un des chemins que nous empruntions pour nous évader vers d'autres horizons. Parfois, nous allions jusqu'au bout de cette rue, nous tournions à gauche puis bientôt à droite et nous nous engagions dans des avenues bordées de grandes propriétés aux volets fermés. Nous rencontrions peu de monde. Nous arrivions au pont de Chennevières, grimpions la rude côte jusqu'à la terrasse ombragée de tilleuls d'où nous découvrions la vallée de la Marne. Et la rivière scintillant sous le soleil, dans sa courbe harmonieuse nous apparaissait comme une énorme perle irisée, rare et précieuse, de forme renflée et allongée tant recherchée des joailliers. Des promeneurs, des rêveurs venaient se reposer et contempler le panorama. Une petite école à deux classes était construite en bordure de la terrasse qui servait aussi de cour de récréation.

De là, nous partions faire des culbutes sur les pentes plus ou moins douces du coteau. Nous avions toujours un peu de crainte, car si nous étions la bande d'Adamville, il y avait la bande de La Varenne, des gars costauds. Quand nous nous rencontrions, nous ne nous lancions pas seulement des quolibets :

— Va donc eh ! tordu !

— Petit mec, mal foutu !

— Tu te dégonfles !

— Viens-y voir, eh ! trouillard !

Nous nous rapprochions et nous nous tombions dessus les uns les autres.

Je revins un jour avec une dent cassée. Prenant grand soin de ma denture avec une brosse mousseuse de savon de Marseille, comme le maître nous l'avait conseillé, que de plus on la disait belle et bien rangée, je n'étais pas tellement chaud d'aller du côté de La Varenne. Nos randonnées ne reprenaient que lorsque le beau temps s'était rétabli. L'hiver, nous restions cloîtrés à la maison et nos rêves s'évadaient d'un mot qui nous avait séduits dans une lecture ou de l'appel d'un oiseau qui venait frapper à nos fenêtres pour mendier quelques mies de pain. Le plus souvent, nous n'allions pas jusqu'au bout de la rue François-Adam, nous ne dépassions pas le petit café et ses quatre tilleuls. Nous tournions à droite en saluant au passage de moqueries et de rires le vieux wagon des temps héroïques que nous connaissions depuis toujours et où l'on ne voyait jamais personne. Mais d'où venait-il et comment était-il arrivé là ?

Nous suivions la rue Léonie, nous traversions le bois des Corneilles qui ne comptait plus que trois ou quatre chênes malmenés par les gamins qui en faisaient l'escalade. Si nous n'avions pas beaucoup de temps devant nous, l'aventure s'arrêtait à la Carrière à l'Eau où nous attrapions des têtards, des rainettes et obligions des crapauds à sortir de leur trou en les taquinant avec une brindille.

Lorsque nous disposions d'un long après-midi, nous passions le pont de Bonneuil. Où irions-nous ? Jusqu'au fort de Sucy voir les zouaves qui en assuraient la garde ? Ces soldats captaient notre curiosité et notre admiration. Les récits de la bravoure de leurs aînés en 70 demeuraient en nos mémoires. Vêtus d'un large pantalon bouffant rouge, qui comme une jupe-culotte dissimulait les jambes et d'une petite veste bleue à galons rouges, la taille serrée par une large ceinture en étoffe bleue, coiffés d'une chéchia agrémentée d'un gland, ils ne ressemblaient pas aux autres soldats.

D'autres fois, nous mettions le cap sur le gros village de Bonneuil, le carrefour Pompadour, Boissy-Saint-Léger et ses trottoirs cyclables, la forêt de Grobois, les bois de Lagrange. Nous rapportions des fleurs, des fraises des bois, des asperges sauvages.

La vie, la liberté, la joie entraient, vibraient en nous par tous nos sens : l'espace, le ciel, les arbres frémissants, les envols d'oiseaux palpitants...

Et nous retrouvions notre rue François-Adam. Contiguë à la maison de la Dame blanche, une parcelle nue où un pauvre homme s'était construit une cabane en planches, recouverte de papier goudronné et vivait là avec son chien. Et comme protégée par quatre tilleuls en sentinelles sur le trottoir, la maison des Pregaldine, charcutiers qui faisaient les marchés.

J'allais souvent chez eux faire des achats : des saucissons à cuire, une palette, un jambonneau... J'avais droit à une ou deux rondelles de saucisson et à un gros baiser sur les joues. Tout cela me plaisait fort. Leurs filles valsaient le dimanche après-midi avec mes frères à La Fauvette ou dans les guinguettes des bords de Marne.

Tout contre, une blanchisserie en gros, avec dans la cour un immense tilleul argenté, rond comme une boule de bilboquet ou une montgolfière bien gonflée qui va rompre ses amarres et tout bourdonnant de hannetons au mois de mai. Là aussi j'allais souvent car la patronne nous achetait des bottes d'asperges à deux francs et des paniers de fraises : nous avions de tout cela en abondance dans notre jardin.

Ma mère faisait bon poids, ne choisissait que les plus belles asperges et les plus beaux fruits. La blanchisseuse s'en rendait bien compte et j'avais droit à un gros baiser (là encore !) sur chaque joue et à deux sous pour ma commission ; elle ne manquait pas d'ajouter :

— Tu diras merci à ta mère, elle m'a gâtée.

Ma mère mettait ces petits profits occasionnels dans une boîte de fer de Lithinés du docteur Gustin.

Quand elle remettait le couvercle, avec un certain contentement, elle redisait :

— C'est pour notre maison !

Dans cette blanchisserie, un homme dans les quarante-cinq ans, grand, corpulent, en maillot rayé, faisait les gros travaux. Il coltinait les ballots de linge, alimentait de charbon les différents foyers, soignait le cheval, conduisait la voiture de livraisons qui partait pour Paris deux fois par semaine. Le jour de la fête des blanchisseuses, haut perché sur son siège, arborant pour la circonstance un chapeau melon, il conduisait le char à bancs de louage où prenaient place Julie la patronne et ses ouvrières. Les chevaux portaient des cocardes, le fouet était enrubanné, et les occupantes de la voiture coiffées de bonnets, de chapeaux en papier de couleur, soufflant dans des mirlitons, riaient, chantaient : « Viens Poupoule, viens Poupoule, viens..., « A la cabane bambou... » ou encore « C'est la danse nouvelle, Mademoiselle. La danse qui nous aguiche, c'est la matchiche... »

Le char à bancs tout aussi coloré et bruyant de M. Breuzin, lui aussi blanchisseur en gros, qui avait son établissement juste derrière chez nous, les rejoignait.

On me criait : « Edouard, viens à La Montutu avec nous ! »

Je les regardais s'éloigner me demandant où était La Montutu, lieu divertissant et magique et j'aurais bien voulu me joindre à ce monde joyeux. A cet âge, j'aurais aussi désiré connaître Verneuil-l'Etang, la dernière station de notre ligne Paris-Bastille.

C'était pour moi le bout du monde, le mystère. Les adultes disaient à cette même époque :

— Voir Naples et mourir !
et rêvaient des gondoles de Venise.

Julie la blanchisseuse, mon amie avec qui j'aurais aimé

aller à La Montutu, était d'une taille au-dessus de la moyenne. Elle devait atteindre la trentaine quand j'avais huit ou neuf ans.

Blonde, les yeux bleus, le teint blanc, ronde, sans excès aux bons endroits, comme les hommes désiraient que les femmes le fussent, elle était très jolie. Ses mains étaient fines, il y avait belle lurette qu'elle ne les plongeait plus dans la lessive. Il lui arrivait de conduire la voiture de livraison, bien que Charles fût à côté d'elle. Ils paraissaient bien s'entendre tous deux. Un jour que j'étais près de notre réverbère, attendant un copain, je vis arriver Charles vers moi. Il était endimanché et portait un gros bagage à la main. Il s'arrêta pour me parler, sa voix n'était pas naturelle.

— Elle m'a foutu à la porte.

Des larmes coulaient sur ses joues. J'étais surpris qu'un homme aussi fort que lui puisse pleurer comme un enfant. Je ne savais que dire et je laissais échapper :

— Mais votre femme est gentille.

— Ce n'est pas ma femme.

Il rôda plusieurs jours dans le quartier, ses vêtements étaient de plus en plus fripés. Il tenta de retourner chez Julie, chaque fois fut chassé, rudoyé sans pitié. Puis il disparut. Ma blanchisseuse avait pris un nouveau compagnon, prénommé Gaston, robuste, athlétique aussi mais bien plus jeune, dans la trentaine. Julie aimait la jeunesse et je continuais de l'embrasser.

J'avais grandi, j'étais entré au collège. J'étais maintenant habillé d'un complet-veston. Une fine moustache ombrait ma lèvre supérieure et comme je lui portais un panier de bigarreaux bien présentés sur des feuilles de vigne, elle s'écria :

— Mais Edouard, ma parole, tu es un homme, je ne vais plus oser t'embrasser.

— Voilà dix ans que tu m'embrasses, tu peux bien continuer.

J'avouerais que j'en avais du plaisir car sa peau douce sentait bon le lait d'iris et ses lèvres passaient bien près des miennes.

J'avais rougi et elle avait dû remarquer mon émoi :

— Ah ! les hommes sont tous pareils, ils ne valent pas cher, mais on ne peut s'en passer.

Et elle me glissa dans la poche, non plus une pièce de deux sous comme autrefois, mais une pièce d'argent d'un franc. C'est là que se referment mes souvenirs de cette partie de la rue François-Adam.

L'autre tronçon de cette rue était bien différent. Pas de parcelle, domaine des grillons, tout était construit : des pavillons, même une maison locative au mouchetis rose, à trois étages, dont le propriétaire était M. Chapelle.

J'aimais bien la grande maison à tourelles de M. Koch, coiffée de tuiles vernissées de différentes couleurs, formant des figures géométriques.

Nos familles se fréquentaient. M. Koch mettait une note pittoresque dans la rue, lorsqu'il passait sur son teuf-teuf à trois roues. Son fils Maurice était notre ami. C'était un beau garçon qui semblait respirer la santé. Cependant, il fut réformé et mon père fit cette réflexion :

— Il doit avoir quelque chose de grave pour être réformé. Il se mariera difficilement.

A cette époque, ne pas faire son service militaire était souvent une cause de rupture de fiançailles. Maurice nous quitta au début de la guerre sans l'avoir faite. Il avait une grave maladie de cœur.

La fenêtre de la cuisine de ma grand-mère donnait sur cette rue. Souvent, elle nous regardait jouer et, parfois, nous interpellait pour nous calmer. A côté de chez elle, un médecin retraité de la Marine avait acheté une vieille maison. Il la fit abattre pour en construire une en bordure de la rue. Elle prenait appui sur la maison de ma grand-mère et sur celle de M. Chapelle. Pour des raisons de mitoyenneté, ma grand-mère n'était pas d'accord avec le docteur tiré à quatre épingles, toujours courtois. Ce qu'elle n'avait pu supporter, c'est qu'on piochât dans son mur sans lui en avoir demandé l'autorisation. Le docteur pensait apaiser, et même désarmer ma grand-mère par une déférence trop voyante.

Au-dessus de chez nous demeurait un couple, Monsieur et Madame Doulbeau, leur fillette Henriette et un jeune garçon, de mon âge, Henri, frère de la jeune femme. Il avait été recueilli dans ce foyer, très modeste, pourtant, à la mort de ses parents.

Nous étions quatorze dans cette maison et nous vivions mieux qu'en bonne intelligence, dans une familiarité amicale.

Quand madame Doulbeau discutait de choses sérieuses elle tournait et roulait ses yeux, l'iris disparaissait, son visage rappelait alors celui d'une statue. Elle était au courant du différend qui opposait le docteur à ma grand-mère. Amusée, elle proposa une solution :

— Mais grand-mère, mariez-vous avec lui, vous garderez votre mur et vous aurez sa maison.

— Vous n'y pensez pas, Estelle, me remarier avec un pareil petit vieux, ça jamais !

Ma grand-mère avait passé les soixante-dix ans et le docteur n'en avait sans doute guère davantage. Mais ce différend la tourmentait et les échanges de lettres avec le docteur l'importunaient. Ma mère lui conseilla de ne plus répondre.

Cette attitude porta ses fruits. Intrigué et inquiet, il vint lui-même aux renseignements. Ma grand-mère le reçut dans son salon.

— Madame, je veux m'arranger avec vous, nous allons couper la poire en deux, si vous le voulez bien.

Et le calme revint dans les esprits. Ce docteur avait une gouvernante, un fin cordon bleu. Quand ma mère passait devant la cuisine dont la fenêtre, presque toujours ouverte, donnait sur la rue, elle lui demandait :

— Alors Louise, que faites-vous de bon aujourd'hui ?

— Madame Blé, je hache le persil menu, je hache les oignons et la viande, très fin, je mêle le tout et je rehâche...

Rentrée à la maison, ma mère s'empressait de copier la recette. On avait baptisé Louise : Je rehâche. On disait j'ai rencontré « je rehâche »...

Chez Chapelle demeurait mon copain Paulo. Il avait une grande sœur Marthe qui prenait le train de six heures vingt, chaque matin avec mes frères. Elle était plumassière dans une grande maison de mode. Adroite, elle l'était certainement. Ce qui est sûr, c'est qu'elle avait une jolie silhouette et un visage des plus agréables. Un certain soir mes frères firent la remarque :

— Tiens, Marthe ne prend plus le train !

Marthe reparut un dimanche. Une autre Marthe, élégante, richement habillée. Tout le monde avait remarqué la transformation. Mon frère Jacques dit à Paulo :

— Elle est vachement fringuée, ta frangine.

Didi reprit :

— Drôlement sapée et elle a de chouettes tatanes vernies à boutons.

— Oui, elle est chic et elle me donne des sous, reprit le petit frère.

Sa mère disait à qui voulait l'entendre :

— Elle est intelligente ma fille !

Et racontait :

— Son patron l'a remarquée, lui a donné une bonne place, la paye bien. Il lui a même loué un petit appartement.

Mère flattée, mère vaniteuse mais aveugle.

Les voisins disaient :

— Marthe est une femme entretenue, c'est dommage ! Elle aurait trouvé un bon mari.

Certaines mauvaises langues ajoutaient :

— Elle travaillait dans la plume, maintenant dans le plumard.

Ma mère, bienveillante, édulcorait ses appréciations :

— C'est un pinson qui nous a quittés.

En effet, Marthe avait toujours une chanson aux lèvres. Finies pour elle les longues courses dans Paris avec son grand carton à chapeau !

L'on voyait journellement aller et venir M. Lorillère portant une boîte contenant son nécessaire de coiffeur : tondeuses, rasoirs, blaireau, poudre de savon, peignes, brosses, fers à friser... Il se rendait à domicile coiffer les femmes pour une cérémonie, tailler les cheveux des hommes et raser les malades. Il travaillait aussi chez lui, dans une petite pièce attenante à sa belle villa. Pour bien tracer la raie, il mouillait les cheveux avec de l'eau puis, pour nous parfumer, il terminait par un soupçon de lotion Pivert, Foin coupé ou Fougère. On en avait pour quatre sous. Mais comme il savait qu'un sou est la richesse pour un enfant, il nous en rendait un :

— Tiens c'est pour toi !

Il aimait à raconter des histoires et il en avait retenu beaucoup du temps où il était établi dans un beau quartier de Paris. Sans se fatiguer, il arrondissait ses rentes en gagnant deux ou trois francs par jour.

En face de chez lui, habitait dans une grande maison enfouie dans la verdure au fond d'un jardin, une toute petite femme, menue, aux joues roses et rondes, luisantes comme deux pommes. Elle était toujours vêtue de noir et portait un petit chapeau dont les brides étaient nouées sous le menton en une élégante rosette. Quand elle revenait du marché, il lui arrivait de m'attendre à la porte de l'école pour que je l'aide à porter son filet et ses paniers. Elle me faisait des compliments :

— Comme tu es fort ! tu as de bons mollets et de belles joues et de belles dents.

Un jour avant de nous quitter elle me proposa de venir goûter le lendemain chez elle.

— Tu demanderas la permission à ta mère et tu viendras un peu avant quatre heures.

Je fus fidèle au rendez-vous. Sur la table de la salle à manger en acajou, deux grandes tasses avec leurs soucoupes attendaient.

— C'est gentil d'être venu, assieds-toi, je reviens.

Bientôt, elle apparut portant une chocolatière en porcelaine, remplit les tasses, puis tira du buffet, bien posés sur une grande assiette à bords tourmentés et à filets dorés, quatre croissants magnifiques et quelques petits gâteaux. Sur la table à côté d'elle, la photographie agrandie d'un enfant.

— Elle ne me quitte jamais, soupira-t-elle.

Que pouvais-je répondre ? Elle me dit :

— Mange, ils sont bons mes croissants. Es-tu content d'être avec moi ?

— Oui, je suis très content.

Elle prit la photo et l'embrassa.

— C'est mon petit Emile, je l'ai perdu quand il avait ton âge. Le croup, ça ne pardonne pas. Tu lui ressembles tant.

Elle me serra sur son vieux cœur. Je regardai la photographie agrandie de cet enfant vêtu d'un costume marin, coiffé d'un Jean-bart et tenant un cerceau. Effectivement, je lui ressemblais un peu. J'avais tout raconté à ma mère, qui comprit pourquoi elle avait tant de plaisir à me voir :

— Ta présence lui fait du bien. N'hésite pas à lui rendre visite.

Je continuai à lui porter ses paquets, je revins plusieurs fois chez elle. Elle s'aventura dans les confidences. Alors qu'elle était jeune femme, elle tenait un magasin de tissus avec son mari. C'est ainsi qu'avant 1870, ils avaient acheté la parcelle de terrain et fait construire la maison qu'elle habitait aujourd'hui un peu après la guerre.

— Sous l'Empire, les affaires marchaient bien, il y avait du travail pour tout le monde. Les couturières ne chômaient pas, elles en taillaient, elles en cousaient des robes, car on allait au bal, au théâtre, on se recevait. Nous venions ici le dimanche et la semaine quand je le pouvais je promenais mon petit Emile au Luxembourg. Comme nous étions heureux !

Puis un jour, discrètement elle s'en est allée quand les feuilles qui commencent à tomber nous prédisposent à la mélancolie.

La gazette de cette rue François-Adam va-t-elle s'achever ainsi ? Non. Ce sera sur le souvenir d'un beau cavalier bien campé sur un alezan brûlé. D'où venait-il où allait-il ? Si sa monture avait été blanche, on aurait pu croire qu'il s'agissait d'un héros de légende venu du Ciel ! Mon père l'avait remarqué :

— Ce doit être un homme qui a de solides revenus. Aujourd'hui, comme au temps des Romains, posséder un cheval de selle est un signe de richesse.

Et voilà que le beau cavalier se trouva nez à nez avec la première auto qui circulait dans notre rue !

La civilisation du cheval vieille de tant de millénaires se trouvait face à face avec la civilisation mécanique qui allait bientôt la terrasser.

CHAPITRE V

Cette partie de la rue était le chemin obligé de l'école, de la chapelle, du marché, de la gare.

Quatre fois par jour, je passais là. J'ai gardé le souvenir que dans les premiers mois de ma scolarité, mes frères chantaient : « Quand refleuriront les lilas blancs... » J'étais content d'aller à l'école. J'aimais mes maîtres, pour moi c'étaient des savants. De plus ils étaient bien habillés et portaient de belles cravates, parfois des lavallières bleues à pois blancs. Comme c'était la mode, ils les agrémentaient d'une jolie épingle. Déjà, j'y prêtais attention. Les cravates sont la fantaisie et la note personnelle du costume masculin : je continue à y attacher de l'importance. Mes maîtres avaient la conviction profonde de faire une grande œuvre en éduquant les enfants, en préparant l'avenir. Il me semble entendre la voix du maître du cours élémentaire première année :

— Prenez votre cahier, vous allez tirer un grand trait sous le travail d'hier. Frottez votre plume au bord de l'encrier pour ne conserver que ce qu'il faut pour écrire sans tache.

Placez votre règle légèrement sous la ligne où vous allez tirer votre trait pour que la plume ne touche pas le bois de la règle, sinon vous feriez une longue tache.

Ecrivez la date. Faites un trait de six carrés. Maintenant, copiez la maxime morale qui est au tableau. Appliquez-vous pour bien la retenir.

Et le maître passait pour juger le travail. C'est par ces

petits riens que nous acquérions des habitudes sur lesquelles tout allait reposer. Nous apprenions à travailler.

Je suis maintenant au Cours supérieur. Je ne sais pourquoi la rédaction que nous faisions généralement à l'école le mercredi après-midi fut reportée au jeudi à la maison. Le sujet qui, pour le maître, s'imposait sans doute après une leçon d'histoire : « Attaque de Paris par les Normands. » Dans la bibliothèque de mon père, trônait dans sa belle reliure rouge le précieux dictionnaire d'histoire et de géographie de Bouillet. Naturellement, je me documentai et une expression me frappa : « montés sur de frêles esquifs non pontés... ». Elle m'enchanta. Je restai bouche bée. Je la glissai dans mon devoir. Quand le maître fit le compte rendu de la rédaction, il me complimenta :

— J'ai relevé dans ton devoir l'expression : frêles esquifs qui convient parfaitement aux embarcations des Normands.

Je me gonflais d'un peu d'orgueil. Pour moi, les mots étaient des amis qui me contaient des histoires ou encore des fleurs qui me réjouissaient par leurs couleurs et leurs parfums. Quand j'en découvrais un nouveau, je le notais sur un petit carnet, me proposant de l'employer dès que je le pourrais dans une rédaction ; les détours pour y parvenir étaient bien souvent tortueux ! J'y arrivais cependant. Un jour, je donnai toute ma mesure. Le maître nous avait demandé de raconter une promenade sur les bords de la Marne, un dimanche d'été. J'étais à mon affaire car je l'avais faite maintes fois, avec ma mère ou mes frères. Les femmes s'amincissaient la taille pour avantager leur buste et leurs hanches. Et là, sur les bords de la Marne, on en voyait beaucoup des femmes à taille de guêpe, selon l'expression courante. Je lui préférai : des femmes à taille de sylphide et j'imaginai un homme, promeneur solitaire, et j'écrivis un homme taciturne comme un Breton. Le mercredi suivant, j'eus les honneurs du compte rendu.

— Sylphide, taciturne sont des mots rares pour ton âge. Tu aurais pu dire des femmes à la taille fine, tout le monde aurait compris. Quant à taciturne comme un Breton, je crois que tu exagères un peu. Bien sûr, les Bretons ne sont pas exubérants comme les Marseillais, mais de là à dire qu'ils sont taciturnes, je ne le crois pas. Je suis breton et j'aime la gaieté. D'où tiens-tu tout cela ?

Je dus citer mes sources. J'avais trouvé sylphide dans une vieille chronique et taciturne dans le petit Larousse qui pour en préciser le sens donnait l'exemple : les Bretons sont taciturnes.

— Je suis sûr, dit le maître, que les Bretons protesteront et que cet exemple disparaîtra.

Echos de paroles lointaines, images pâlies de scènes vécues, enregistrées dans la mémoire ! Je revois la génisse amenée dans le préau, une fois par an, pour la vaccination anti-variolique ; elle se tenait tranquille au milieu de ce va-et-vient d'enfants, de nos sorties pour la récréation et j'entends nos cris « A fiot ! A fiot ! » ce qui voulait dire : qui vient jouer à saute-mouton ? Dans un silence impressionnant, je perçois encore la voix souple et expressive du maître, quand il nous racontait, le samedi après la récréation de l'après-midi *la Chèvre de monsieur Seguin* ou *la Dernière Classe.* Nous étions émus et les larmes perlaient au bord de nos paupières. Les générations passent, mais l'enfance reste toujours l'enfance et ces deux contes mouillent encore bien des yeux, quand ceux qui les racontent savent faire vibrer la chair des mots pour en donner toute la sensibilité. Qui n'a gardé en son cœur un petit coin de tendresse pour son école ? Là s'écoule un moment important de la vie.

On imagine le petit nuage bleuté ou blanchâtre qui flottait lorsque le poêle tirait mal à cause du brouillard ou du vent, on retrouve toutes les odeurs, on se revoit en sarrau noir assis à la table dont le plateau de chêne a été gravé de noms ou d'initiales et taché de coulées d'encre violette, la plume au-dessus de l'encrier de porcelaine, hésitante, à cours de savoir, ou courant, impatiente, sur le cahier quand elle en est toute chargée.

Je revois aussi sur le chemin de l'école, rue Léon, une bâtisse assez importante, en briques roses avec ses deux tours carrées très étroites et qui par son apparence se distinguait de toutes les constructions, non seulement de notre quartier mais de notre ville. On aurait pu croire qu'il s'agissait d'un château sorti des contes de Perrault émergeant des nuages ou blotti au fond d'un ténébreux vallon, peu solide comme les décors de comédie. Aussi l'appelait-on le château de carton. J'étais entré un jour dans le jardin, j'avais eu l'impression d'être dans un monde qui n'existait pas. Un de nos camarades y habitait et nous lui trouvions un air étrange.

Lorsqu'il entrait chez lui, par la grande porte, j'avais l'impression qu'il était happé par une force magique. Dès qu'il avait franchi le seuil, subitement c'était le silence absolu, alors que chez nous, quand nous montions l'escalier, nos pas résonnaient dans tout le voisinage. Ce château était pour nous un mystère, il nous inspirait de la crainte, nous nous en écartions.

Notre chapelle était alors de dimensions plus réduites qu'aujourd'hui et peut-être plus intime car certains des nôtres l'avaient vu construire. C'était l'âme de notre quartier. Sa cloche nous parlait, nous la comprenions. Ses tintements clairs, expressifs, familiers nous invitaient le dimanche par leur troisième appel à nous presser.

— Dépêche-toi, sinon tu seras en retard et tu le sais, notre doyen, le curé Martin, n'aime pas ça.

Parfois, sa voix joyeuse nous disait :

— Un nouvel enfant prend place parmi nous par le baptême, deux êtres qui s'aiment s'unissent par les liens du mariage...

Mais lorsque sa voix se faisait assourdie et entrecoupée, répétant un refrain lancinant :

— Dors longtemps, dors longtemps...

ainsi, elle nous prévenait que quelqu'un du quartier venait de nous quitter et semblait nous demander par son insistance d'avoir une pensée pieuse pour lui. C'est dans cette petite chapelle que je fus baptisé. Je portais une robe brodée par ma mère pour moi, avec amour. Ses mains étaient aussi habiles et talentueuses que son cœur était bon et doux. Il y avait mon parrain et ma marraine, un couple de comédiens, directeurs du théâtre de Belleville, des cousins.

Je fus généreusement honoré. Au retour de la cérémonie, après avoir savouré ma copieuse ration de lait maternel, je m'endormis dans mon berceau. Les convives s'en donnèrent à cœur joie. Au cours du repas, mon père avait servi du Pomerol et pendant que mes parents reconduisaient les invités jusqu'à la porte du jardin, mes frères vidaient les fonds de verres et chantaient :

— Du Pomerol, du Pomerol !

Mon père amusé mit fin à cette joyeuse effervescence .

— Au lit maintenant, demain on travaille.

C'est là aussi que je fis ma première communion, vêtu d'un smoking, coiffé d'un chapeau melon, cravaté et ganté de blanc, portant au bras gauche un brassard de soie blanche avec un grand nœud, deux pans à franges d'argent...

Quand il y avait des baptêmes ou des mariages, nous attendions à la porte de la chapelle et lorsque le cortège sortait, nous criions : « Vive le parrain, vive la marraine ! » ou « Vive la mariée ! » et l'on nous lançait des poignées de dragées ou de sous. On se précipitait sur l'aubaine. C'était au plus prompt.

Mais il y avait souvent plusieurs mains sur le même sou ou la même dragée maculée de poussière et nos corps se trouvaient enchevêtrés comme dans une mêlée de rugby. Le parrain ou le garçon d'honneur s'amusaient à nos dépens, feignaient de lancer à droite et brusquement viraient à gauche. C'étaient alors des heurts, une débandade, des cris...

La mariée s'avançait majestueuse et souriante au bras de son époux. Un diadème ou un petit bouquet de fleurs d'oranger en cire dans les cheveux, un autre piqué à gauche sur son corsage. Deux enfants soutenaient la traîne de sa robe.

Elle montait dans son coupé dont le cocher en livrée, haut-de-forme en cuir bouilli à la main, tenait la portière ouverte. La demoiselle d'honneur arrangeait la jupe et le voile de la mariée, alors le marié, relevant les pans de son habit, prenait place à côté de son épousée. En face d'eux la demoiselle d'honneur et son cavalier. Souvent, ils étaient déjà fiancés, sinon ils le deviendraient peut-être si cette rencontre leur donnait le désir de se revoir. Les invités avaient été répartis dans les autres coupés selon une étiquette assez rigoureuse. Parmi eux, presque toujours un militaire qui selon la croyance populaire était un gage de bonheur. Le cortège formé de huit, dix, douze voitures et parfois davantage s'ébranlait. Le temps était beau, les voitures décapotées. La saison des mariages commençait avec le printemps. Les femmes portaient des robes très ouvragées, plus ou moins claires selon leur âge, toujours très seyantes, des chapeaux, véritables chefs-d'œuvre d'art et de fantaisie, en paille fine, en soie ou en velours, ornés de fleurs printanières, de plumes et même d'oiseaux. C'était un beau spectacle de couleurs. Les gens criaient « Vive la mariée ! » et faisaient des gestes de sympathie. Quand les mariages étaient modestes, les invités montaient dans un ou deux chars à bancs. La gaieté ne cessait de régner.

Mais dans la vie il n'y a pas que des joies. Ma grand-mère relevait cette évidence :

— Notre vie est un mystère, un jour nous partons, comme les fleurs se fanent dans le jardin.

Le portail de la chapelle s'encadrait de noir. Nous, les enfants, n'allions pas aux enterrements mais on en voyait passer. Derrière le corbillard orné de draperies noires, plus ou moins amples, à franges de laine blanche ou argentées, un drap noir recouvrant le cercueil, les hommes de la famille, tout de noir vêtus, un large crêpe au bras gauche et au chapeau. Puis venaient les femmes dont le visage était dissimulé par un voile de crêpe fixé au chapeau, descendant selon le degré de parenté avec le défunt, jusqu'à la taille ou jusqu'au bas de la robe. Le cocher portait une sorte de pèlerine noire et un bicorne. Il avait la silhouette des gendarmes du temps où ils faisaient leur tournée à cheval. On avait jeté sur le dos des chevaux un drap noir à franges. Mais lorsque l'enterrement était de première classe, les chevaux étaient caparaçonnés de noir et d'argent. Aux quatre coins du corbillard, un plumet de plumes d'autruche noir. Devant le cortège, un prêtre, un surplis blanc sur sa soutane, portait un grand crucifix, alors qu'à sa droite se tenait un enfant de chœur avec l'encensoir. Il arrivait que le prêtre et l'enfant de chœur fussent dans un fiacre. Tout à fait devant, conduisant le cortège, l'ordonnateur avec sa canne à pommeau d'argent et son bicorne à cocarde. Les passants s'arrêtaient, les hommes, les petits garçons se découvraient, les femmes, les fillettes se signaient. Dans les familles, le grand deuil durait un an suivi d'un demi-deuil de six mois.

Je vais bientôt m'éloigner de ma chapelle campagnarde au clocher surmonté de son coq. Mais puis-je oublier les matins de Noël où après avoir découvert nos jouets devant la cheminée de la chambre de mes parents, nous allions à la messe de neuf heures ? Le froid nous piquait le visage, mais nous étions enveloppés dans la bonne chaleur de notre long et épais capuchon et de nos bas de laine serrés par des jarretières ; un béret enfouissait nos oreilles. Il avait neigé pendant la nuit, nos solides galoches s'enfonçaient dans la neige et formaient deux sillons parallèles, seules marques vivantes avec les petites étoiles que les pattes fines des moineaux avaient laissées. Les personnages, les animaux de la crèche semblaient s'animer pour moi dans la ferveur de nos cantiques. Nous revenions en hâte à la maison. Nous nous amusions à mettre nos pas dans les empreintes de l'aller. Le ciel était gris, chargé de neige Le givre mettait des fleurs de rêve et des étoiles aux vitres des fenêtres. Des fumées blanches s'échappaient des cheminées, s'essayaient à monter et s'étalaient en nappes ouatées où aurait pu s'accouder un petit angelot. Mais c'est bien connu, les angelots vêtus seulement de leur candeur préfèrent le soleil et le ciel bleu. Et nous retrouvions la maison chaleureuse et nos jouets et nos rêves d'enfant.

Maintenant, me voilà revenu de nouveau dans ma rue Gustave.

CHAPITRE VI

Au 12, la maison de ma grand-mère construite sur une parcelle acquise avant la guerre de 1870. Mes grands-parents auraient pu acheter un terrain plus près de la gare, mais ma grand-mère avait objecté :

— Nous ne quittons pas Paris, son bruit et sa poussière pour avoir les oreilles cassées par les sifflets, le ronflement des trains et en respirer les fumées.

Ils avaient fixé leur choix sur un terrain à mi-chemin de la gare et des bords de Marne. A un angle de rues où, disait ma grand-mère :

— On a l'impression d'être plus libres, de mieux respirer.

Vers 1885, ils firent construire un pied-à-terre de quatre pièces, au centre une grande salle à manger à laquelle on accède par un petit escalier de trois marches et une large porte-fenêtre ; à droite, un salon ; à gauche, une chambre à coucher ; derrière, la cuisine avec fenêtre sur la rue François-Adam.

Quelques années plus tard, mes grands-parents s'y fixèrent définitivement, mon grand-père, maître-ciseleur, ayant cédé son atelier à ses deux fils.

A cette époque-là, mes parents furent expropriés de leur logement parisien, la rue de Seine devant être élargie. Ils convainquirent mes grands-parents d'agrandir leur maison de deux étages. Ils auraient à engager environ trois mille francs. Mon père fit remarquer que cette somme en rente perpétuelle à 3 % leur rapportait à peine cent francs, alors que la location des deux étages leur assurerait un revenu d'au moins cinq cents francs. La maison fut donc surélevée de deux étages, une tourelle où se logeait l'escalier compléta l'ensemble et donna à cette maison fort simple, l'aspect d'un petit manoir, ce qui plaisait beaucoup à ma grand-mère.

Comme dans toutes les autres maisons de notre quartier, il n'y avait aucun confort, mais on s'y sentait bien quand même.

C'est là que je naquis, dans le lit à bateau en acajou de mes parents, un soir vers sept heures du dernier mois de janvier du siècle passé. Le temps était doux, il pleuvait.

— Un garçon, dit le docteur Sallefranque.

Il n'avait pas eu besoin de me taper sur les fesses pour me faire crier car je braillais si fort que chacun disait :

— Il est plein de vie, ce sera un homme heureux, un chanteur...

Dans sa nichée de six garçons turbulents, ma mère souhaitait mettre au monde une fille. Si la Providence l'avait comblée, je me serais prénommée Laure, comme sa marraine, héroïne d'une belle histoire. Après qu'on eût fait ma toilette, on me présenta à ma mère qui m'embrassa sur le front.

— Comme il est grand et fort ! Non, ce n'est pas une fille, il a pourtant de belles petites mains.

Déception d'un instant, vite effacée par son grand amour des enfants. Je fus Edouard, dit Dadard, petit Dard ou Edouard VII, un fameux touche-à-tout et brise-tout tant j'étais remuant. Et si jamais ma mère avait voulu m'élever comme une fille, elle ne l'aurait pu. C'est du reste une idée qui ne l'effleura pas.

Je fus présenté à mes frères alors que je dormais près de la cheminée sur laquelle le temps se rythmait aux sonneries d'une pendule noire très ancienne. On me rapporta plus tard ce que Jacques, mon aîné de quatre ans, avait dit :

— Il est bête celui-là, il ne dit rien !

Bientôt, il se rendit compte qu'il avait parlé trop vite. J'étais un drôle de goulu qui réclamait bruyamment à heure fixe sa ration de lait maternel.

Quand il faisait beau, je prenais l'air dans un landau

haut perché sur de grandes roues caoutchoutées. Mes frères se disputaient pour me promener dans les allées du jardin. Ce qui me valut un jour de passer par-dessus bord et d'atterrir dans un buisson de roses. Comme j'étais bien matelassé, je n'eus aucun mal, mais je pleurnichais. Ma mère s'était mise à la fenêtre.

— Qu'est-ce qu'il y a encore ?

— C'est une mouche qui l'a embêté.

Je pris rapidement des forces, m'agitai comme un beau diable, sur ma haute chaise bleue et essayai mes premiers pas vers neuf mois. A dix mois, j'étais assuré sur mes jambes. J'ai donc marché dans le XIXe siècle, élégamment coiffé d'une sorte de casque à gros bourrelet de liège pour me protéger des chocs contre les angles des meubles et des portes. Je portais une robe et comme tous les autres petits garçons à cette époque, je fus habillé en fille jusque vers mes trois ans.

Une année s'achevait et avec elle le XIXe siècle, nous allions entrer dans le XXe. C'était pour tous un événement d'une rare importance. Chacun était porteur de souvenirs et s'interrogeait sur l'avenir.

Quand je fus en âge de comprendre et de retenir, ma mère me raconta comment s'était passée cette journée du 1er janvier 1900.

Comme c'était de tradition, mon frère Marius, neuf ans, le plus jeune d'entre nous d'âge scolaire, lut à mes parents, à la clarté de la lampe-colonne, le compliment de bonne année qu'il avait rédigé et écrit lui-même sur une grande feuille de papier à bords de dentelle et ornée de fleurs, achetée pour un sou chez la petite libraire devant l'école. Mes frères s'étaient levés de bonne heure pour surprendre mes parents au lit car ce compliment devait être en ce début d'année la première marque d'affection qu'ils devaient recevoir : celle de leurs enfants avant toute autre. Et là se rejoignaient la morale de la communale et celle du catéchisme.

Comme tous les autres jours, notre cuisine étant de dimensions minuscules, le couvert fut dressé dans la grande salle à manger, mais avec un soin tout particulier. Sur la toile cirée protégeant la table en acajou, une magnifique nappe brodée par ma mère, le beau service à fleurs bleues et le service de verres en cristal : un verre à eau, un verre à bordeaux et une coupe. Sur chaque assiette, une serviette brodée présentée en forme de chapeau de Colombine. Le ciel était bas. Un peu avant midi, une brève éclaircie, le soleil parut, clignotant entre deux nuages. Georges, notre romantique frère aîné, s'écria :

— Le premier soleil du siècle !

— Allons le saluer, c'est peut-être un heureux présage, continua mon père.

Et nous voilà tous devant la fenêtre. J'étais juché sur ses larges épaules.

— Regarde bien devant toi, mon petit Edouard, tu en verras des choses.

Ma mère était tout contre lui :

— Dans quelques années, nous aurons notre belle maison sur notre grand jardin.

— Nous y serons bien, compléta ma mère, mais pourvu qu'il n'y ait pas de guerre, nos sept fils...

Grand-mère arrivait dans sa belle robe de satin à jabot de Valenciennes, un mouchoir de dentelle dans sa manche gauche. Elle avait soixante-cinq ans, mon père quarante-quatre, ma mère trente-six, mon frère Georges l'aîné seize et moi, la lanterne rouge, onze mois treize jours ! Le menu était soigné, riche de plats appétissants aux odeurs réjouissantes. Du bordeaux Saint-Estèphe et pour finir du saumur pétillant et mousseux, dont ma mère m'humecta les lèvres avec un doigt trempé dans sa coupe. Ma grand-mère était encadrée de ma mère et de mon père, pour moi il y avait une assiette sur la table pour bien marquer ma place, mais je mangeais ma bouillie sur le plateau de ma grande chaise rose. Nous étions gais et naturellement, à un certain moment, la conversation porta sur le passé et l'avenir... et s'y attarda. Ma grand-mère avait dit :

— Avec tout ce que j'ai vu et entendu, je pourrais vous raconter tout le siècle ; ma mère est née en 1800 au manoir de Kientzheim près de Kaysersberg sous le Consulat et moi à Soultz-sous-Forêts en 1835 sous Louis-Philippe.

Dès qu'elle abordait les choses sérieuses, ce qu'elle disait avait la précision d'un document, tant elle avait su être un témoin attentif de son temps. Sa mère avait vécu l'époque napoléonienne, l'Alsace était un lieu de passage des armées françaises allant combattre outre-Rhin et de fringants officiers, tout chamarrés, s'étaient succédé au manoir. Le temps des épreuves était venu, et elle avait connu l'épopée des patriotes alsaciens et vosgiens qui avaient tenté de barrer le passage des cols des Vosges aux armées prussienne, autrichienne et russe.

Puis, cela avait été la Restauration avec ses fautes, son mariage malheureux et, en 1840, avec ses deux filles, elle avait dû quitter Mulhouse pour Paris. Pour voyager, toutes trois avaient pris la diligence. C'est ainsi qu'après plusieurs jours de relais en relais, ballottées et meurtries, dans une inconfortable voiture de poste, tirée par six chevaux et conduite par deux postillons dont un sur un cheval de tête, tous deux portant un costume pittoresque, de hautes et épaisses bottes de cuir et coiffés d'un chapeau de cuir bouilli à boucle, elles étaient descendues rue du Bouloi, siège de la compagnie des diligences qui sillonnaient toute la France.

Georges avait fait remarquer :

— Des postillons, des personnages de comédie !

— Oui, maintenant, mais pas en 1840.

Puis elle avait souligné :

— Aujourd'hui, avec le train, de Mulhouse à Paris, je mettrais quelques heures.

Ma grand-mère avait assisté, dans la foule, aux cérémonies du retour des cendres de Napoléon Ier, vécu les journées d'émeutes de février 1848 et de décembre 1851 : les fusillades, les poursuites dans les rues tortueuses... Elle avait rencontré Joseph Fizelier, maître ciseleur, et s'était mariée en 1855 à vingt ans, en crinoline blanche.

— Vos parents, Alexandre, assistaient à mon mariage. Depuis quarante ans, ils étaient liés à la famille de mon mari. A la sortie de la messe, votre père Honoré et Auguste le père de Joseph, qui avaient apporté leur trompe de chasse, sonnèrent une joyeuse fanfare.

Notre cadet Louis dit :

— Tu devais être contente grand-mère ?

— Oui, très contente. De plus, tout allait bien, il y avait

du travail. Haussmann refaisait Paris, des centaines de petites rues, de vieilles églises disparaissaient. A leur place de grandes et larges avenues, de belles maisons. Paris était relié aux plus grandes villes de province par le chemin de fer. Le commerce était prospère. L'Exposition universelle de 1867 attirait les foules et même les rois qui allaient voir Hortense Schneider aux Variétés.

— Eh bien ! je n'étais pas un roi, dit mon père, mais j'ai vu et entendu Hortense Schneider.

— La France s'enrichissait. Napoléon III voulait de bons ouvriers bien payés, il leur donna le droit de grève pour défendre leurs intérêts. Dans la banlieue de Paris, de grands lotissements permettaient d'acquérir à prix modestes des parcelles de terre où l'on pourrait faire construire une maison. Puis ce fut la guerre. Nous étions enfermés dans Paris, manquant de tout. Nous avons mangé les animaux du jardin des Plantes, puis du chien, du chat et même des rats payés à prix d'or. Pour clore ce drame, nous avons subi la Commune, ses destructions, les Tuileries en flammes, les tueries entre Français...

— Tu pourrais ajouter, dit ma mère en riant, que tu avais caché Papa Joseph dans un placard pour qu'il reste à l'abri des événements.

Nous approchions de la fin du repas. Il avait commencé par des bouchées à la reine, il se terminait par un superbe gâteau : une « négresse en chemise » sortie des mains de ma mère.

Tout ce qu'avait raconté ma grand-mère n'avait pas été un monologue, il avait été coupé de questions, d'exclamations... Grand-mère nous quitta, redescendit chez elle pour recevoir ses autres enfants et petits-enfants qui viendraient de Paris lui souhaiter la bonne année.

Mon père compléta les souvenirs de ma grand-mère. Mais d'abord, il tenait à nous dire que son père avait vu, dans la cour des Tuileries, Napoléon Ier passer en revue des régiments de sa garde avant leur départ pour la campagne de Russie.

Brusquement, sa pensée fit un bond :

— La plus belle, la plus grande œuvre de la IIIe République, fut l'Ecole. Elle permettait à tous les enfants de s'instruire jusqu'à treize ans et les arrachait ainsi à l'usine et à l'atelier où, jusque-là, ils travaillaient à partir de neuf ans.

La vapeur avait tout changé au milieu du XIXe siècle, l'électricité allait amener de plus grands bouleversements.

Paul compléta :

— J'ai lu dans ma grammaire : « Victor Hugo et Pasteur ont dominé le siècle et le monde nous les envie. »

Et mon père, qui avait servi dans le génie, dans un régiment d'aérostiers et s'était intéressé aux performances, aux tentatives de Clément Ader, avançait que, dans un temps plus lointain, les hommes se déplaceraient peut-être dans les airs comme à bicyclette et en automobile dans les rues.

Paulo avait dit :

— Alors on ne verra plus de chevaux ! Chouette ! Je n'aurai plus à ramasser le crottin pour le mettre aux pieds des rosiers.

On avait débarrassé la table, les visiteurs de ma grand-mère monteraient nous voir. Des assiettes de gâteaux posées sur le buffet les attendaient. On avait installé le gramophone à rouleaux et l'on écoutait les chansons de Léon Bérard.

— Plus besoin d'aller au concert, les chanteurs sans être là, sont avec nous.

Comme tous les dimanches d'hiver, la soirée ne se terminait jamais sans une petite séance de lanterne magique. Un drap blanc était déjà fixé sur une porte du grand placard.

L'oncle Auguste arrivait avec sa famille :

— Alexandre, c'est fini la lanterne magique. Les photographies de M. Niepce et de M. Daguerre s'animent.

Son fils, le grand Georges renchérit :

— Les gens marchent, gesticulent, les chiens courent après les vélos, les trains vous arrivent dessus.

— Tu es allé voir le cinématographe ? lui a demandé mon frère Louis.

— Oui, c'est drôlement bien, j'y retournerai.

— Je voudrais être dans un petit coin pour voir ce qui se passera en l'an 2000, dit mon père.

C'est vers mes dix ans, alors que je feuilletai des numéros de l'année 1900 du *Petit Journal illustré,* que ma mère m'a raconté tout cela. Et elle ajouta :

— Cette année-là, on créa *l'Aiglon* d'Edmond Rostand. Cette pièce eut un grand succès. En 1900, une chanson que chante ton frère Georges fit fureur : *l'Etoile d'amour* de Paul Delmet.

En effet cette chanson est considérée comme le chef-d'œuvre de la chanson populaire.

Nous étions installés l'un près de l'autre, un jeudi d'été, sur un banc dans notre jardin à l'ombre d'un marronnier. Ma mère avait donné sa conclusion en exprimant des idées qui la hantaient parfois tant son amour pour nous était immense.

— Tourner un bouton pour faire jaillir la lumière, c'est très bien, ça profite à tout le monde, mais en même temps on invente des canons, des fusils qui portent de plus en plus loin et j'ai peur pour vous.

J'étais bien d'aplomb sur mes jambes.

— Il sera fort comme un Turc ! Le géant de la famille ! prédisait-on.

Je dégustais avec une évidente satisfaction mes bouillies de phosphatine Fallières et pourtant je ne renonçais pas à tenter de déboutonner le corsage de ma mère. Ma grand-mère fit un peu vivement cette remarque :

— Celui-là ne va pas têter jusqu'à son départ au régiment. Mets de la moutarde.

Mon père rapportait de temps à autre une boîte en carton contenant six jolis petits pots de moutarde en grès vernissé, à la saveur variée : estragon, forte, très forte... Ma mère commença par l'estragon. Je me mis à aimer l'estragon. Elle continua par la forte puis la très forte. J'aimais la moutarde autant que le bon lait de ma mère et j'eus de ce jour un goût immodéré pour la moutarde. Mais l'aloès eut raison de ma voracité. Je ne dégrafai plus le corsage de ma mère où j'avais trouvé la douce chaleur de la vie.

J'avais en permanence à côté de moi mon frère Jacques, de quatre ans mon aîné. Il me faisait mille grimaces pour me faire rire et je l'imitais en tout. Un de ses plaisirs était de descendre les deux étages d'escalier sur les fesses, puis il remontait au plus vite à quatre pattes. J'y arrivais bien sûr, mais sous ma robe, je ne portais pas de culotte si bien que des échardes se piquaient dans mes tendres petites fesses et je pleurais. Ma mère me soignait à la teinture d'iode.

Au bout d'un certain temps la peau de mes fesses rappelait le pelage d'un léopard.

Au cours de l'année 1900, toute la famille visita à plusieurs reprises l'Exposition universelle. Je n'ai gardé nul souvenir ; à dix-huit ou vingt mois, rien ne s'imprime dans la mémoire des enfants. Je sais toutefois que c'est à califourchon sur les solides épaules de mon père que je me promenais parmi la foule. Je sais aussi que nous avions tous pris le tramway en compagnie de ma grand-mère pour inaugurer le métro de la Porte de Vincennes à la Concorde où commençait l'Exposition, que nous avions fait un ou deux tours sur le trottoir roulant et que nous étions allés voir la célèbre danseuse Cléo de Mérode dans ses danses cambodgiennes.

Nous avions fait un voyage dans le chemin de fer transsibérien. L'illusion était parfaite paraît-il. Sur une toile peinte apparaissaient des paysages russes, d'immenses forêts et l'on arrivait en Chine aux portes de la Cité interdite aves ses pagodes.

Les prodiges de la fée Electricité émerveillaient les visiteurs.

Ces visites, je les ai souvent refaites en pensée en feuilletant un prix que je reçus à la communale d'Adamville en 1910 et qui avait pour titre : l'Exposition universelle de 1900.

C'est vers mes trois ans que j'enfilai ma première culotte de velours. C'était un événement pour les garçons. Selon la coutume, il y eut une petite fête à la maison. Je la portais avec fierté, elle n'était pourtant pas neuve. Ma mère mettait précieusement de côté les vêtements devenus trop étriqués pour mes frères. Dans l'armoire s'empilait un petit stock. Mais voilà, je grandissais si vite qu'une partie dut être distribuée aux enfants du voisinage.

J'étais remuant, ma mère me laissait me dépenser, mais le soir quand mon frère Jacquot revenait de l'école, elle restait près de lui pendant qu'il faisait ses devoirs, et moi, aussitôt calmé, je voulais écrire aussi.

On m'avait acheté un petit cahier où je croyais écrire, mais ce n'était naturellement que de capricieux zigzags. On me faisait dîner avant tout le monde, car mon père et mes grands frères ne rentraient jamais avant huit heures. Ma mère me mettait au lit, m'embrassait et me chuchotait :

— Dors bien mon petit, ton ange gardien veillera sur toi.

Un jour, je demandai à ma mère qui était cet ange gardien. Elle m'expliqua. Je voulus voir cet ange qui était mon ami. Je luttais contre le sommeil, j'entrouvrais furtivement les yeux pour le surprendre. Je n'y parvins jamais. Ma mère me dit :

— Tu ne le verras pas, il ne vient que lorsque les enfants dorment pour les protéger.

J'ai lu dans un livre, quand j'étais un homme, que les archontes de Byzance disputaient du sexe des anges alors que les Turcs assiégeaient leur ville. Ils furent massacrés sans avoir donné de solution à ce délicat problème. Les religions sont toutes frémissantes de merveilleux et je crois avoir trouvé : les anges gardiens des enfants sont leurs parents qui leur ont donné la vie et guidé leurs premiers pas. Plus tard, quand ces enfants ont pris quelque distance et croient maîtriser leur existence, ils reviennent parfois vers leurs anges gardiens qui, avec leurs cheveux blancs, sont riches d'expérience et de sagesse.

Si je n'avais pu voir mon ange gardien j'avais deux amis : une petite chatte, la Mouine, et un grand chien, Turc.

La Mouine avait le poil roux, des yeux verts pailletés d'or traversés d'une fente noire. Son regard était énigmatique comme celui de tous les chats. Elle passait une grande partie de la journée à somnoler sur un coussin posé sur une chaise près de notre grand poêle Choubersky. Cependant, elle jouait volontiers, mais quand elle jugeait que cela suffisait, elle détendait une patte toutes griffes dehors.

Il n'en était pas de même de Turc qui portait dans ses grands yeux toute la bonté du monde. C'était un saint-bernard feu et blanc. Pour nous, c'était le huitième enfant de la famille, c'est dire si nous aimions ce fidèle compagnon de nos jeux. Mon père lui avait construit une niche solide et spacieuse posée sur un soubassement de briques, le toit protégé par du papier goudronné. Un bon matelas de paille, notre Turc était bien à son aise.

J'avais un cheval mécanique qui me venait de mes frères. Je m'amusais bien. Je lui parlais, je lui donnais des ordres et je croyais qu'il m'obéissait. Et voilà que Turc me fit des amitiés, se frottant contre moi, me léchant les mains. Je délaissai complètement mon cheval pour le chien si vivant et si amical. Et un jour, à quatre pattes, j'entrai dans sa niche. J'y étais si bien que je m'endormis tandis que Turc, la tête sur ses pattes, impassible, semblait contempler le paysage. Etonnée de ne pas m'entendre, ma mère m'avait appelé par la fenêtre, cherché dans toute la maison, puis dans le jardin :

— Edouard ! Edouard !

Ma grand-mère l'avait rassurée :

— La grille est fermée à clef, il n'a pu sortir.

Turc suivait ce remue-ménage d'un œil narquois.

— Allez, cherchez, pour l'instant il dort, laissez-le tranquille.

Je m'éveillai et passai ma tête à côté de celle de mon protecteur. Rassuré, chacun riait. Pourtant ma mère en m'embrassant me dit :

— Edouard, tu m'as donné une souleur !

et elle avait mis la main sur son cœur comme pour en apaiser les battements. Ce vieux mot familier qui marque une frayeur subite et que ma mère et ma grand-mère employaient, semble aujourd'hui sorti de l'usage. Souvent par la suite, j'allais tenir compagnie à mon ami et nous nous endormions ensemble, blottis l'un contre l'autre.

S'il était doux et affectueux envers nous, il montrait ses crocs et grondait quand des inconnus pénétraient dans le jardin de ma grand-mère, ou que des maraudeurs s'introduisaient la nuit dans notre grand jardin, de l'autre côté de la rue pour chaparder un potiron, quelques salades... ou même des rosiers nouvellement plantés. Le dimanche, mes frères le promenaient. Dans la rue, il était docile mais dès qu'ils arrivaient dans la plaine, Turc tirait si brusquement la chaîne que mes frères étaient obligés de la lâcher, il filait comme une flèche, les lévriers n'étaient pas ses cousins. Notre Turc, haletant, la langue pendante, rentrait seul, s'installait dans sa niche, attendait qu'on l'attache et nous regardait goguenard. S'il existe un paradis pour les chiens je suis persuadé qu'il y a sa place et que le bon saint Pierre l'a pris en amitié.

Au numéro 12 de ma rue, la maison de ma grand-mère. Nous étions tous là, réunis dans un nid.

Dernier venu, j'avais été bien accueilli par mes frères, ils me faisaient mille gentillesses, m'apportaient une image d'Epinal, un crayon de couleur, de la décalcomanie, un cahier à colorier... Et cette affection réciproque née en ces temps lointains ne nous a jamais quittés.

Il faut bien que je les présente : Georges, l'aîné, dit Morico, le teint mat, les yeux sombres, les cheveux épais, noirs aux reflets bleutés, une fine moustache et une mouche sous la lèvre inférieure, esprit fin et cultivé, passionné de théâtre et de musique, récitait des tirades entières de *Ruy Blas*, d'*Hernani*, connaissait et interprétait les chansons de Paul Delmer et des comiques troupiers avec autant d'aisance tant il avait le sens de la scène. Ouvrier joaillier, habile dessinateur, créateur, à la veille de la guerre de 14, il était à trente ans chef d'atelier et gagnait treize francs par jour, plus un pourcentage sur les affaires, ce qui lui faisait un gain mensuel de quatre cents francs, ce qui était remarquable car les employés, à cette époque, gagnaient rarement deux cents francs par mois. Il faut dire qu'il avait été à bonne école, ayant fait son apprentissage chez le frère de mon père, maître joaillier.

Louis, le cadet, dit Bitos, à cause des chapeaux : melon, canotier, haut-de-forme... dont il aimait se coiffer et qu'il portait avec crânerie et élégance, grand, blond, les yeux bleus, une belle moustache, était le plus séduisant de mes frères. Il était la joie, le bonheur de vivre, l'exubérance, alors que son aîné était plutôt réservé. Tous deux se complétaient, étaient toujours ensemble et se recherchaient comme deux jumeaux. Louis était orfèvre, plein de talent lui aussi. Il avait eu lorsqu'il était apprenti des accrochages avec son patron.

Les apprentis étaient soumis à des obligations bien définies : ranger les outils, nettoyer les établis, balayer l'atelier, faire les courses pour le travail, même passer les bretelles de cuir pour tirer la voiture à bras si les pièces à livrer étaient lourdes. Mais la femme du patron exigeante lui ordonnait :

— Viens au marché.

— Va chercher le pain.

— Conduis Mathilde à l'école...

tout cela sur un ton de commandement auquel il n'était pas habitué à la maison.

Ma mère aurait dit :

— Mon petit Louis, veux-tu venir avec moi au marché... Tu serais gentil d'aller chercher un seau d'eau...

Au début il avait accepté mais comme cela devenait une habitude et le détournait de l'apprentissage de son métier, il l'avait comme on disait déjà « envoyée sur les roses » :

— Je ne suis pas là pour faire la bonne !

et le patron avait mis une mauvaise appréciation sur le livret d'apprenti que mon frère devait faire signer par mon père chaque samedi. De rage, Louis avait déchiré son livret et jeté les morceaux dans une bouche d'égout. Naturellement, mon père avait demandé le livret comme chaque samedi et Louis avait inventé une histoire. Mais il dut avouer la vérité, mon père alla trouver le patron, tout s'arrangea.

Après Louis, il y avait eu Maurice. Trois grossesses en trois ans avaient épuisé ma mère d'autant plus qu'elle était brodeuse et dirigeait un petit atelier de cinq ouvrières et une apprentie. La finesse de son travail lui assurait beaucoup de commandes de la *Grande Maison de Blanc* et du *Gagne-Petit* et elle tenait absolument à les honorer. Il fallait aussi s'occuper de Georges et de Louis. Maurice fut mis en nourrice. Une solide Normande, au corsage opulent, au visage bien frais vint chercher le petit Maurice. Tout allait bien. Mais hélas, une épidémie infantile emporta tous les nourrissons de la région. Ce fut un grand chagrin pour mes parents et surtout pour ma mère. Elle en porta la blessure dans son cœur toute sa vie. Elle laissait parfois épancher sa peine :

— Les enfants ne devraient jamais quitter la vie avant ceux qui la leur ont donnée.

Le petit Maurice ne fut jamais oublié, nous avons toujours eu l'impression qu'il était parmi nous.

Paul, Paulo, cela coule de source, surnommé aussi « le Chéri des Dames », grand, les traits fins, coquet, frisait au petit fer la mèche frontale de ses cheveux. Il aimait la musique, le solfège et jouait de la mandoline. Au lieu de chanter les paroles, il chantait les notes ! Il était habile ciseleur. Les métiers de mes frères plongeaient dans une tradition familiale, artisanale, vieille de près d'un siècle.

Mes trois aînés avaient en commun un amour exalté de la danse. La polka pointée, la mazurka, la scottish, la valse étourdissante, la valse vertigineuse, le pas des patineurs, les quadrilles, les lanciers..., rien ne leur était inconnu. Ils animaient la société amicale « La Fauvette » qui avait son siège au café portant le même nom, place du Théâtre.

Ils ont tenu dans leurs bras toutes les jeunes filles du quartier et leur mère. Ils avaient une bonne presse. Ils arrivaient même à arracher ma mère à son lourd tran-tran quotidien et l'emmenaient faire un petit tour de valse. Elle était heureuse car elle aimait danser. Elle entrait dans sa maturité, s'était un peu enrobée, mais restait fraîche, gracieuse et jolie et son pied léger glissait avec souplesse. Elle rencontrait madame Uhl, la boulangère du boulevard de Créteil à l'opulente chevelure blanche maintenue par des peignes scintillants. Le teint rose, les yeux vifs, belle comme une marquise malgré sa cinquantaine, il y avait aussi madame Bayard, la coquette femme du charron-maréchal-ferrant, et la pâtissière, la charcutière à qui nous faisions des commandes pour les grandes réceptions.

J'accompagnais ma mère et à la mi-carême, je portais un costume de Pierrot à gros boutons bleus, une calotte noire J'avais une petite partenaire de mon âge, Charlotte, habillée en Colombine et nous sautillions plutôt que nous dansions. Les matinées dansantes s'appelaient aussi des sauteries ! Elles commençaient souvent par un concert dont les artistes étaient membres de la Société. Georges remportait un réel succès. Les inflexions de sa voix collaient au texte, elles s'enflaient, s'apaisaient et devenaient, s'il le fallait, bruissement, murmure.

Il mimait ses chansons alors que les femmes ne faisaient aucun geste et tenaient généralement entre leurs mains, une partition de musique. Quand quelqu'un interprétait « La Chanson des blés d'or » :

Mignonne quand le soir descendra sur la terre
Et que le rossignol viendra chanter encor
Quand le vent soufflera sur la verte bruyère
Nous irons écouter la chanson des blés d'or...

rêveuse, ma mère ne manquait jamais de dire :

— C'est la chanson de l'année de mon mariage, 1882, comme c'est loin ! Mais aujourd'hui j'ai sept beaux et bons enfants...

La Fauvette était un lieu de rencontre agréable et bien des gens, qui étaient des fidèles, ne dansaient pas mais venaient chercher une ambiance de jeunesse, une ambiance amicale qui leur faisait chaud au cœur. Pendant l'été, la Fauvette était désertée. Les danseurs fréquentaient les guinguettes des bords de Marne, et s'y encanaillaient un peu en dansant la java et la chaloupée comme rue de Lappe. Et Georges, ayant revêtu son costume de gentleman-cycliste, enfourchait sa rutilante Alcyon et pédalait allègrement vers Champigny...

Mes trois autres frères, les plus jeunes, Sylvain, Marius et Jacquot préféraient la vie au grand air à l'atmosphère moite des salles de bal. Cependant, ils les fréquentaient quelquefois. Les matchs de football, les courses cyclistes, et surtout le Tour de France, de création toute récente, les passionnaient. Ils lisaient régulièrement *l'Auto* imprimé sur papier jaune et *Foot-ball* sur papier bleu. A partir de 1905, sachant lire, j'en devins aussi le lecteur.

Sylvain, dit Bill, ou gros Bill, d'humeur toujours égale était blond avec des yeux clairs. Il maniait aussi artistement que Paul les burins de ciseleur. Il ne pratiquait aucun sport, mais le dimanche, il assistait à un match de football, à l'arrivée d'une course cycliste, même aux Six Jours du Vel-d'Hiv. Je le revois en hiver, le dimanche, portant un pardessus de coupe sportive de teinte claire et une belle casquette assortie. Il avait l'esprit curieux. Lorsqu'il était petit, à l'âge des « pourquoi », il poussait ses questions à l'extrême jusqu'à ce qu'elles eussent reçu la réponse qui le satisfît. Bien souvent, il n'y avait pas de réponse possible. L'interlocuteur de choix était souvent mon grand-père maternel. Sylvain le harcelait inlassablement de « pourquoi ». La patience à bout, le pauvre grand-père, levant les bras, lui disait :

— Oh ! tête de buis, ça suffit, va jouer.

Pouvait-on en vouloir à cet enfant qui aurait voulu que toutes les choses fussent claires et pussent s'expliquer ? Sylvain montait chez nous se réfugier dans les jupes de ma mère. Presque aussitôt, mon grand-père Joseph l'appelait :

— Viens mon petit Sylvain, je vais te raconter une histoire.

Sylvain descendait quatre à quatre l'escalier pour écouter la belle histoire.

Et il en savait, ce patriarche, toujours revêtu de sa grande blouse blanche de maître ciseleur, les yeux sombres souriants et doux éclairant son visage encadré d'une soyeuse barbe blanche.

Marius était le cinquième de mes frères. Comment ce prénom lui était-il tombé dessus ? Mystère, puisque ce n'était pas celui de son parrain. Dans notre école de dix classes d'un effectif moyen de quarante-cinq élèves, il n'y avait qu'un Marius, c'était mon frère. A plusieurs kilomètres à la ronde, il aurait été plus facile de trouver un merle sifflant *la Marseillaise* que de rencontrer un Marius. Pour en trouver d'autres, il fallait descendre jusqu'à Marseille et en Provence, en souvenir du général romain Marius qui avait écrasé les Teutons dans les environs d'Aix, épargnant à la population les pillages, les destructions, les massacres, les viols et, depuis deux mille ans, en reconnaissance, les Marius proliféraient dans la région. Son deuxième prénom était Auguste si bien qu'on l'appelait, en modifiant l'ordre des lettres, Siruma ou Gus. Comme il disait :

— J'ai été drôlement « fadé » à ma naissance.

Marius et Auguste étaient chefs d'armées et les places étaient donc prises. Aussi quand on lui demandait ce qu'il ferait quand il serait grand il répondait imperturbablement :

— Amiral !

Il faut préciser qu'à l'époque dont je parle, la flotte russe avait fait escale à Toulon et les marins étaient fêtés. Naturellement, les quotidiens et *le Petit journal illustré* représentaient des matelots et des amiraux tout chamarrés de dorure et de décorations. Il avait décidé de commencer sa carrière dans la marine par le grade d'amiral. Pour s'y préparer, il faisait manœuvrer et s'affronter des bouchons et des coques de noix dans une cuvette remplie d'eau !

Très brun, les yeux foncés, il ressemblait à notre aîné. Comme lui il devint artisan bijoutier-joaillier. Il maniait le crayon avec une adresse peu commune et créait des modèles de bijoux avec une rapidité étonnante. Il avait, lui aussi, une voix d'or très fluide et pourtant, de temps à autre dans la conversation, il lui arrivait de buter sur des mots. Ma mère expliquait ce léger ennui. Quand nous étions petits on nous promenait dans un landau haut sur roues. C'étaient les frères aînés qui souvent remplaçaient notre mère. Ils acceptaient cette mission, mais sans se détourner de leurs jeux. Ils avaient imaginé un système de ficelle pour allier les deux choses. Un jour le système fonctionna si bien que le petit Marius fit un fameux « valding » dans un buisson du jardin de la grand-mère. Marius en eut le sommeil et le souffle coupés, il lui en serait resté ce léger ennui de prononciation. Sportif, il jouait au foot-ball dans l'équipe locale avec Albert Préjean le comédien. Bon vivant, il maniait le calembour avec humour et à propos.

Jacquot, le sixième, blond, les yeux bleu-gris, le visage parsemé de taches de rousseur ressemblant à de petites paillettes d'or mat et qui rehaussaient peut-être la finesse de ses traits, me devançait d'un peu plus de trois ans. Nous partagions les mêmes jeux, participions aux mêmes équipées dont il était l'organisateur et le chef car il savait tout faire tant son esprit était vif, inventif et ses mains habiles.

Nous fréquentions la même école et le soir, nous nous retrouvions assis à la grande table de la salle à manger pour faire nos devoirs. Notre mère se plaçait entre nous et les vérifiait, soulignant nos erreurs, nous invitant à les corriger. Elle avait obtenu son certificat d'études en 1877 qui devait être l'année de la création de cet examen.

Elle ne faisait jamais notre travail à notre place. Mais, si nous étions arrêtés par une difficulté trop grande, elle nous expliquait et nous laissait après la joie de la réussite. Nous rangions nos livres après les leçons sues et récitées. Nous faisions alors rouler nos dés sur le jeu de l'Oie et déplacions nos pions en poussant parfois des clameurs si nous étions enfermés en prison ou tombions dans le puits. Souvent, nous lisions un livre d'Erckmann-Chatrian, d'Hector Malot ou encore les *Aventures du capitaine Corcoran* d'Assolant ou *les Cinq sous de Lavarède* de Paul d'Ivoi.

Vers sept heures et demie, (dans ce temps-là on ne disait ni treize heures ni dix-neuf heures... mais une heure de l'après-midi, sept heures du soir...), notre mère nous disait :

— Il faudrait ranger vos affaires, votre « petit père » et vos frères vont bientôt rentrer.

Nous allions mettre le couvert et, si c'était l'hiver, elle allumait une sorte de grosse lampe tempête que nous appelions « la camoufle » et la plaçait sur une étagère du palier pour éclairer l'escalier assez raide.

Jacquot et moi nous étions inséparables, liés par une solide affection. Mais les plus beaux ciels ne sont pas sans orages. Pour des riens, il nous arrivait parfois de nous quereller et d'échanger des mots vifs qui aujourd'hui n'écorcheraient pas les oreilles : tête de lard, bille de clown, gros bouffi, crâne de piaf... Le ton s'élevait.

De sa voix douce et désarmante notre mère nous disait :

— Je ne savais pas que mes enfants étaient des chiffonniers.

A cette remarque, nous nous apaisions, car pour rien au monde nous n'aurions voulu ressembler au chiffonnier à qui nous vendions nos peaux de lapin pour deux sous.

Jacquot comme Marius jouait au football, de plus il excellait dans les chansons comiques. Il choisit le métier d'orfèvre ou plutôt y fut entraîné par la tradition artisanale de la famille.

Un grand amour du métier, un esprit artistique animaient les mains créatrices de mes frères qui se répartissaient ainsi : deux bijoutiers-joailliers, deux orfèvres, deux ciseleurs. Mais il y a bien longtemps que les petits marteaux ne sonnent plus clair sur les burins des orfèvres et des ciseleurs dans le Marais et le Faubourg. Les machines sont passées par là.

Ainsi nous étions sept garçons, ceux nés dans la période froide de novembre à fin février étaient grands : Louis, Paul et moi. Les quatre autres nés au printemps ou en été étaient de taille moyenne. En ce qui me concerne, je devins le plus grand et j'eus les épaules les plus larges. L'on me donnait dans mon enfance et mon adolescence trois bonnes années de plus que mon âge. Ma mère en riant, avançait :

— Tu as fermé la porte et nous avons tout fait pour que tu sois grand et fort.

Mais pour l'instant je suis encore un petit enfant et si vous voulez me donner la main et que vous aimez les histoires, je vais continuer à vous en raconter d'un autre temps.

Il y a plus de trois quarts de siècle que j'ai quitté notre logement chez ma grand-mère et je revois la disposition et l'emplacement de tous les meubles et des objets. Au pied de l'escalier à vis qui, logé dans la tour à poivrière mène aux étages, nos sabots en rude bois de hêtre, à bout relevé et pointu.

Je m'arrête au premier et je pousse la porte palière : un long couloir éclairé d'une fenêtre, deux portes gris clair, celle de la chambre indépendante de mes frères aînés, l'autre celle du logement. Dix patères doubles où en rentrant on accrochait son pardessus ou son capuchon et sa coiffure. Au-dessous, des paires de chaussons charentais. Chacun quitte ses chaussures qu'il porte depuis six heures du matin. Qu'il est bon de se mettre à son aise mais aussi que deviendrait la pauvre grand-mère avec toutes ces paires de pieds s'agitant frénétiquement au-dessus de sa tête !

J'entre dans le logement. A gauche, l'étroite cuisine, une hotte, un foyer à deux feux avec un four, le tout construit en maçonnerie par le fumiste et recouvert de carreaux de faïence blanche à pois bleus, une rôtissoire à charbon de bois, un grand réchaud à alcool pour le petit déjeuner. D'un côté, un buffet bas en chêne massif à deux tiroirs, de l'autre, l'évier sans eau courante. Dans un angle près de la fenêtre, une grande fontaine en grès marron qui filtre l'eau du puits. Ma mère n'a pas ses aises. Lorsqu'elle a un grand dîner, on porte au four du boulanger les pièces à rôtir dans un grand plat de terre vernissé. Pour l'occasion, le boulanger devient rôtisseur, il s'en tire fort bien car il connaît les temps de cuisson. Pourtant, dans cette cuisine exiguë, tout avait été si bien aménagé par mon père qu'on avait presque l'impression d'espace.

Une grande salle à manger avec tous ses meubles habituels en plus, un lit-cage à deux places dissimulé par une étoffe de couleur, une machine à coudre près de la fenêtre avec sa grande et plate pédale, contre le mur de la cuisine une table oblongue recouverte d'un châle des Indes : dessous, nous rangions nos jouets dans une caisse en bois à côté d'un sac en fort papier à fond plat, rempli de chutes de tissu. C'est autour de cette table que se tenaient ma mère, ses ouvrières et son apprentie au temps où elle avait à Paris un atelier de broderie et de lingerie.

Une de ses ouvrières, la grosse Marie, qui avant de reprendre le travail, aimait faire des réussites, est passée dans notre souvenir. Elle demandait :

— Patronne, une petite réussite !

Ma mère répondait généralement par l'affirmative. Elle lui apprenait bien des choses. Ainsi avant que ma mère en eût parlé, elle lui annonçait :

— Patronne, vous devez être enceinte, je vois pour vous un enfant... avec un petit robinet.

Elle avait une façon imagée d'avancer ses prévisions. Elle lui prédit un jour :

— Patronne, vous avez de l'argent qui danse sur le pont des Arts.

Incrédule, ma mère avait souri. Un peu plus tard, la rue de Seine devant être élargie et leur immeuble démoli, mes parents reçurent un avis d'expropriation accompagné d'un bon pour toucher chacun une indemnité, mon père pour le relogement de sa famille, ma mère pour le transfert ou la fermeture de son atelier. Or pour toucher cet argent, ils devaient passer par le pont des Arts !

C'est avec une partie de cette confortable indemnité qu'ils achetèrent à Saint-Maur, en face de la maison de la grand-mère, le grand terrain de près de 3 000 mètres carrés à deux francs cinquante le mètre carré. C'était en 1887. Ma mère était stupéfaite de la véracité des prédictions de la grosse Marie. Cependant, elle n'aurait pas fait un pas pour consulter une tireuse de cartes.

Je n'ai jamais porté grand intérêt aux prédictions sorties des cartes, des boules de cristal, des lignes de la main ou des tables tournantes. Pourtant ! En 1937, nous avions entrepris, mon épouse et moi-même, la mise en œuvre de notre premier livre classique, nous étions traversés par une grande excitation créatrice. Chaque soir, nous reprenions notre travail avec une belle ardeur. Nous nous donnions des récréations. C'était au moment des fêtes de Noël, nous nous promenions, en amoureux, sur les grands boulevards. Dans la foule, des gitanes aux jupes amples et longues, les cheveux serrés dans un foulard. L'une d'elles m'aborde, me prend la main gauche, la scrute et me dit :

— Vous avez une belle ligne de vie.

Elle semble réfléchir et conclut :

— Vers quarante-cinq ans, un important événement changera votre vie matérielle et vous vivrez longtemps heureux tous les deux.

Je lui donnai une grosse pièce de cinq francs en nickel. Ces prédictions n'ajoutèrent rien à notre bonheur. Le temps passa. Et voilà qu'à quarante-cinq ans, en une fin d'après-midi, un responsable de la maison d'édition où notre manuscrit était déposé depuis de longs mois, sonne à notre porte. Nous le faisons entrer au salon, il s'assied dans un fauteuil rose et d'emblée nous annonce en nous tendant les premières pages imprimées de notre ouvrage classique :

— L'affaire est dans le sac !

Et ce fut le début d'une belle aventure. Tout ce que m'avait prédit la gitane rencontrée un soir de décembre 1937 se réalisait. Coïncidences troublantes, peut-être. Don de divination sans doute.

Ma mère me parlait souvent de ses ouvrières qui chacune notait sur un petit carnet les ouvrages qu'elle brodait, car elles étaient payées à la pièce. Quand elle fut obligée de fermer son atelier, elle les retint à déjeuner. Il y eut de la mélancolie, de la gaieté aussi. La grosse Marie qui avait une voix agréable chanta « Fascination » :

Je t'ai rencontré simplement
Et tu n'as rien fait pour chercher à me plaire.
Je t'aime pourtant
D'un amour ardent
Dont rien, je le sens, ne pourra me défaire.
Tu seras toujours mon amant
Et je crois à toi comme au bonheur suprême...

Après les événements de la guerre de 70 et de la Commune, tout était à l'Amour pour faire oublier ces heures cruelles. Mes frères la chantaient, je la fredonne encore, on l'entend parfois à la radio, à la télévision, certaines chansons ne prennent pas de rides.

Puis venait la chambre à coucher de mes parents où je dormais dans mon lit de fer à boules de cuivre. En entrant, à gauche, au pied du lit à bateau en acajou de mes parents, un piano droit qui devait être celui de ma grand-mère paternelle que nous, les enfants, n'avons pas connue et que nous appelions la « Belle-Franc-Comtoise ». Certains après-midi ma mère découvrait le clavier et s'assouplissait les doigts faisant quelques exercices de la méthode Charpentier. Ses mains semblaient courir en effleurant les touches, parfois s'élevaient comme deux oiseaux qui vont prendre leur vol. Puis elle jouait deux ou trois mélodies très douces. Assis sur son prie-Dieu, je l'écoutais avec ravissement et c'est sans doute là que j'ai pris le goût pour la musique qui parle au cœur. Ma grand-mère, qui avait un quart de queue, prenait parfois le relais. Elles ne prétendaient pas être des musiciennes car elles n'exécutaient jamais des morceaux de grande envolée, mais elles touchaient le piano avec sensibilité.

Mon frère aîné avait rencontré une jeune fille, Lulu, au bal de la Fauvette et ils voyageaient chaque jour ensemble.

Sertisseuse, elle travaillait à Paris. Elle montait dans le train à Champigny et lui réservait une place à côté d'elle. Ils s'étaient promis l'un à l'autre. Elle l'appelait : Mon Prince. Georges la présenta à mes parents.

Lulu avait un physique très agréable. Des yeux rieurs animaient son visage. De la tendresse, de la spontanéité, elle nous plut d'emblée. Elle m'appelait mon petit frère et ne tarda pas à dire Maman à ma mère qui était aux anges d'avoir une fille. Tous les quinze jours, Lulu rendait visite à ma mère. Elles se tenaient dans la chambre et moi, petit bonhomme de quatre ans, je m'asseyais près d'elles sur le prie-Dieu. Comme c'était l'usage, mes parents se rendirent à Champigny pour demander la main de Lulu pour mon frère Georges.

Lulu m'avait dit :

— Tu viendras aussi. Je te ferai une surprise.

Elle me donna en effet un petit tramway qui grâce à un remontoir marchait tout seul. C'était d'ailleurs dans son habitude de me gâter. Je revois tout : une rue légèrement pentue où les pavillons sont accolés les uns aux autres et se ressemblent comme des frères, un intérieur parfaitement tenu, une réception chaleureuse.

Quelques semaines plus tard, mes parents reçurent une lettre du père de Lulu, il viendrait les voir le dimanche suivant. Ils s'isolèrent dans la chambre. Quand il fut reparti, mes parents ne purent s'empêcher de dire :

— C'est un honnête homme car il aurait pu garder le secret de ce qu'il vient de nous avouer. Mais que va dire Georges !

Mes parents lui rapportèrent l'entrevue. J'entendis ma mère dire :

— Nous aimons bien Lulu. Nous te laissons libre, prends tout ton temps pour réfléchir...

Le mariage ne se fit pas. Je ne revis plus Lulu, j'en eus du chagrin. Longtemps, je l'ai attendue au coin de la rue espérant la voir arriver à bicyclette. Lulu appartient au paysage de ma petite enfance, j'aurais aimé l'appeler ma sœur.

Le destin peut être cruel et diabolique. Un soir d'été, Georges descend du train, en gare du Parc, une jeune femme arrive en courant pour y monter. Son pied glisse, elle tombe entre les deux wagons. Georges se précipite et la tire d'affaire. Il était temps, le sifflet de départ retentissait. La jeune femme va remercier mon frère, elle se jette à son cou et lui murmure avec fougue :

— Mon Prince, je ne t'oublierai jamais.

Georges a tenu un moment Lulu dans ses bras, puis doucement l'a relâchée. Un train suivant vient d'entrer en gare, elle y prend place et s'éloigne... Ainsi disparaît pour la deuxième fois et à jamais un amour que la fatalité avait brisé.

Ma marraine, directrice du théâtre de Belleville, louait tous les lundis, jours de relâche, un coupé pour ses sorties. Elle exigeait que ce fût le même avec le même cocher. Qu'il se prénommât Joseph ou Auguste peu lui importait, pour elle c'était Firmin. Il portait une livrée et un chapeau haut de forme en cuir bouilli, un « huit reflets » orné d'une superbe cocarde. D'habitude, ce jour-là, elle déjeunait chez Marguery, célèbre restaurant du Boulevard, fort à la mode en ces années 1900. Après, Firmin la conduisait pour une longue promenade dans les allées du Bois de Boulogne. Elle aimait beaucoup ma mère qu'elle appelait : Petite Yette. Parfois elle lui rendait visite et à moi aussi bien sûr puisque je n'allais pas encore à l'école. La conversation allait bon train car ma marraine était intarissable. Avant de monter chez nous, elle avait embrassé ma grand-mère, sa cousine germaine. L'équipage qui restait devant la porte ne passait pas inaperçu.

Ma marraine nous fit part d'une intention qui, sur le moment, nous combla d'aise :

— Je vais prendre pour Edouard, un livret de prévoyance à la Boule de Neige. Je ferai un versement tous les mois et à sa majorité il disposera de trois mille francs.

— Trois mille francs, remarqua ma mère, c'est une somme !

Quand elle raconta, amusée et un peu sceptique la bonne nouvelle au cours du dîner, Louis affirma :

— On les connaît les promesses de la marraine ! C'est une bluffeuse.

Quant à mon père :

— Attendons pour voir.

— Rendez-vous à 1920, dit Georges.

Ma mère sagement conclut :

— 1920 ! C'est loin. Vivons d'abord dans le présent.

Il va sans dire que je n'ai jamais rien touché. Une boule de neige ça grossit ou ça fond en laissant une infime mare d'eau qu'un petit vent malin se hâte d'assécher. Pour moi, la boule avait complètement fondu. Cette déconvenue ne changea rien à mon affection qui était grande pour ma marraine. Elle m'emmena deux ou trois fois chez elle et, chaque soir, j'allais au théâtre. Mon cœur se gonflait d'orgueil. Pour moi, elle était la plus belle et la meilleure actrice.

Avant les trois coups, j'allais sur la scène, dans une ombre mystérieuse car le grand rideau rouge était baissé. Des actrices attendaient très maquillées. Quand elles m'embrassaient elles laissaient sur mes joues des petits ronds rouges.

J'ai assisté à une représentation de *Madame Sans-Gêne.* Victorien Sardou était dans la salle, il vint complimenter ma marraine dans sa loge.

— Mary, vous avez été superbe.

Je le revois avec sa cape rejetée sur l'épaule et sa curieuse coiffure qui ressemblait à la faluche des étudiants.

Un autre fiacre s'arrêtait quelquefois devant notre porte, celui du docteur conduit par un cocher de mise sobre et coiffé d'une casquette à la *bostock.* Le docteur portait redingote et chapeau haut de forme. Sur la table, ma mère avait préparé une cuvette pleine d'eau, à côté un savon et une serviette-éponge et, sur la commode, une serviette de toile fine pour l'auscultation. La visite coûtait trois francs, aussi n'appelait-on le médecin que dans les cas graves. On avait souvent chez soi, une petite pharmacie pour les premiers soins : des quatre-fleurs pour la gorge, de la bourrache pour transpirer, du tilleul pour apaiser, de la camomille pour digérer, des rigollots, de la farine de moutarde et de la farine de lin pour les cataplasmes contre la bronchite, de la teinture d'iode, de l'eau oxygénée pour désinfecter les plaies, du bicarbonate de soude pour l'estomac, des ventouses, du coton, des bandes de gaze, des pastilles de Tolu roses et blanches contre la toux, des pétales de lis dans de l'alcool, l'eau boriquée pour décongestionner les yeux, l'eau blanche contre les maux de tête, l'arnica contre les coups... Quand nous avions une bosse, notre mère appuyait très fort dessus avec une pièce de deux sous puis elle disait en riant :

— Au moins, Napoléon III sert encore à quelque chose ! puis elle mettait une compresse d'arnica. La IIIe République, bonne fille, conserva longtemps la monnaie divisionnaire de l'Empire.

Un soir, mon père rentra fatigué, il toussait beaucoup. Ma mère lui dit :

— Je vais te mettre des ventouses, défais-toi, nous dînerons après.

Elle les prépara. Au bout d'une petite tige de fer, elle fixa un tampon de coton qu'elle imbiba d'alcool à brûler, elle l'enflamma, puis elle passa rapidement le coton à l'intérieur de chaque ventouse qu'elle appliqua d'un geste prompt sur le dos de mon père. Douze de chaque côté : elle les laissa une bonne dizaine de minutes. Le sang avait afflué, vingt-quatre ronds violacés mouchetaient son dos. Puis ma mère passa dessus une bonne couche de teinture d'iode. La sueur perlait au front de mon père, il ne disait rien, il se contractait. Ma mère lui essuyait le visage avec un mouchoir fin. Tout à coup, il explosa :

— C'est intolérable ! c'est intolérable ! ça me brûle.

La teinture vieillie semblait avoir agi comme un vésicatoire. Sa souffrance devait être grande, car il était dur au mal, jamais il ne se plaignait. Il répéta encore :

— C'est intolérable ! puis comme dans un rugissement :

— Henriette, donne-moi mon revolver, je n'en puis plus.

Ma mère lui parla doucement, lui prit la main :

— Je vais te mettre du talc, ça va passer.

Elle le fit et mon père s'apaisa. Nous nous mîmes à table. Il but un vin chaud à la cannelle et, au moment du coucher, un bol de lait chaud que quelques gouttes de teinture d'iode avaient bleui. Le lendemain, mon père ne toussait plus et repartait à son travail. Je revois mon père et ma mère rapprochés. Cette scène était le reflet de la tendresse et de la confiance qu'ils se portaient mutuellement.

Au deuxième étage, nous avions une chambre lambrissée qui prenait le jour par une tabatière. A la tête du lit, des étagères où s'alignaient des livres protégés par un grand rideau rouge. Au pied du lit, une sorte d'établi qui servait à mon père pour ses bricolages et à nous, pour fabriquer nos échasses et nos chariots. Au-dessus, des casiers avec des outils et des boîtes de clous, de vis... Un pied en fonte encastré dans un fût de bois, comme celui des cordonniers, servait à mon père pour redonner une jeunesse à nos chaussures, à nos galoches à bout de souffle. Nous passions de longs moments dans cette chambre à fouiller partout et mes frères trouvaient des clous et des vis dans leur lit. Nous soulevions aussi la tabatière et faisions les guignols. On appelait les copains qui ne pouvaient nous voir :

— Où êtes-vous ?

— Cherchez petits ballots dubalandars...

Cette chambre était froide, on n'y allumait jamais du feu, d'ailleurs pas plus que dans les autres chambres. Une couverture de cheval, une autre de laine, un édredon et le soir, on bassinait les draps avec une bouillote en cuivre rouge remplie d'eau bouillante qu'on glissait au fond du lit pour y poser les pieds.

A côté, dans le petit logement vivait la famille Châtelain dont la fille Mathilde, dix-huit ou dix-neuf ans, était mon amie. Elle travaillait à la manufacture de couvre-pieds, dans le quartier de la Pie. Quand il faisait beau, elle demandait :

— Vous voulez bien qu'Edouard m'accompagne un petit bout de chemin ? Je lui donnerai la main.

Elle me racontait des histoires et m'entraînait à chanter des chansons enfantines : *Sur le pont d'Avignon* ou *Il était une bergère.*

De toutes, celle qu'elle préférait c'était *le Pont du Nord :*

Sur le pont du Nord un bal y est donné (bis)
Adèl' demand' à sa mèr' d'y aller (bis)
Non, non ma fill', tu n'iras pas danser (bis)

Monte à sa chambre et se mit à pleurer (bis)
Son frère arriv' dans un bateau doré (bis)
Ma sœur, ma sœur, qu'as-tu donc à pleurer (bis)
Maman n' veut pas que j'aille au bal danser (bis)
Mets ta rob' blanche et ta ceintur' dorée (bis)
Le pont s'écroule et les voilà noyés (bis)
Voilà le sort des enfants obstinés (bis)

Mathilde faisait sienne la morale de la chanson, elle réprouvait la désobéissance d'Adèle car elle ne se serait jamais dressée contre un empêchement pour satisfaire sa passion du bal. Lorsqu'elle y allait, elle ne ratait pourtant jamais une danse !

Nous traversions une grande plaine où le dimanche s'affrontaient des équipes de football et arrivions assez loin derrière la chapelle. Nous nous engagions dans un étroit sentier sinuant à travers un champ de blé. Je n'allais pas plus loin, elle m'embrassait, hâtait le pas vers son atelier car le sifflet de la manufacture retentissait et moi, déjà rêveur, je revenais en flânant, une graminée ou un fragile et écarlate coquelicot aux lèvres.

Souvent le dimanche, mes frères demandaient à Mathilde :

— Tu viens danser ?

Certaines de ses réponses variaient, en se rejoignant :

— Pas cette fois, j'ai du travail.

Ou :

— Maman est fatiguée, elle ne peut m'accompagner.

Dans ce temps-là, les jeunes filles étaient chaperonnées par leur mère ou plusieurs jeunes filles sortant ensemble se chaperonnaient l'une l'autre. La vertu, la virginité des jeunes filles étaient un capital inestimable.

Mathilde achetait de la toile au mètre et confectionnait son trousseau. Elle descendait souvent chez nous piquer à la machine et ma mère la guidait.

Telles étaient nos manières de vivre au temps où nous habitions chez ma grand-mère en ces premières années du xxe siècle qu'on appelait la Belle Epoque.

Notre grand terrain devenait de jour en jour un beau jardin dessiné par mon père, avec de chaque côté d'une large trouée où plus tard s'élèvera la maison, des massifs d'arbustes aux fleurs odorantes plantés le long d'allées au tracé capricieux. Certaines de ces allées se resserraient parfois pour devenir d'étroits sentiers où, au début de septembre, les araignées jaune-brun à l'abdomen barré d'une croix blanche, rond comme une grosse perle, tissaient leurs toiles scintillantes. Dans chaque massif long d'une vingtaine de mètres environ, deux ou trois arbres étaient disposés en quinconce pour ne pas se gêner et qui, lorsqu'ils se seraient bien développés, donneraient à cette partie du jardin, l'aspect d'un parc. Il y avait des chênes, des noyers, des frênes, une aubépine rouge, et deux paulownias aux larges feuilles et aux lourdes grappes mauves, même un sycomore dont les samares en se détachant tournoyaient comme des hélices. Nous les collions sur notre nez pour en faire des lunettes. Des marronniers roses encadreraient la maison et, le long du mur de façade, s'aligneraient des tilleuls. A gauche, une petite salle verte, cernée de troènes et dominée par le plumet bruissant d'un peuplier d'Italie : on y prendrait le café.

A l'opposé, une grande salle verte limitée par des marronniers et surplombée par un peuplier à la boule imposante. Là, on déjeunerait l'été, la boisson rafraîchirait dans le puits tout proche. Le potager et le verger avaient des formes strictement géométriques. Tous les arbres et les arbustes avaient été commandés à un pépiniériste de Vitry qui nous les avait livrés en plusieurs voyages dans sa grande charrette, lui à pied, tenant son cheval par la bride.

Ils avaient été plantés et taillés par un jardinier de métier à qui ma mère donnait en fin de journée et chaque fois qu'il venait une pièce d'argent de cinq francs — une thune — et un bon verre de vin. Le jardin allait grandir et embellir en attendant d'accueillir la maison. Le dimanche matin, mes frères y travaillaient une bonne heure. Ils désherbaient, râtissaient, binaient, creusaient de larges cuvettes au pied des arbres fruitiers, arrosaient ou bêchaient un grand carré qu'ils divisaient en plusieurs planches en piétinant le long d'un cordeau pour tracer d'étroites allées. Ma mère semait et plantait, mais, auparavant, elle consultait les calendriers, elle observait les vieux dictons : il y a des saints qui, si vous semez ou plantez le jour de leur fête, vous assurent de bonnes récoltes. Il en est d'autres, au contraire, qui s'occupent des chiens enragés, des gens qui ont des maux de tête et des filles à marier... Il faut savoir choisir les saints qui protègent les jardins. Sinon, les saints taquins semblaient jeter un sort sur vos cultures : au lieu de petits radis frais et roses qui flattent le palais au début du repas, de carottes rouges à cœur jaune onctueuses qui baigneront dans le jus d'un bœuf mode et de navets blancs ou à collerette mauve bien dorés accompagnant un canard nantais ou un ragoût de mouton, des racines innommables, des bâtons surmontés d'une stupide aigrette de feuilles malingres.

J'étais aux anges quand ma mère me disait :

— Nous allons semer les petits pois téléphone.

Ces petits pois sont plus gros que les autres et plus sucrés. Ce sont des petits pois grimpants le long de grandes rames, on les cueille sans se baisser, ce qui nous évite les tours de reins. Toutes les qualités ! Ma mère avec sa petite pelle à main avait bien régulièrement creusé, de distance en distance, des trous où je devais mettre sept petits pois. Elle me répétait :

— Sept, pas six, pas huit.

Je finis par lui demander l'explication de cette insistance :

— Je ne sais, sept haricots, sept petits pois, c'est comme ça depuis des siècles et les vieux jardiniers qui nous ont transmis la recette savaient ce qu'ils faisaient.

Pour m'amuser elle essayait d'expliquer le pourquoi.

— C'est peut-être à cause du Petit Poucet et de ses six frères ou des sept filles de l'ogre. C'est peut-être aussi parce que sept est un nombre sacré.

Cueillis, je les écossais, ils tombaient avec un bruit clair dans un grand saladier, ce bruit s'assourdissait à mesure que la couche s'épaississait. Il en fallait beaucoup car nous les aimions ces petits pois téléphone que ma mère préparait si bien, avec de petits oignons blancs tout fondants, des feuilles de laitue et de jolis petits lardons bien rôtis. Elle les coupait sur sa planche à hacher. Nous en avions généralement cinq chacun. C'est moi qui étais chargé de les surveiller pendant qu'ils rôtissaient dans la grande poêle. Leur grésillement chantant me ravissait. J'étais sensible à leur musique qui parlait à ma gourmandise.

Je tournais les lardons avec une mouvette, je secouais la poêle pour les faire sauter, je les retournais avec une fourchette, je leur donnais beaucoup de soins. Ma mère avait ajouté :

— Au fur et à mesure qu'ils sont rôtis, tu les retires et tu les poses sur l'assiette que j'ai sortie.

Ah ! comme il était beau ce premier lardon, rôti à souhait sur toutes ses faces, habillé de brun et certainement croustillant. Il me tentait, pouvais-je résister ? Je mangeais ce premier lardon. Les autres continuaient à rissoler, ils passaient de la poêle dans l'assiette, mais le petit dernier subit le même sort que le premier. Ma mère revenait et contemplait l'ouvrage et en riant remarquait :

— Tu es un bon cuisinier.

Le soir, à table, j'étais un peu inquiet. Ma mère nous servait, d'abord mon père, puis mes frères par ordre décroissant et elle en dernier. Elle avait dit :

— Nous avons cinq lardons chacun.

Ma mère n'allait donc en avoir que trois. Je commençais à regretter ce que j'avais fait. Mais miracle ! ma mère s'écriait :

— Je les avais pourtant bien comptés et il en reste un. Ce sera pour Edouard qui s'en est si bien occupé.

Elle le mit dans mon assiette.

— C'est vrai, ajoutait mon père, ils sont à point, cela mérite une récompense.

Bonté, attention d'une mère jusque dans les petites choses !

CHAPITRE VII

Maintenant, je fais seul les commissions et je vais savoir ce qui se passe dans cette autre partie de ma rue où nous n'avons pas l'habitude de jouer.

Au 14, une maison à un étage, au fond d'un jardin. C'était la résidence d'été de trois sœurs qui s'entendaient fort bien. Julia, l'aînée, sèche, que toute féminité avait désertée était le majordome de la maison. Elle portait en permanence un tablier bleu enveloppant. Elle s'occcupait de tout, du ménage, de la lessive, de la cuisine, de tous les achats, tenait les comptes de la maison. Ses mains étaient déformées par les rudes travaux. Elle avait le regard très doux et le cœur généreux.

Delphina, la cadette, par contraste, était forte et de teint très coloré. Elle était modiste. C'est peut-être celle qui me plaisait le moins.

Jeannette, la plus jeune devait avoir six ou sept ans de plus que mon frère aîné. De visage gracieux, de caractère gai, elle vous attirait.

Elle s'habillait avec coquetterie. Elle portait souvent un col claudine blanc empesé, et une cravate lavallière en soie bleue comme c'était la mode. Jeannette malheureusement boitait. Elle avait son premier brevet d'institutrice et aurait pu, sans son infirmité, passer le concours d'entrée à l'Ecole normale. Comme elle parlait couramment l'anglais, elle était caissière chez Kodak dans le quartier des Champs-Elysées, une très bonne situation. Chose rare, elle avait un appareil photographique portatif qui lui permettait de prendre des instantanés. Elle ne s'en privait pas et avec sa petite boîte magique allait à la chasse aux images. J'ai ainsi, grâce à elle, deux ou trois photos de ma petite enfance... Je suis assis sur la margelle de leur puits avec mes frères, Julio et Delphina !

Celle à laquelle je tiens le plus a été prise dans notre jardin. C'est pendant l'été de 1901, j'ai deux ans et demi. Je porte une robe blanche, longue jusqu'aux chevilles. Je cours dans une allée pour joindre ma mère qui me sourit au milieu de mes frères. Ainsi je me rends compte qu'à cette époque, j'étais un enfant solide, débordant de santé. J'étais un précurseur de Popeye car nous mangions beaucoup d'épinards.

— Les épinards contiennent du fer, disait ma mère.

Je vois aussi mon jardin dont les arbres et les arbustes récemment plantés sont encore maigrelets.

A cette époque, si l'on voulait des photographies on s'adressait à un photographe professionnel. On allait chez lui ou parfois, il se rendait à domicile avec son grand appareil à trépied. On s'habillait de ses plus beaux vêtements, les femmes s'étaient fait coiffer et mettaient leur chapeau le plus seyant. Le photographe mettait sa tête sous un drap noir pour faire la mise au point. Il disait :

— Ne bougez plus ! Souriez !

Il appuyait sur une poire, on entendait un déclic, la photo était prise dans des attitudes figées. C'était dans de grandes occasions que l'on faisait appel à lui : les mariages, les premières communions...

On avait aussi les photos de l'école.

Dans les villes de garnison, les photographes faisaient de bonnes affaires. C'était un rite sacré pour les jeunes soldats d'être photographiés dans leur tenue numéro 1, impérissable souvenir qu'ils regarderaient toute leur vie avec fierté. Mais les scènes familières de la maison et de la rue se perdaient.

Pour nous, heureusement, nous avions eu Jeannette qui en avait fixé quelques-unes.

Un jour, par suite d'un changement de propriétaire, Jeannette et ses sœurs durent s'installer dans une maison voisine. Elles furent remplacées par la famille Poirier. Ils avaient trois fils de l'âge de mes frères aînés. Ils possédaient tous de superbes et étincelantes bicyclettes. Ils invitaient quelquefois Georges à les accompagner. Louis, qui n'avait pas de vélo, les regardait partir sans regret car il préférait les promenades à pied avec leurs rencontres imprévues. Les Poirier travaillaient en famille, ils étaient artisans d'art et gagnaient très bien leur vie. On le supposait à leur mise, toujours impeccable. De plus, ils firent construire en 1910 dans leur jardin en bordure de rue, un immeuble locatif de quatre étages. Ils gardèrent pour eux leur maison, au fond du jardin. Comme tous ceux qui habitaient Paris, ils ouvraient leur maison à Pâques et la refermaient un peu avant la Toussaint. Ils arrivaient très tard le samedi, chargés de paquets, se grisaient d'air pur, s'inondaient des arômes des jardins le dimanche et repartaient le lundi matin aux aurores avec un bouquet de fleurs. Ils s'offraient à leur compte, dix à quinze jours de vacances en août. Ma mère les surnommait les hirondelles du quartier.

Au 16, sur la rue, un immeuble d'un étage tout en longueur, avec plusieurs portes d'entrée. Au rez-de-chaussée, une échoppe de cordonnier dont la fenêtre était presque toujours ouverte. Je m'arrêtais, disais bonjour à notre voisin et le regardais travailler. Il prenait un morceau de cuir qui trempait dans une cuvette, le martelait, le découpait aux dimensions voulues à l'aide d'un tranchet. Rien de tout cela ne m'étonnait car mon père avait les mêmes gestes lorsqu'il ressemelait nos chaussures. Mais ce qui me surprenait vraiment, c'est qu'il mettait une pincée de pointes dans sa bouche et les faisait sortir une à une du bout de sa langue, sur ses lèvres d'où il les prenait. J'étais admiratif et lui demandai un jour :

— Pourquoi mettez-vous des pointes dans votre bouche ?

— Pour gagner du temps et le temps c'est de l'argent.

J'avais raconté tout cela à la maison et mon père m'avait dit :

— Depuis bien longtemps, dans certains métiers, des gestes simples mais profitables se transmettent de père en fils. Mais toi, tu ne dois mettre dans ta bouche que ce que tu manges ou ce que tu bois.

Mon ami le cordonnier était habité par un rêve qui visite tout le monde : acheter une petite parcelle de terrain d'un prix abordable pour y faire construire une maison de trois pièces avec sur le côté ou dans le fond du jardin un atelier où il aurait ses aises.

Aussi son marteau recourbé à tête ronde ne chômait-il pas et, pour augmenter ses gains, chaque soir il passait une blouse bleue, se coiffait d'une casquette en toile cirée noire et devenait allumeur de réverbères. Il prenait une longue canne à feu et partait à la tombée du jour, vers quatre heures en hiver, huit heures et demie en été donner la vie à tous les réverbères du quartier et même au-delà. Il avait bien combiné son affaire et en gagnant un fixe non négligeable, il délassait son corps tenu courbé, dans la même attitude toute la journée. Il commençait par le réverbère du coin de notre rue. Du bout de sa canne, il soulevait une petite plaque de verre puis un levier qui commandait l'arrivée du gaz. Il appuyait sur la poire de caoutchouc fixée à sa canne. Un éclair jaillissait, le réverbère était allumé. Le levier déclenché revenait tout doucement à sa position première et le réverbère s'éteignait de lui-même aux premières lueurs du jour.

Le petit cordonnier, après avoir allumé les derniers réverbères du quartier et terminé consciencieusement son travail, ferma son échoppe, embrassa sa femme, nous dit : « à bientôt », et il partit le 2 août 1914. Comme d'autres amis de notre rue, il ne revint jamais.

Au 18, un grand porche qui avait dû donner passage à un attelage, une boutique désaffectée dont la porte à deux battants était toujours ouverte, dès que la température se radoucissait. Et là, un être sans âge, un adolescent, un adulte peut-être, se tenait assis par terre, sur ses jambes repliées dans la position des tailleurs. Il devait être paralysé des membres inférieurs et se déplaçait en prenant appui sur ses mains. Il ne parlait pas, il ne s'exprimait que par des grognements et lorsque nous passions devant la porte, il remuait ses mains comme dans un appel et, tel un chien, il aboyait. Je jetais un regard furtif vers lui car il m'impressionnait et j'avais le cœur serré. J'avais remarqué que lorsque sa mère au visage triste et aux cheveux gris se tenait près de lui, il semblait se blottir contre elle comme pour y trouver un refuge. Tout ne semblait pas éteint chez ce malheureux. Dans le quartier on estimait ses parents qui ne se plaignaient jamais et portaient leur lourde croix avec dignité.

A la suite de cette maison, au numéro 20 un nouvel immeuble locatif d'un étage mansardé, mal entretenu. Les locataires n'y faisaient que passer et déménageaient souvent à la cloche de bois. Nous n'y connaissions personne. Cette maison portait le nom de sa propriétaire « Madame Echenose » à qui appartenait ou avait appartenu notre théâtre de Saint-Maur qui ressemblait comme un frère au théâtre de Belleville où j'avais vu ma marraine jouer *Madame Sans-Gêne, la Tour de Nesle,* et plusieurs autres pièces où elle faisait goûter à son public les saveurs du mélodrame et savait l'entraîner dans un délire de sensibilité, un tumulte d'émotions au point de faire pleurer Margot.

De l'autre côté de la rue, au 21, dans une cour et se faisant face, deux maisons longues et étroites d'un étage. Je n'y suis jamais entré.

Fatiguées, sans doute, d'être dans ces maisons qui se regardaient depuis tant d'années, les femmes aimaient faire la causette sur le trottoir avec les passants. Comme c'était l'habitude pour les enfants, je les saluais poliment, elles m'adressaient rarement la parole. Elles étaient rieuses et comme c'était le moment où je débordais de ma culotte de velours étriquée, je croyais qu'elles se moquaient de moi, et cela me déplaisait. Ce dont je suis sûr, c'est que leur jardin potager était parfaitement entretenu. Lorsque je cueillais des cerises-bigarreaux, monté sur mon échelle, j'y plongeais un regard curieux. J'y voyais comme chez les maraîchers, de grosses cloches de verre de couleur verdâtre. J'apercevais parfois mes voisines, travaillant courbées et coiffées d'un large chapeau de paille.

Lorsqu'elles se relevaient, elles me découvraient haut perché et me faisaient un geste amical de la main. Je les trouvais alors très gentilles.

Un nouvel affluent se jette à gauche dans notre rue Gustave, c'est la rue Emile devenue depuis lors rue Alfred-de-Musset. Nous y passions rarement. Pourtant, elle était assez animée avec la blanchisserie Breuzin, plus importante que celle de Julie, avec au premier étage son long séchoir à claires-voies au-dessus d'un rez-de-chaussée où se lavait et se repassait le linge. On entendait quatre fois par jour un long coup de sifflet qui marquait la rentrée ou la sortie des ouvrières que j'entendais chanter de mon jardin pendant leur travail. Ce qui nous attirait vers la blanchisserie Breuzin, c'était un amandier dont la ramure débordait largement du mur de clôture et s'inclinait au-dessus d'un terrain encore libre. Cet amandier était immense, je n'en ai pas encore vu de pareil. Nous en avions un très beau dans notre jardin, à côté il faisait figure de nain.

Notre suprême amusement était de gauler les amandes avec nos lance-pierres. Nous étions champions. Ce jeu n'avait pas tellement pour but de faire tomber les amandes pour les manger mais de mesurer notre adresse. Bien sûr ces pierres — de gros gravillons — redescendaient, elles tombaient avec un bruit clair sur le toit d'un petit appentis ! Le père Breuzin, à bout de patience, sortait furieux et nous lançait :

— Foutez-moi le camp, et en vitesse, sinon je vais vous botter les fesses.

Comme il chaussait du 44 et que ça fait mal, nous nous sauvions. Dès qu'il était rentré, nous revenions ramasser notre butin.

Dans cette rue Emile, une autre attraction nous était offerte par le curieux équipage d'un officier supérieur en retraite et son épouse ou sa compagne, une ancienne actrice de grand talent, monsieur et madame B. Ils se déplaçaient en tricycle. Monsieur B. en complet gris, coiffé d'une casquette bostock ornée d'une ancre de marine dorée, pédalait, aidé par un petit moteur. Madame B. se tenait devant, bien calée dans une sorte de fauteuil, les pieds appuyés sur un marchepied relevé, maintenue par une ceinture pour amortir les chocs et les cahots. Une grande voilette assurait l'équilibre de son chapeau et protégeait son visage des rougeurs dues au déplacement de l'air et nuisibles à son teint. Ils suivaient toujours le même itinéraire, ils tournaient au coin de la maison de ma grand-mère, s'engageaient rue Gustave, viraient de bord rue Emile et s'arrêtaient devant la grille à petits vantaux bien clos de leur belle propriété : une grande maison à étages, enfouie au fond du jardin parmi les arbres, ce qui lui donnait un air mystérieux. Ils menaient là une vie discrète.

Je n'ai pas souvenance du visage de madame B. que j'ai toujours vu voilé, mais je l'imaginais fort beau. Les actrices sont toujours belles ! D'ailleurs pour moi il n'y a pas de femmes laides. Elles ont toujours quelque chose de merveilleux dans le visage. Comme c'était une comédienne et que chez nous on les appréciait, j'allais flâner vers leur maison espérant entendre un grand air d'opéra ou une tirade enflammée, mais toujours vainement ! Madame B. semblait avoir perdu sa voix aux belles et chaudes envolées depuis son éloignement de la scène. Après ses griseries et ses triomphes, elle avait succombé au charme de la vie retirée à deux.

Sans qu'on s'occupât particulièrement d'eux, mon père nous avait dit un jour :

— Pour se marier, un officier doit demander l'autorisation à son colonel et par contrat la fiancée doit apporter une dot. S'il n'y a pas de dot ou si elle est insuffisante, pas de mariage.

Mon père avait conclu :

— Peut-être nos voisins se sont-ils mariés après la retraite de monsieur B. Mais tout cela nous est parfaitement égal. Chacun est maître de sa vie privée et nous sommes contents de les compter dans notre quartier.

Au coin de la rue Emile et de notre rue, une petit épicerie à laquelle on accède par trois marches. L'épicière, madame Bricon, de taille moyenne, une opulente chevelure blanche, souriante, vous accueille. J'y vais assez souvent. Pour treize sous, j'achète un kilo de sucre Say dans sa boîte de carton marron et, pour quelques sous de plus, un paquet de chicorée *A la Cantinière* dans son emballage bleu. Sur un lit de paille, elle a toujours un grand brie appétissant à la croûte jaune ambrée. Lorsque je reviens, je le dis à ma mère et j'insiste.

— Va en prendre une part à trois sous, ce sera bien suffisant pour ce soir.

J'allais aussi acheter du fil, du coton à repriser, car elle tenait un petit rayon de mercerie. Madame Bricon aime bavarder et s'intéresse à mon travail d'écolier, ce qui lui donne le plaisir de me parler de son fils qui est instituteur, mais pas n'importe où, ajoute-t-elle, à Paris. Elle en est très fière.

— Cela a été dur pour une femme seule de l'amener là, mais maintenant il a une bonne situation. A Paris, les instituteurs sont bien payés.

Je l'écoute et elle continue :

— Puisque tu as de bonnes notes en classe, essaie d'être instituteur et puis tu continueras à avoir toute ta vie de longues vacances.

C'est beau d'être instruit, mais encore plus beau d'instruire les autres ! C'est le sentiment de ma mère qui avançait :

— La beauté d'un homme, c'est son intelligence et l'on ne remarque pas s'il a le nez un peu de travers.

Un jour, je vis son fils, il était bien habillé, dans le style de mes maîtres. Il me dit :

— Toi aussi, tu veux devenir instituteur. Tu as raison.

Ainsi ce que me conseillait ma mère et mes maîtres se trouvait renforcé par ce que me dit le fils de ma petite épicière. A cette époque, c'était une ambition mesurée mais flatteuse pour les gens modestes d'avoir un enfant instituteur.

J'arrive à la rue Garibaldi qui coupe ma rue en deux, non pas à angles droits mais en biais, non par fantaisie ni étourderie, c'est qu'elle rayonne de la place de la Chapelle comme le boulevard de Bellechasse qui marque le départ de notre rue. Ces deux voies forment comme les branches d'un grand compas qui enserrent la partie la plus vivante de ma rue, la plus riche aussi en souvenirs de mon enfance.

Rue Garibaldi circule toutes les demi-heures un tramway qui relie Bonneuil à Paris, Porte de Vincennes.

Peu de monde l'empruntait. Un jour avec mon frère Jacques nous l'avons pris par amusement pour aller à Bonneuil. Il nous en coûta deux sous chacun. Après le pont, nous étions les seuls voyageurs et le tramway filait à toute allure, tel un cheval qui sent l'écurie, le long d'une route bordée de grands arbres. Ce qui nous plaisait, en plus d'avoir un tramway pour nous deux, c'était de voir ces arbres arriver vers nous et nous donner l'impression de se coucher quand on les avait dépassés. Bien sûr, nous revenions à pied, car dépenser quatre sous chacun pour le voyage eût été trop lourd pour nos petites bourses personnelles.

Au carrefour de notre rue et de la rue Garibaldi, quelques commerces : une boulangerie, une épicerie plus grande, plus importante que celle de madame Bricon, un chantier de bois et charbon, un café et puis une ferme.

Tous les jours, je vais à la boulangerie, je ne cèderais pas ma place même pour une grosse toupie ou un calot en agate. C'est que ma boulangère est belle dans sa blouse bleu ciel à petit col blanc. Mais ce qui me retient, moi petit garçon de sept ans, c'est son visage doux, aux yeux marron foncé qui vous sourient avec chaleur et vous accrochent comme pour vous dire :

— Je suis contente de vous voir.

Elle soigne sa chevelure noire abondante qui lui ceint le front en un lourd bandeau et se relève sur la tête en un gros chignon. On descend une marche pour entrer dans la boutique. Des étagères en cuivre à claire-voie où sont alignés des pains : pains fendus de quatre livres, pains fendus de marchand de vin plus étroits mais plus longs, pains polka, pains viennois, flûtes...

Dans une corbeille, des croissants au beurre à un sou et dans une autre des petits pains à un sou également et puis dans des sacs préparés, de la chapelure pour les gratins. Sur le sol, dans un coin, des sacs de papier fort contiennent de la braise. Elle vend aussi des bonbons, des tablettes de chocolat et le dimanche, des gâteaux. Elle se tient derrière son comptoir. Au milieu une plaque de cuivre ondulée où elle ramasse et rend la monnaie. Un tiroir-caisse et d'un côté un grand couteau à levier pour couper le pain, de l'autre une grande balance à plateaux étincelants. Elle pèse tous les pains et ajoute une pesée pour faire le poids. Pour moi, je le vois bien, elle la force un peu et de temps en temps, elle me donne un croissant, bien emballé dans un papier de soie. Je mets ma pesée, ou le croissant dans ma poche car je porte un pain de quatre livres sous chaque bras. Comme tout le monde nous en mangeons beaucoup et avec plaisir car il est aussi bon que du gâteau, ce pain blanc comme neige avec ses grands yeux, et léger avec sa croûte dorée et craquante. Ce dont je me souviens cependant, c'est que je posais une pièce d'argent d'un franc à l'effigie de la Semeuse.

Y ajoutais-je quelques sous ou me rendait-on quelque chose, j'ai oublié. Je m'attardais souvent dans la boutique. Ma boulangère était belle et jeune, elle devait avoir vingt-sept, vingt-huit ans, comme l'une de mes cousines. Puis elle m'appelait : Mon petit Edouard. Je devais lui plaire avec ma tête ronde, mes joues roses et mes yeux rieurs.

Si je m'attardais aussi, c'est qu'il faisait bon dans cette boutique peinte en jaune. Il nous semblait qu'il y avait toujours du soleil et l'on entendait les grillons chanter. A l'école, nous avions un livre de leçons de choses où figurait une leçon sur la fabrication du pain et le travail du boulanger. Si l'on retient bien les choses que l'on lit avec attention, on retient mieux encore celles que l'on voit. J'allais parfois dans le fournil. J'avais vu le boulanger et son mitron brasser la pâte dans le pétrin, mettre de côté une portion de cette pâte — le levain — pour faire lever la pâte du lendemain. J'avais vu brûler dans le four les bûches de bouleau avec une flamme claire, enfourner les pains sur de longues pelles après les avoir retirés des panetons. J'aimais l'odeur du pain chaud, elle n'a d'égale que celle du café torréfié.

Notre quartier était une grande famille et les commerçants en faisaient partie. Rien de ce qui s'y passait ne leur était étranger. Par un mot teinté d'amitié, ils savaient dire ce qu'il fallait sans être curieux. Parfois se déroulaient des scènes cocasses.

Un jour, une petite bonne en tablier blanc à bavette sur sa robe bleue entre dans la boutique.

— Une flûte comme d'habitude, Mademoiselle Marie ? dit la boulangère.

— Oui, comme d'habitude.

Servie, elle reste là.

— Il vous faut autre chose ?

— Oui, mais j'ai oublié.

— Je vais vous aider : des croissants ? des petits pains ? de la braise ? de la chapelure ?...

Invariablement, la réponse est non.

— Alors je ne vois pas, j'abandonne.

Marie réfléchit et comme si le ciel l'avait subitement inspirée, elle lance :

— Ma patronne veut deux sous de quelque chose qui se gonfle.

La boulangère se pince les lèvres pour ne pas rire et dit enfin :

— Je crois comprendre. Je vais vous en couper un bon morceau pour deux sous.

Elle se dirige vers le fournil, revient avec un petit paquet bien enveloppé.

— Voilà, votre patronne sera contente ! Ça fait gonfler et lever, c'est du levain.

— C'est ça, dit Mademoiselle Marie ,radieuse.

Je multipliais les occasions d'aller à la boulangerie et je demandais à ma mère :

— Quand nous feras-tu de la purée ou des macaronis au fromage gratinés au four avec un peu de chapelure ?

— Je vois que tu veux aller dire bonjour à la boulangère !

Les boulangeries étaient très éloignées les unes des autres, de plus d'un kilomètre.

Je grandissais, ma boulangère ne me tapotait plus la joue et ne m'appelait plus qu'Edouard. L'adjectif petit s'était envolé avec ma dernière culotte. Puis j'eus quatorze ans, j'allai au collège. Une fine moustache commençait à ombrer ma lèvre supérieure. Je ne lui rendais visite que pendant les vacances et à chaque fois, je recevais un choc en la regardant et je m'empourprais. Elle me souriait gracieusement. Pour moi elle était plus que la boulangère, elle était une femme. Ma boulangère comme Julie, par des appels mystérieux et sous des apparences innocentes me révélait que je m'éloignais de l'enfance.

A une vingtaine de mètres plus loin, sur le même trottoir, l'épicerie de Monsieur et Madame Nayan, où il y avait de tout, même de la charcuterie et des produits ménagers. Nous étions livrés à domicile : le Planteur de Caïffa passait à jours fixes, poussant sa grande caisse sur trois roues ; son café était renommé, puis Félix Potin tous les quinze jours et un épicier, Monsieur Goubet, installé aux confins des quartiers de La Varenne et des Mûriers, arrêtait son cabriolet devant chez nous tous les jeudis.

Malgré cela, j'allais régulièrement chez Monsieur et Madame Nayan acheter un bidon cannelé avec son petit robinet de cinq litres de pétrole à la marque *La Luciline* pour garnir nos lampes. De plus, ma mère m'y envoyait quand elle avait besoin de quelque chose de pressé. Au-dessus des tiroirs, des casiers où les boîtes de conserves s'empilaient en bon ordre. Des chapelets de saucissons, de cervelas à un sou pièce pendaient accrochés à un clou. Je lorgnais les boîtes de sardines que j'aime beaucoup, je n'en mangeais que deux ou trois fois par an, elles faisaient partie des hors d'œuvre dans les grands repas. Lorsque je disposais d'un sou, vite j'achetais un petit cervelas que je mangeais en cachette ou encore de la cassonade ou des morceaux de sucre candi réunis par un fil.

Pendant que Madame Nayan actionnait le grand volant du moulin à café fixé sur le comptoir ou pesait des denrées, on bavardait.

— Alors Madame Gaillard, elles étaient bonnes, mes merveilles du Puy ?

— Je n'osais pas vous en parler, de vrais cailloux.

— Pas possible ! Le représentant me les avait garanties, une demi-heure de cuisson.

— Eh ! bien, je les ai mises sur le feu à sept heures et à dix heures, elles n'étaient pas cuites. Mon mari était furieux. Heureusement que j'avais un jambonneau que j'avais payé quinze sous, il était bon, avec votre fameuse moutarde.

— Pour quinze sous en effet, vous deviez avoir un beau

jambonneau, et avec ma fameuse moutarde, il a oublié les lentilles. Soyez sans crainte. Je vais en parler au grossiste et je vous les remplacerai.

— Et chez toi, Edouard, vous n'avez pas pu les manger ?

— Non, elles étaient dures comme des grains de plomb. Mon père a ri en disant qu'il pourrait les mettre dans sa carabine.

— Toujours le mot pour rire, ton père.

Des conversations comme celle-là, je pourrais en raconter toute une journée.

— Alors, Madame Duval, votre Auguste ça va bien à l'école ? C'est bientôt le certificat !

— Auguste travaille bien, mais c'est un rêveur, ça me donne du souci. En ce moment, il ne pense qu'aux papillons, le reste n'existe plus et il est capable de faire des bêtises.

— Il aime les papillons à ce point-là ?

— Oui, il en fait collection, il les pique sur un bouchon.

— C'est une idée comme une autre.

— Hier, le maître leur donne la dictée de composition au cahier de devoirs mensuels : Les châteaux-forts, et mon Auguste entend et écrit Les chapeaux-forts.

— Il est peut-être un peu dur d'oreille ?

— Pas du tout. Il pense au papillon qu'il n'a pu attraper et il continue à courir après. Il y a bien sûr, des tours, un pont-levis, cela ne le surprend pas, à trois reprises il écrit chapeaux-forts.

— Vous savez les chapeaux ont souvent des formes bizarres, l'ennuyeux pour lui c'est qu'il perd un point à chaque faute.

— Oui, mais ce n'est pas tout. Dans les questions on demandait à quoi servent les châteaux-forts. Il a répondu : à coiffer les fortes têtes.

— Ah ! ça alors, c'est le bouquet. Le maître a dû rire !

— Non, pas du tout, il lui a demandé s'il ne se moquait pas du monde et il lui a mis une sale note.

— C'est dommage, il aura un mauvais livret, et pas de tableau d'honneur.

— Son père qui ne badine pas va se mettre en colère. Vous connaissez mon mari, il est gentil mais il est soupe au lait. Quand il crie, personne ne répond, on reste le nez dans l'assiette et il s'apaise tout seul. Auguste promettra d'être attentif et tout sera oublié.

— L'important c'est qu'il ait son certificat d'études.

— Certainement, au jour d'aujourd'hui sans certificat d'études, on ne peut rien faire.

— Même un balayeur de rues doit l'avoir, mais je voudrais que mon petit Auguste « travaille dans les écritures » et gagne cent cinquante à cent quatre-vingts francs par mois quand il reviendra du régiment.

— Ce serait beau six francs par jour.

Du même côté que la boulangerie et à l'autre angle de rue, les bâtiments d'une ferme qui un demi-siècle plus tôt devaient être entourés de champs et de prairies. Sa grande grille à deux battants pour laisser passer les charrois donnait sur la rue Garibaldi. Là vivait la famille Chatte : le père en blouse vert bouteille de maquignon, la mère, toujours affairée, en tablier dont la couleur différait selon ses occupations, Raymonde, dont les cheveux blonds légèrement cuivrés étaient enserrés dans un fanchon de couleur. Ses pieds menus chaussaient aussi coquettement des sabots d'opérette que des bottines vernies à boutons pour le bal. De fermiers, les Chatte étaient devenus nourriciers. Ils possédaient une dizaine de vaches qu'ils mettaient dans un pré clos d'un treillage longeant la rue Gustave jusqu'à la rue Ledru-Rollin. Ce pré devait avoir de quarante à cinquante mètres de large. On pouvait voir les vaches, noires à larges taches blanches bien soignées. Raymonde faisait les litières, donnait le fourrage, aidait sa mère à la traite. Les Chatte fournissaient le lait à une partie du quartier, un litre de lait avec sa crème coûtait sept à huit sous. Chaque soir, j'allais en chercher deux litres dans d'épaisses carafes fermées par des bouchons de verre maintenus par une armature en fer faisant ressort.

Quand je pense à cette exploitation agricole, sans terre à cultiver, je revois les tableaux d'élocution que le maître du cours préparatoire nous laissait observer un moment avant de nous faire dire par de courtes phrases ce que nous voyions : un grand tas de fumier où se tenait un coq à la crête rouge gonflée, à la queue en panache verte à reflets dorés, des poules picorant çà et là, une mère-poule suivie de ses poussins, des canards se dandinant, quelques oies au ventre lourd, un chien dormant béatement dans sa niche, un cheval passant sa tête à l'ouverture haute de la porte de son écurie et sous un hangar un tombereau, des charrettes, une bétaillère.

Mme Chatte vendait des pains de beurre moulés ornés d'une fleur, des œufs, des volailles et le père Chatte nous livrait du fumier deux ou trois fois par an en faisant claquer son fouet, ce qui devait l'amuser. Quelquefois, il claironnait :

— Si un godelureau serre ma fille de trop près, il en goûtera !

Cette ferme dont l'activité s'était restreinte était un témoignage du passé de notre banlieue, un maillon d'une chaîne de vie. Je considère que j'étais un enfant privilégié car j'étais à la fois un petit campagnard et un petit citadin.

Juste en face de chez eux, un chantier de bois et charbons, celui des trois frères Farenq, de solides Auvergnats à la belle moustache noire, aux mains larges et calleuses. Nous étions des clients fidèles, même avant ma naissance et jusqu'au décès de mon père au seuil de l'année 30, époque où notre maison perdit toute vie. Mon père passait commande une fois par an de tout ce dont nous avions besoin pour différents foyers et pendant l'été, car il bénéficiait ainsi de prix spéciaux très avantageux.

C'est moi enfant qui portais la commande. Je trouvais l'un des trois frères qui restait au chantier pour recevoir et servir les clients. En même temps, il préparait les repas. Des jambons, des saucissons pendaient dans leur grande cuisine et bien souvent il me disait :

— Edouard, un rond de saucisson, c'est du bon, c'est du pays.

Edouard ne disait jamais non. Il accompagnait son fameux rond de saucisson large et épais, d'une tranche de pain coupée dans une miche ronde, à la croûte épaisse et à la mie serrée.

— Un pain du pays, ajoutait-il encore.

Voilà trois frères fiers de leur province ! Mon père leur portait beaucoup d'estime.

— De rudes travailleurs, disait-il.

Ce n'était pas une simple formule, mais le reflet d'une réalité sur laquelle tout le monde s'accordait.

En fait de travail, mon père s'y connaissait. Il donnait chaque semaine soixante heures à son administration, comme l'ouvrier les donnait à son patron. Il y ajoutait des heures supplémentaires. De plus, levé chaque matin à cinq heures, il frottait, astiquait, faisait les feux, pour soulager ma mère de ses lourds travaux ménagers. Il préparait les petits déjeuners de mes frères qui prenaient le train de six heures vingt. Lui partait un peu plus tard. Le soir, après le repas, les coudes appuyés sur la table, il s'endormait dix minutes en se tenant la tête dans les mains. Puis après cette courte pause, il nous disait :

— Allez vous coucher, je ferai la vaisselle, je rangerai tout et je m'occuperai du chien.

Le travail était sa loi.

— Si on veut améliorer sa situation, il faut travailler.

Et mon père m'avait raconté les débuts modestes des trois frères Farenq. Ils livraient les commandes avec une voiture à bras. Un frère passait les bretelles et tirait, un autre poussait derrière. Ils se relayaient. Les affaires marchant bien, ils achetèrent un cheval et une voiture, sorte de long plateau à ridelle inclinée à chaque extrémité. Je revois l'attelage arrêté devant chez nous, le cheval blanc-gris piaffe tant qu'il peut. Ce cheval dont nous disions :

— C'eût été moins salissant si ce cheval avait été noir.

Mon père avait ajouté :

— Un cheval noir, c'est rare. Je ne connais que celui du général Boulanger.

Ma mère les paie. L'un sort d'une poche une bourse en cuir rouge à soufflets se coulissant à l'aide d'un lacet. Elle s'arrondit et s'enfle au cours des livraisons. En rentrant le soir, ils font leurs comptes comme tous les commerçants. Ils mettent une partie de la recette dans le tiroir d'un buffet, pour le courant et le reste, sorte de trésor de guerre dans un pot de grès semblable à celui qu'utilise ma mère quand elle fond de la panne pour avoir un beau saindoux bien blanc.

Un jour, ils retournent dans leur village, s'y font construire la plus belle maison, symbole de la réussite d'une vie. Leur entrepôt de la rue Garibaldi devint trop étroit, ils songèrent à s'agrandir. Une spacieuse parcelle étant disponible, place de la Chapelle, ils l'achetèrent. Tous les trois se rendirent chez Maître Braun, notaire. Ils s'étaient endimanchés et s'étaient coiffés de leur grand chapeau de feutre noir. L'aîné portait le pot de grès contenant le trésor de guerre. Ils alignèrent sur le bureau du notaire, des pièces d'écus de cinq francs, des pièces d'or de dix et de vingt francs. Ils firent construire une maison utilitaire différente de toutes les maisons du quartier. Elle comprenait outre la partie habitable, une écurie et des hangars. Un jour l'un d'eux se maria avec une payse et garda le chantier. Les deux autres frères rentrèrent au pays ou bien, peut-être, s'installèrent ailleurs. Ce couple eut une fille, ils en firent une institutrice. Eux aussi, quelques années plus tard, se firent construire rue Barbès, à deux pas de leur chantier, une magnifique maison dans le genre de la nôtre, mais bien plus grande, à la mesure de leur réussite. Et le portail en bois, à claire-voie de couleur bleutée de l'ancien entrepôt Garibaldi s'était refermé sur les premières années besogneuses des trois frères.

Attenant au chantier et à l'angle du carrefour, un café, avec un guéridon de chaque côté de la porte et un ratelier à vélos. De plus en plus, la bicyclette était en faveur, son prix étant devenu accessible. Les chiens ne se lançaient plus à la poursuite des cyclistes. Au début, il y avait eu des bas de pantalons ou de robes déchirés. Mais les chiens avaient reçu de formidables coups de pied à leur démolir la mâchoire, cela s'était su et propagé dans le monde des chiens qui avaient acquis la sagesse, les cyclistes leur étaient devenus indifférents.

Je n'oublie pas la borne-fontaine où s'alimentaient en eau potable quelques riverains, la préférant à celle de leur puits et où les pompiers remplissaient le réservoir des pompes à incendie. Pour nous, elle était source d'amusements. Avec une main placée sous le robinet, nous dirigions et projetions le jet le plus loin possible en éventail pour essayer d'arroser un camarade qui passait et repassait en criant :

— Tu m'auras pas ! Tu m'auras pas !

Mais il arrivait que le téméraire fût trempé « comme une soupe ». L'arroseur criait :

— J'ai gagné ! tu me dois un roudoudou.

La partie de ma rue où je vais maintenant m'engager va prendre un autre aspect, moins de mouvement, moins de vie, mais bien du charme cependant : elle annonce la vraie campagne qui est à notre porte avec ses vastes horizons.

Sur le côté pair une succession de pavillons. En face le pré où paissent les vaches de monsieur et madame Chatte.

La rue Ledru-Rollin coupe la nôtre, toujours sur le côté pair une grande plaine qui mène jusqu'aux lisières du quartier de la Pie. Je la traverse en diagonale avec Mathilde quand elle se rend à son travail. Nous dansons en sautant d'un pied sur l'autre, nous nous amusons et elle gagne du temps car elle est toujours pressée.

Parfois, c'est dans la voiture du boucher que je traverse la plaine. Le dimanche, j'y vais voir un match de football et, plus tard, j'apprendrai à taper dans le ballon grâce aux conseils de monsieur Gobin, instituteur à La Varenne.

Voici le boulevard de la Pie, le dernier affluent, rive droite, rive gauche de notre rue Gustave. A un angle, un café où une salle sert de vestiaire aux joueurs du dimanche et à nous, apprentis joueurs du jeudi. Le jeu fini, monsieur Gobin nous offre une tasse de chocolat avec un croissant.

Face au café, une propriété dont le mur de clôture sur notre rue est à l'extérieur bordé de tilleuls.

Dans l'alignement des numéros pairs, un court de tennis où, au beau temps, s'affairent des hommes aux pantalons blancs, des femmes aux jupes courtes et plissées qui selon les mouvements du jeu ressemblent à des ailes de papillon ouvertes ou refermées. Un arbitre juché sur un fauteuil surélevé suit le jeu avec attention et lance des nombres : 15 - 15 A... 30... et des mots : *play, ready, out*... que je ne comprends pas.

A partir du boulevard de la Pie, aucune viabilité, on enfonce dans des ornières où dort l'eau des pluies. Alors, des prés à droite, à gauche, à perte de vue. On peut y voir des vaches paître lorsque les foins ont été coupés. Dans une de ces prairies, vers mes quinze ans, je jouerai au volant ou à la balle, avec Jeanne et Jean les enfants de Virginie dont les cheveux étaient des fils d'or de soleil et les yeux bleus des reflets d'un beau ciel d'été.

Ma rue se jette dans la Marne par un grand et large estuaire de verdure. La Marne nonchalante court vers son confluent avec la Seine. Mais comme tous les doux, elle a des mouvements d'humeur et des colères terribles. Aussi ses berges ont-elles été surélevées et consolidées par de petits murs de pierre. Elles sont aménagées en promenade, on y accède de loin en loin par de petits escaliers de quelques marches. L'hiver, l'eau affleure cet illusoire rempart, ou passe par-dessus, inondant les proches prairies qui s'enrichiront d'un limon où jaillira au printemps une herbe drue, grasse, vigoureuse, embellie de mille fleurs.

Je suis sur la digue, c'est l'été, au mois d'août, il fait beau. Je regarde au-delà de la rivière. Le vieux clocher de Bonneuil émerge d'un moutonnement mouvant de blés mûrs. Les Belges sont là, ils travaillent depuis les premières lueurs de l'aube. Ils sont en ligne et balancent leur faux d'un mouvement régulier et assuré. Derrière eux, les botteleurs lient des gerbes et les dressent en javelles. Tous les gestes, toutes les attitudes sont bien rythmés comme les figures d'un ballet. La récolte est abondante, une partie seulement sera chargée sur de grandes charrettes et engrangée. Avec le reste, tout près du village, les Belges édifient, avec un savoir consommé, une ou deux meules qui meublaient, décoraient en ce temps nos paysages campagnards et qu'on découvre aujourd'hui dans les vieilles cartes postales, les gravures et les peintures. Quand la moisson sera terminée, je passerai le pont et, muni d'un sac, j'irai glaner des épis oubliés, lourds de grains charnus, pour les poules de ma grand-mère.

Alors les champs dépouillés, agrandis, deviendront le domaine des troupeaux de moutons, des bergers en longue houppelande brune et de leurs chiens.

Et je reviens vers chez nous. Un voisin qui pousse sa brouette, vêtu d'un costume fripé et coiffé d'un vieux chapeau, s'arrête et s'entretient un moment avec un habitant du quartier, tiré lui, à quatre épingles. Ils se serrent la main et se quittent.

Mon quartier est un paradis de paix et d'amitié dont ma rue est la voie royale.

CHAPITRE VIII

Le dimanche, l'emploi du temps de mon père était bien défini.

Le matin, installé dans la petite chambre du haut, il révisait l'état des chaussures et des galoches. Un béquet de cuir par-ci, quelques clous par-là et nous étions assurés d'en avoir pour huit jours à bien marcher d'aplomb et d'être à l'aise.

Puis, il nous mettait à tour de rôle, une serviette sur les épaules, nous donnait quelques coups de tondeuse dans le cou et autour des oreilles et prolongeait ainsi d'un mois la coupe du coiffeur. Pendant ces occupations domestiques, il aimait parfois à siffloter ou à chantonner.

Et l'après-midi, alors que nous étions tous partis pour nous distraire, il disposait sur la table de la salle à manger des papiers, un grand registre où il alignait des chiffres pour son administration, tandis que ma mère cousait près de la fenêtre. Chaque dimanche après-midi, ce travail supplémentaire lui valait un écu de cinq francs, un louis par mois, précieusement mis de côté.

Un jour, après que mon père eut refermé le grand registre où il travaillait et l'eut repoussé légèrement, ma mère vint s'asseoir à côté de lui, disposa quatre livrets sur la table, les ouvrit et releva sur une feuille de papier les sommes qui y figuraient. Mon père sortit de sa poche un petit carnet et lui dicta quelques autres sommes. Ma mère fit l'addition, son visage rayonnait, elle tendit la feuille à mon père et lui dit :

— Alexandre, veux-tu recompter ?

— Ce n'est pas la peine.

Ma mère ne put retenir sa joie :

— Cette fois, ça y est.

— Oui, reprit mon père en l'embrassant dans les cheveux, cette fois ça y est et nous le dirons à table, aux enfants, ils seront contents. En attendant, je vais préparer des œufs à la neige pour fêter la nouvelle.

Et notre père nous apprit que bientôt on construirait la maison sur notre grand terrain.

Au cours de l'été 1906, un certain jour, notre mère nous prévint :

— Aujourd'hui, nous déjeunerons plus tôt que d'habitude, nous attendons une visite.

C'était pendant les courtes vacances de mon père. Il faut dire qu'il avait droit à quinze jours de congé mais il ne prenait qu'une semaine, l'autre lui était comptée comme heures supplémentaires. Mes grands frères travaillaient. Nous étions curieux, Jacquot et moi, de connaître le visiteur. Nous nous étions assis sur la bordure de pierre du trottoir au pied du réverbère. Un fiacre s'arrêta devant notre porte. Il en descendit un petit bossu, très bien habillé, une serviette sous le bras, un long rouleau à la main. Mon père l'attendait. Ils se serrèrent la main et montèrent chez nous. J'aurais bien voulu savoir ce qu'ils se racontaient et ce que représentait le grand rouleau.

Le petit bossu tira de sa poche une boîte ronde et plate munie d'une languette sur le côté. Machinalement, il semblait jouer avec cette languette et bientôt un long ruban sortit de la boîte ronde. Il se mit à mesurer.

Je connaissais le mètre de couturière dont ma mère se servait et la chaîne d'arpenteur avec laquelle notre maître nous avait fait chercher les dimensions de la cour de récréation. Mon père accroupi serrait la languette entre le pouce et l'index de la main droite et la tenait à terre juste à la limite du jardin. Le ruban dans la main du bossu s'allongeait et le tout étant sorti, il s'accroupit également, fit une marque sur le sol et annonça :

— Voilà, la maison sera à dix mètres de la rue. Cela vous va ? On peut construire plus près ou plus loin.

— Dix mètres, c'est une bonne distance, dirent mon père et ma mère.

Je m'étais rapproché de ma mère qui me souffla :

— Ce monsieur est l'architecte, un bon architecte.

Mon père et l'architecte prenaient encore des mesures et je retins ceci : la maison aurait onze mètres de façade et dix mètres de profondeur et comme je comptais bien et connaissais les mesures de surface je dis à ma mère que notre maison aurait cent dix mètres carrés de surface. L'architecte m'avait entendu :

— Tu auras une belle maison.

Et il rembobinait son décamètre à ruban. Nous revînmes chez ma grand-mère. Je m'assis près de la fenêtre ouverte, je faisais semblant de m'absorber dans la lecture de mon illustré *Les Belles Images* et je recueillais des bribes de la conversation. Les moineaux ivres de soleil ne m'aidaient pas, ils piaillaient tant qu'ils pouvaient, dans les grands marronniers devant la maison.

L'architecte dit :

— Maintenant, nous allons regarder les plans.

Et le grand rouleau livrait ses secrets. Mes parents émerveillés regardaient une aquarelle et écoutaient :

— Votre maison quand elle sera finie, sera en pierre meulière comme vous l'avez demandé. C'est le matériau noble des belles maisons de banlieue.

Et les plans se succédèrent : celui des caves, avec l'emplacement d'un moteur qui ferait monter l'eau du puits et la distribuerait dans toute la maison. Le service des eaux n'existait pas, ni dans notre rue ni dans les rues avoisinantes.

Le rez-de-chaussée comporterait une grande cuisine et l'emplacement pour une cuisinière à gaz et à charbon avec bain-marie pouvant donner en permanence douze litres d'eau chaude et barre de nickel où sècheront serviettes et torchons, la salle à manger s'ouvrant sur une terrasse, le salon qui communiquerait par une double porte vitrée avec une salle où les hommes pourraient fumer ou jouer.

Le premier étage aurait trois chambres, une salle de bains communiquant à la fois avec la chambre de mes parents et le palier, un bureau pour mon père. Et des toilettes bien sûr.

Au deuxième étage, quatre chambres lambrissées et un cabinet de toilette.

Mon père avait-il vu trop grand ? Non, nous étions neuf. De plus une chambre était prévue pour ma grand-mère au cas où elle aurait besoin de soins attentifs.

— Tous ces plans sont pour vous.

A ce moment, il tira de sa serviette le descriptif, les devis des entrepreneurs avec le récapitulatif : le prix de la maison encadré de rouge et à part, celui des trois murs de clôture encadré de rouge également. Ces trois murs comprenaient : en façade un mur en meulière, sur l'autre rue en moellons, au fond du jardin en briques creuses, le tout coiffé d'un chaperon de tuiles. Le prix total restait dans les limites fixées.

Mes parents dirent simplement :

— C'est très bien.

L'architecte reprit :

— Les travaux pourront commencer au tout début du printemps, vous serez chez vous à l'automne. Si pour une raison quelconque, vous remettez votre projet à deux ou trois ans, les prix seront les mêmes.

La richesse des pauvres et des gens modestes était la stabilité, la solidité du franc germinal qui depuis plus d'un siècle n'avait pas varié d'un centime. Bismarck qui nous avait volé cinq milliards d'or n'avait pas ébranlé notre monnaie. Les Français travailleurs et économes étaient même devenus les banquiers du monde, ce qui, hélas ! leur apporta un certain nombre de déboires.

Mon père avait fixé au mur, au-dessus de la grande table à ouvrage, l'aquarelle représentant la façade de notre future maison. Son visage serait parmi nous, attirant, accueillant avant que nous y entrions. Cette maison nous la considérions comme un être vivant, une amie, tant on en avait parlé, tant on l'avait espérée. Le rêve de mes parents et le nôtre allait s'ancrer dans notre jardin en plein essor parmi les fleurs et les ombrages.

De l'espace, du confort, des commodités que jusque-là nous ignorions : plus de corvée d'eau, de pétrole, plus de flammèches noires, de mèches à égaliser aux ciseaux de forme curieuse, les mouchettes, avec leur petit logement pour recueillir les fragments charbonneux. La lumière jaillira en tournant un gros bouton de porcelaine. Cependant dans notre vie, il allait y avoir comme une cassure, car chez ma grand-mère, si à l'étroit que nous ayons été, nous y avions nos habitudes et surtout nous étions tous réunis, nous n'y avions connu que du bonheur.

Le premier livre de mon enfance s'achève, et il ne reste plus que quelques pages blanches à remplir avant de le refermer.

CHAPITRE IX

Mes frères Georges et Louis étaient passés devant le Conseil de révision et avaient été déclarés à leur grande satisfaction « bons pour le service ». Ils étaient revenus arborant une sorte de plaque portant l'inscription « Bon » en grandes lettres dorées sur un fond de feuilles de chêne et de laurier d'un vert éclatant sur le revers de leur vêtement et sur la poitrine une grosse cocarde tricolore à deux pans. Ils avaient défilé dans le quartier de la mairie avec les autres conscrits, drapeau en tête en chantant *la Marseillaise* et *le Chant du départ.*

A la maison, ma mère avait préparé un bon repas pour fêter cet important événement. Ils partirent à l'automne et nous les revîmes en pantalon rouge et en tunique bleue garnie d'épaulettes en laine rouge, à boutons de cuivre bien astiqués au tripoli, coiffés d'un képi à pompon. Ils gagnaient un sou par jour pour apprendre à défendre leur patrie.

Nos 14-Juillet sont liés à ces souvenirs patriotiques.

A nos trois fenêtres, un faisceau de cinq drapeaux dans un écusson orné de feuilles de chêne et de laurier et au-dessus de la grille du jardin, un grand drapeau.

Le soir, dans la rue, le gramophone était installé sur une table avec un coffret contenant les rouleaux dont les airs de valse, de polka, de mazurka entraîneraient les danseurs. Des godets bleus, blancs, rouges éclairaient la rue. Nos amis du quartier se joignaient à nous. On lançait des fusées, on allumait des feux de Bengale. C'était la joie. Les danseurs tour à tour bleus, rouges, verts semblaient être des personnages étranges venus d'un autre monde. A une heure avancée de la nuit, tout le monde se séparait après avoir chanté en chœur l'hymne national.

De quoi parlait-on dans ces années 1905-1906 autour de la table familiale chez ma grand-mère, surtout le dimanche où l'on pouvait s'attarder ? De café-concert, de théâtre, de quelques événements importants.

Mes frères nous parlaient de la Scala, de l'Eldorado, des concerts Pacra, du Bataclan, du Moulin de la Galette, du Bal Tabarin où se donnaient des concours : le pied le plus menu, la cheville la plus fine, la jambe la mieux galbée se dégageant d'un frou-frou de dentelles ou de volants, l'épaule la plus ronde prometteuse de la plus belle poitrine...

Ils étaient allés à l'Alcazar écouter Mayol créer la matchiche, au Chat noir se faire interpeller par Aristide Bruant :

Ah ! c'te gueule, c'te gueule, c'te binette
Ah ! c'te gueule, c'te gueule !

et écouter Théodore Botrel chanter *La Paimpolaise* et *Le Biniou de Cornouiller.* Ils étaient de fidèles spectateurs du théâtre de Belleville que dirigeait ma marraine et des Variétés où ils applaudissaient Eve Lavallière, et la belle Lantelme.

Mes parents retenus par leurs charges familiales allaient au spectacle plus rarement. Pour mon père, le théâtre c'était la fête, plus en soirée qu'en matinée car on sortait de ses habitudes. Maman, Jacques et moi nous l'attendions place de la Bastille. Vers sept heures, nous allions dîner dans un bon restaurant pour deux francs par tête et nous buvions une bouteille de bordeaux à un franc cinquante. Puis nous prenions un fiacre, nous descendions devant Les Variétés et nous nous installions dans une loge. Je ne comprenais pas tout mais je ne perdais rien du spectacle, je riais et j'applaudissais tant que je pouvais. J'admirais les actrices, belles, fardées, les yeux agrandis, les lèvres rouges couleur de fraise écrasée. C'était nouveau pour moi, car ma mère et les femmes que nous connaissions se poudraient seulement le visage. Et les actrices changaient de robes plusieurs fois.

Plus tard, j'irai au café-concert, je me souviens d'Yvette Guilbert gantée jusqu'aux coudes, j'entends encore la voix vive et souple d'Eugénie Buffet chantant « la Sérénade du pavé » :

Sois bonne ô ma chère inconnue
Pour qui j'ai si souvent chanté...

refrain qu'elle faisait reprendre par toute la salle en lançant d'un ton gouailleur : « Allez les chœurs ! »

Je revois les chanteurs réputés en smoking ou en habit, une fleur à la boutonnière.

De ce temps-là, j'ai gardé le souvenir de quelques grands événements qui accaparaient l'opinion. Mon père lisait *Le Petit Journal.* S'il avait relevé un fait important, il nous en parlait à table. Ainsi, nous n'avons rien ignoré de la guerre russo-japonaise. Les Russes étaient nos alliés et nous souhaitions leur victoire. Hélas ! leur flotte de la Baltique qui avait fait le tour de l'Afrique pour affronter la flotte japonaise fut coulée et leurs troupes furent vaincues en Mandchourie. Ma grand-mère qui montait prendre le café tous les jours reprenait *Le Petit Journal* et le lisait ligne par ligne. Elle nous commentait abondamment les événements. Ainsi toutes les péripéties douloureuses de l'affaire Dreyfus, les conséquences de la loi de séparation de l'Eglise et de l'Etat, les affrontements entre les catholiques militants et les autorités judiciaires et de la police ne nous furent pas épargnés. Il faut dire que ma grand-mère était souvent en désaccord avec le gouvernement.

En rentrant de son travail, un de mes frères croisa un vendeur de *La Presse* qui courait en criant :

— Demandez *La Presse,* terrible catastrophe dans les mines de Courrières !

Les gens se précipitaient et comme eux mon frère acheta ce quotidien du soir qui coûtait un sou comme tous les autres journaux. C'était à la mi-mars en 1906, un coup de grisou avait causé l'effondrement de certaines galeries ; des centaines de mineurs avaient été ensevelis.

La douleur fut vive dans toute la France et même à l'étranger. Des dons affluèrent de toutes parts et dans les écoles, on organisa des quêtes. Alors que le pays minier venait d'enterrer ses morts, contre tout espoir, on découvrit quelques survivants.

Les journaux à cette époque ne donnaient pas de reportages photographiques sauf le très beau magazine hebdomadaire *L'Illustration* qui coûtait un franc et dont les articles étaient souvent accompagnés de photographies.

Il faudra attendre la fin de l'année 1910 pour que le journal *Excelsior* fît paraître des photos en pleine page.

Toutefois, tous les événements que j'ai rapportés sont restés dans ma mémoire car ils étaient importants et qu'on en avait longuement parlé, mais aussi parce que je revois la première page en couleurs du *Petit Journal illustré* paraissant tous les samedis et que mon père achetait pour dix centimes.

J'ai encore quelques numéros de ces années-là et je reste rêveur quand je m'attarde à lire la publicité — les réclames comme l'on disait alors. Les prix et la formulation nous étonnent :

Pardessus ! un choix considérable en magasin prêts à porter : 75 frs ou sur mesure depuis 90 frs

Samaritaine — Costume tailleur dame, serge, jupe, tunique, jaquette doublée... 65 frs

Chaussures Cook et Cie — bottines à boutons ou à lacets : 20 frs

Le véritable corset Perxphane rend plus sveltes les plus sveltes Parisiennes
en batiste damassée, 125 frs
en très joli coutil pékiné, 49 frs
toutes nuances

La meilleure voiture anglaise est la Daimler !

Automobiles Chenard et Walcker de 4975 frs à 7000 frs

Les phares Blériot illuminent Paris, la Ville Lumière
Rasoir de sûreté Gillette, en vente partout, triplement

argenté en écrin avec 12 lames de rechange à double tranchant — prix 25 frs

Blédine Jacquemaire 2 frs la boîte

Pont l'Evêque Vir, c'est de la crème,
rien que de la crème !

Parfum délicieux « Etoile de Napoléon »
universellement apprécié du monde élégant

Pour votre toilette
Employer la
Crème Simon
unique
pour la beauté de la peau

Cachou Lajaunie
Toujours imité, jamais égalé

Le secret de sa force ?
C'est le quinium Labarraque, tout simplement

Pilules orientales — Splendeur du buste
le flacon avec notice 6 frs 35.

Nul ne peut dire aujourd'hui si les Pilules orientales avaient toutes les vertus qu'elles annonçaient et si vraiment les petites mandarines se transformaient en superbes cantaloups !

Les hommes aimaient les femmes aux formes généreuses et à la taille fine, la plus fine possible. Le port du corset les comblait. Il faisait s'épanouir les hanches et le buste et gardait à leur compagne une taille svelte qu'ils enlaçaient pour la danse ou la promenade sentimentale. D'une femme à la belle poitrine on disait :

— Il y a du monde au balcon !

Certains hommes cependant préféraient les femmes aux courbes moins accusées, quelques-uns allaient jusqu'à dire :

— De fausses maigres peuvent être attirantes.

Moi, petit garçon de huit ans, j'avais une amie Loulou qui me faisait sautiller à la Fauvette. Elle était plutôt petite et menue et cependant très entourée.

— Alors mon petit Tanagra, encore une !

Ses yeux pétillaient, les ailes de son nez palpitaient légèrement, elle ne disait jamais non, et bientôt elle palpitait toute dans les bras de son cavalier. Les volants de sa jupe virevoltaient. Le feu du plaisir brûlait en elle. Frivole et sensuelle, les réalités de la vie semblaient pour elle ne pas exister.

Gracile silhouette, gracieux souvenirs qui se fondent parmi d'autres silhouettes, d'autres souvenirs.

CHAPITRE X

Nous étions à la mi-mars. Le soleil maintenant se levait vers six heures derrière les collines. Nous avions eu déjà quelques belles journées. L'air était plus doux. Les oiseaux ramageaient d'amour ou passaient, un léger matériau au bec, pour édifier dans les taillis ou dans le creux des hautes branches, de petits palais merveilleux qui abriteraient leurs couvées. Le printemps allait frapper à notre porte.

Un après-midi, le maître maçon qui devait conduire la construction de notre maison prévint ma mère que les travaux commenceraient le lendemain. Il était accompagné de deux ouvriers. Ils arrachèrent, en façade, sur une bonne vingtaine de mètres, le treillage qui clôturait notre jardin pour permettre le passage des voitures et le déchargement des matériaux. Ils prirent des mesures et plantèrent des piquets pour marquer les limites de la construction.

Je m'étais levé tôt et j'étais aux aguets. J'entendis bientôt des voitures qui tournaient au coin de la maison de ma grand-mère et des voix. Deux immenses tombereaux s'arrêtèrent. Je criai :

— M'man, les voilà !

Ma mère vint regarder et dit, enjouée :

— Oui, les voilà, mais viens prendre ton café.

Je ne décollais pas de la fenêtre. Je voulais tout voir.

Des ouvriers, des terrassiers en larges pantalons de velours, serrés aux chevilles, retenus à la taille par des ceintures de flanelle rouge ou bleue, déchargèrent le matériel : de larges pelles, des pioches, des tamis semblables à ceux que je voyais dans la carrière du père Peyrat, des brouettes, des planches longues, larges et épaisses, des cordages, des grands seaux... Je ne sus rien d'autre, ce matin-là. Ma mère me rappela à l'ordre :

— Edouard, ton café va être froid. Dépêche-toi, il va être l'heure.

J'engloutis mes deux tartines et mon café au lait, puis j'accrochai ma gibecière au dos, j'embrassai ma mère et je dégringolai l'escalier, l'esprit léger. Le printemps était entré chez nous. Quand je revins vers midi, les travaux étaient bien avancés. Les terrassiers avaient atteint la couche de sable préhistorique d'un beau jaune d'or et tout criblé de coquillages qui s'étaient endormis là, il y avait des milliers de siècles. Il faut dire qu'à cet emplacement le père Gaillard, notre jardinier au cours des années, avait enlevé presque toute la terre végétale lorsqu'il plantait des arbres, le sable se trouvant à environ cinquante centimètres de la surface du sol. Près de cent cinquante mètres cubes de sable furent dégagés à la pioche par les terrassiers, non sans mal. Ils fléchissaient leur corps et s'arcboutaient sur leurs cuisses pour remplir leur large pelle et la déverser dans des brouettes qu'ils remontaient à la surface en les poussant sur une large planche en plan incliné. Un immense tas de sable s'élevait dans le jardin, il devait servir en partie à faire le mortier.

Je ramassais de ces petits coquillages coniques et torsadés et s'ils avaient pu me raconter leur histoire, ils m'auraient parlé d'animaux fabuleux et, pourquoi pas? des plus fabuleux d'entre eux, les premiers hommes.

C'était jeudi, au lieu de galopiner dans le quartier, je regardais les terrassiers travailler, la ceinture de flanelle bien serrée à la taille pour protéger les reins. Leur chemise aux manches retroussées était largement ouverte et laissait voir une poitrine puissante et velue. Ils passaient parfois une main sur leur front pour en essuyer la sueur, ils prenaient alors un litre de vin rouge et en buvaient un peu à la régalade. Vers dix heures, ils cassaient une petite croûte ou « une petite graine », sur le tas. A midi, lorsque la cloche de l'église sonnait, ils rabattaient leurs manches de chemise, boutonnaient les poignets et le col, enfilaient leur veste, se coiffaient de leur vieux chapeau de feutre, sans forme et sans couleur, remontaient à la surface, s'asseyaient dans une brouette ou sur un petit tas de sable. Alors, ils ouvraient leur musette et en sortaient un énorme quignon de pain qu'ils fendaient en deux. Le pain s'ouvrait comme une coquille, ils y mettaient une portion de brie ou une tranche de pâté de foie ou des sardines qu'ils piquaient dans la boîte à la pointe de leur couteau, ils épongeaient l'huile avec des lichettes de pain. Ils mangeaient lentement, les bouchées arrosées d'un vin épais rouge-violet. Il m'est arrivé d'aller pour eux au ravitaillement chez notre épicière madame Bricon. Ils me donnaient cinq ou six sous et me disaient :

— Tu demanderas un litre de rouge et du bon, ou un « kil » d'Aramon.

Chez nous, il n'y avait jamais de litre sur la table. Mon père disait :

— Un litre de vin sur un chantier, c'est bien. Mais sur une table, ce n'est ni convenable ni élégant.

Nous buvions du bon vin en bouteille qui coûtait huit sous.

Après leur repas, ils roulaient une cigarette. Ils prenaient leur tabac dans une blague en cuir ou en caoutchouc rouge et ronde qui se refermait d'elle-même. Pour tenir leur tabac au frais, ils y mettaient toujours une rondelle de carotte. Quand ils se parlaient, ils se servaient d'un langage que je ne comprenais pas. Ce n'était pas de l'argot, pas un jargon de métier. Je savais qu'ils étaient français, j'en parlais au fils de l'entrepreneur qui était dans ma classe. Il me répondit :

— Ce sont des Auvergnats, ils parlent patois.

Après avoir dégusté leur cigarette à grandes bouffées, ils se remettaient en tenue de travail. Ils mesuraient avec un mètre pliant qu'ils tiraient d'une petite poche placée sous la grande poche de leur pantalon. Le terrassement resterait un peu inférieur à deux mètres car le rez-de-chaussée devait être surélevé d'environ un mètre. Cependant, tout autour, à l'intérieur et à l'emplacement de deux murs porteurs, ils creusèrent une tranchée de quarante-cinq centimètres de large — épaisseur des murs de la maison — et d'une quarantaine de centimètres de profondeur pour recevoir les premières fondations. Ils avaient tamisé du sable pour recueillir le plus fin qui servirait à faire le mortier. Les débris étaient retamisés sur un tamis aux mailles plus grosses qui laissaient passer les gravillons.

Il ne restait plus que la caillasse qui servirait à faire le béton. Leur travail étant terminé, ils repartirent vers un autre chantier, la pelle et la pioche sur l'épaule.

Et les grands tombereaux chargés de pierres meulières, de briques roses ornementales, de sacs de ciment ou de matériels divers : tréteaux, planches, seaux, treuils, cordages... se succédèrent. Les maçons en pantalon et bourgeron de rude toile blanche, coiffés de vieux chapeaux, chaussés de gros brodequins, prirent possession du chantier. Ils assemblèrent des planches de façon à former une aire où ils gâcheraient le mortier. Le *goujat* versa le contenu d'un ou deux sacs de ciment, en forma comme une vasque qu'il entoura d'une couronne de sable. Il vida le contenu d'un seau et avec une large raclette à long manche il mélangea le tout. Ils jetèrent plusieurs pelletées de caillasses. Le béton ainsi produit, descendit par une sorte de large gouttière dans les petites tranchées creusées par les terrassiers. Les maçons le tassaient, le damaient avec une « demoiselle ».

Puis ils commencèrent à élever les murs. Quand ils ne purent plus travailler sur un plancher dressé sur des tréteaux, des charrois apportèrent de longues perches dont certaines devaient bien mesurer dix mètres et ils montèrent des échafaudages qui formaient comme un corset dans lequel grandirait la maison.

Ainsi, truellée après truellée de mortier, pierre à pierre bien équilibrées au fil à plomb, jointoyées avec art, ma maison sortit de terre comme un enfant du sein de sa mère.

Les maçons travaillaient dans la bonne humeur et sans doute une joie créatrice les animait-ils. Ils sifflaient sur leurs échelles. Ils montaient les seaux de mortier et de pierres à l'aide d'un treuil qu'ils actionnaient à deux. Ils s'interpellaient :

— Alors, ça va la côterie ?

Ma maison, en 1907, se construisit de la même manière, avec les mêmes gestes, le même rituel qu'au Moyen Age, au temps des cathédrales. Et les ouvriers, dans le sens noble du terme, venaient de la Creuse et du Limousin m'avait dit mon père, de bons ouvriers avait-il ajouté, qui aiment leur métier. C'est vrai, ces maçons qui avaient des traditions de bâtisseurs considéraient chaque maison qu'ils construisaient comme leur chef-d'œuvre. Une maison est faite non seulement pour ceux qui doivent l'habiter mais aussi pour le passant qui s'arrête pour la regarder. Elle doit être un site harmonieux, plein de personnalité qui parle, réjouit les yeux et le cœur et nous invite à dire :

— Là, vit une famille heureuse !

Le gros œuvre était terminé au début de juillet. Sur l'une des quatre grandes cheminées en briques roses, vigilantes comme des sentinelles, fut planté un drapeau tricolore. Ce fut un jour de fête ! Mon père déboucha quelques bonnes bouteilles et trinqua avec les ouvriers. Et le 14 juillet fut bientôt là. Mes parents se demandèrent si on le fêterait comme les autres années, car la place manquait.

Mon père trancha :

— Ce sera notre dernier 14 juillet de quartier !

Il y eut les illuminations, des fusées, des pétards. On dansa au son du phonographe et de la clarinette de notre ami Bertrem. La blonde Julie, la blanchisseuse, Julie la magnifique ainsi que Marie, la boulangère, la non moins magnifique brune, étaient là. J'étais ravi, si j'avais eu l'âge d'homme, je n'aurais su laquelle choisir, mais j'étais un petit garçon et je pouvais me permettre de les aimer toutes les deux. Lorsqu'on alluma les feux de Bengale, la maison à travers les vapeurs colorées apparut en une vision de rêve et c'était bien un rêve caressé pendant des années qui s'était incarné et avait jailli là.

Fin juillet, je savourais mes premiers succès scolaires, j'avais huit ans et demi. Je sortais du cours moyen 1re A, la huitième d'aujourd'hui. J'avais au moins une bonne année d'avance et j'avais été premier toute l'année. J'allais avoir le prix d'honneur. Mes parents et ma grand-mère assistaient à la cérémonie. Mon père portait son habit et son chapeau haut-de-forme, ma mère et ma grand-mère leur robe des grands jours à jabot de dentelle et s'abritaient du soleil sous leur ombrelle à volants. Je fus couronné de lauriers d'or en papier, je reçus un gros et magnifique volume doré sur tranches : *Une ville sous les cendres : Pompéï*. Je le lus d'un bout à l'autre. Ce fut mon premier contact avec le monde romain.

Les vacances passèrent, notre maison était finie.

Une grande tapissière s'était arrêtée devant la grille bleu foncé à deux battants de notre nouvelle maison. Deux hommes en descendirent et commencèrent à la décharger : une salle à manger Henri II avec sa desserte et ses douze chaises, une chambre à coucher Louis XV, un salon en bois doré, un bureau, une bibliothèque. Ensuite, ils transportèrent le piano qui serait drapé d'une belle étoffe. Mon père et mes frères déménagèrent les meubles de notre ancien logement.

Et un dimanche de la fin septembre, nous nous installâmes dans notre nouvelle maison pour parcourir une autre étape de notre vie.

Nous quittions donc la maison de ma grand-mère, cette maison qui était un inépuisable coffre de souvenirs où le temps avait enfoui ses trésors. Je suis retourné, très souvent, chez ma grand-mère pour soulever le couvercle de ce coffre merveilleux.

CHAPITRE XI

Qu'elle était belle ma maison dans son écrin de verdure avec ses volets de fer peints en vert clair, ses petits balcons aux balustrades ouvragées, son large escalier de pierre accédant à la porte d'entrée, sa terrasse aux balustres de briques roses sur laquelle s'ouvrait la baie de la salle à manger !

Au premier étage, le bureau de mon père, deux chambres toutes simples occupées par quatre de mes frères et celle de mes parents dont la décoration avait été particulièrement soignée. Tout s'y harmonisait et donnait une impression de confort, de bon goût, d'intimité.

Au deuxième étage, quatre pièces lambrissées ; deux étaient aménagées en chambres, les autres servaient de grenier. J'ai occupé l'une d'elles avec mon frère Jacques. Il avait obtenu son certificat d'études et maintenant, à douze ans, travaillait comme apprenti chez un maître-orfèvre. Il se levait chaque matin à cinq heures et demie. Le soir j'aurais voulu lire, il me disait :

— Eteins, je veux dormir.

Souvent le matin, il me réveillait :

— Tu as de la veine, mon vieux Dadard, de pouvoir dormir encore deux heures !

Nous nous gênions l'un l'autre.

Ma mère trancha :

— Edouard couchera dans la chambre sur le jardin.

Le roi n'était pas mon cousin ! Cette chambre devint mon domaine, mon royaume. Je surplombais notre potager et notre verger auxquels succédaient d'autres jardins où s'élevaient de loin en loin des maisons basses. Ma vue était très étendue et portait jusqu'aux collines. Le soir, la clarté du jour tardait à me quitter et, le matin, ses premières lueurs effleuraient ma fenêtre dépourvue de volets.

L'hiver, mes vitres se chargeaient d'une couche de givre aux dessins capricieux. Parfois, un soleil tout rouge les enflammait, les enluminait, y faisait surgir des grands pavots aux pétales étranges ou des arborescences de corail. L'été, le soleil entrait dans ma chambre plus obliquement et se brisait sur les battants de la vieille armoire en noyer. Je goûtais tout cela, le jeudi et le dimanche quand je flânais dans mon lit. Le soir, quand le temps était dégagé, je contemplais l'immense voûte du ciel toute constellée d'étoiles ; pour moi elles étaient des fleurs qui avaient jailli dans une grande prairie pour enchanter mes yeux. Et la voie lactée ne semblait-elle pas être une longue écharpe de mousseline blanche oubliée par quelque jeune femme rêveuse ? Parfois, la lune dans des formes capricieuses venait s'y promener. Je n'interrogeais pas le ciel. Simplement, je ne cessais de le regarder de longs instants parce que je le trouvais beau. Les clartés en demi-teinte des crépuscules, les clartés très douces des aubes, les clartés vives des aurores et plus éclatantes des midis, les clartés furtives des nuits étaient autant de miracles qui conféraient à mon jardin une personnalité changeante et merveilleuse qui me fascinait.

Et il y avait aussi les couleurs qu'apportaient les saisons. Au printemps, nos arbres fruitiers revêtaient leur parure nuptiale et nos pêchers tout roses ressemblaient à des bouquets de demoiselles d'honneur. Puis un vent effronté ou dominateur les dénudait, alors un léger frisson vert courait le long des branches.

L'été, grâce aux soins de ma mère, des fleurs jaillissaient le long des grandes allées. Par-dessus tout cela montaient des parfums et des chants d'oiseaux.

A l'automne, c'était la fête des couleurs. Chaque arbre flambait comme un coucher de soleil. Les feuilles des cognassiers, des néfliers, des poiriers et de la vigne aux bigarrures douces ou violentes s'harmonisaient en un immense bouquet comme seule la nature sait en composer.

L'hiver le vent arrachait les dernières feuilles. On l'entendait gémir, crier, hurler. Les hautes branches le cinglaient de leurs fines lanières. Ma grand-mère rappelait alors des légendes à faire frémir. C'étaient des morts qui revenaient pour nous dire qu'ils étaient malheureux d'être oubliés. J'aimais le vent, surtout quand j'étais bien blotti dans mon grand lit.

Lorsque la neige couvrait le jardin comme d'un manteau et qu'un soleil venait l'éclairer, on aurait pu croire qu'elle étincelait de pierres précieuses.

C'est dans cet univers, auprès de ma mère, que ma sensibilité s'est affirmée. Nous nous tenions souvent dans la spacieuse et belle cuisine, ma mère et moi, car depuis que mon frère Jacques était apprenti, elle était ma grande amie toute à moi. Pendant cinq années, de 1907 à 1912, date de mon entrée au collège Arago à Paris, elle devint ma confidente ; des liens très forts, très étroits et très doux se tissèrent entre nous. Je la connus mieux que mes frères qui lui portaient aussi un grand amour mais peut-être un peu plus distant que le mien.

A cette époque nous étions à l'école de huit heures et demie à onze heures et demie et de vingt-trois heures à seize heures. Ainsi l'hiver, le jour venait de se lever pour la rentrée du matin et s'apprêtait à tomber à la sortie du soir.

A midi, pendant notre déjeuner qu'elle soignait, bien que nous ne fussions que tous les deux, je lui parlais de mon emploi du temps à l'école, et elle me disait ce qu'il était à son âge.

Le soir, après un goûter d'une large tartine de pain et d'un bâton de chocolat Menier, je me mettais à mes devoirs.

Elle se tenait près de moi et me laissait faire. Pendant ce temps, elle lisait un de mes deux livres de lecture. Au cours des années, comme moi, elle lut *le Tour de France par deux enfants*, *Yvan Gall*, *Monsieur Prévost* et les *Lectures morales* de Guyau... Elle ne me harcelait pas, elle me tenait compagnie. Quand j'avais terminé mon brouillon, je lui tendais mon travail pour qu'elle le vérifiât et je le recopiais. Puis elle me faisait réciter mes leçons que j'avais lues deux ou trois fois à haute voix pour alerter ma mémoire auditive. Je mettais le couvert. Après j'étais libre, mon père et mes frères ne rentraient qu'à vingt heures.

Je disposais de longs moments. Je prenais mon livre de bibliothèque et je partais à l'aventure avec les personnages dans des paysages inconnus.

Parfois, ma mère me demandait de lui lire une ou deux pages, ou de lui raconter ce que j'avais lu. Nous nous tenions dans notre grande cuisine sur notre belle table en acajou Louis-Philippe ravalée au rang de meuble utilitaire. L'hiver, la grande cuisinière ronflait et l'eau chantait dans le bain-marie et dans une grande et étincelante bouilloire en cuivre rouge. Il n'était pas possible de travailler dans ma chambre, il y faisait trop froid.

Il n'était pas dans les habitudes de faire du feu dans une chambre à coucher, certains avançaient que ce n'était pas très sain, toutefois on en allumait quand il y avait un malade. Alors le soir, il y avait la corvée des bouillottes. Cinq lits, cinq bouillottes. On les glissait entre les draps glacés.

J'essayais de lire un peu à la lueur d'une lampe de chevet dont l'ampoule émergeait d'une tulipe et commandée par un interrupteur à portée de ma main. J'avais bientôt les doigts paralysés par le froid, j'éteignais ma lampe et enfouissais ma tête dans l'oreiller, la couverture jusqu'au cou. Je bénéficiais cependant d'un privilège ; le dimanche, comme la maison était en rumeur et que chacun chantait sa chanson, j'avais le droit d'allumer une grille de coke*. Je l'entretenais jusqu'au soir, je pouvais ainsi travailler et lire tranquillement. Un feu qui crépite ou sommeille dans une cheminée, c'est du confort mais aussi de l'amitié qui réchauffe le cœur, un appel à l'évasion, à la rêverie, à la méditation.

Le dimanche était vraiment un jour de fête ! A sept heures, mon père était allé à la boulangerie et avait acheté pour chacun de nous, un croissant à un sou et une brioche du même prix. Puis il préparait le petit déjeuner, un chocolat au lait qu'il servirait au lit, à toute la maisonnée,

* A cette époque, on plaçait dans la cheminée, un foyer en fonte, à claire-voie, où l'on mettait le charbon.

à ma mère la première, elle qui nous servait toute la semaine, à moi ensuite car je devais assister à la messe du catéchisme à neuf heures.

Comme mes vêtements avaient été préparés la veille mes souliers cirés, je me levais à la dernière minute, mais j'arrivais toujours à l'heure à l'église. Après avoir récité mes prières, chanté maints cantiques, obéi aux injonctions du curé Martin et entonné un dernier hymne à la gloire de Dieu, j'embrassais Clotilde Besson, notre dame patronesse, et rentrais à la maison sans m'attarder. Ma mère s'affairait déjà dans sa cuisine. Je lui demandais si je pouvais l'aider :

— Je veux bien, tu éplucheras les légumes du pot-au-feu. Va mettre un vieux tablier.

Sur un grand journal largement déplié sur la table, se côtoyaient des carottes, des navets, des oignons, des poireaux, des panais, deux choux cœur de bœuf, tout provenant du jardin. Je me servais du couteau « l'Econome » avec lequel on faisait de fines épluchures. C'était une habitude que ma mère avait conservée du temps où, petite fille, elle avait souffert de la faim pendant le siège de Paris et la Commune.

— Tu ne peux savoir comme deux ou trois pommes de terre peuvent être plus précieuse que l'or.

J'aimais aider ma mère, non pas seulement pour en tirer quelques bénéfices mais aussi parce que cela m'intéressait. Bien sûr les petits lardons pour les omelettes, pour les pommes de terre en ragoût me tentaient autant que les lardons accompagnant les petits pois téléphone. Je ne résistais pas, j'en distrayais quelques-uns pour mon compte. Surveiller mes marrons qui grillaient et chantaient dans une grande poêle percée de trous me plaisait aussi.

Dans ma mémoire surgit un de ces petits escargots gris aux cornes bien dressées que j'attrapais dans mon jardin. Il me fait signe et me rappelle que j'étalais du beurre aillé et persillé sur ma tartine au lieu de garnir la coquille de chacun d'entre eux. Il faut dire pour ma défense que j'avais à préparer deux cents à deux cent cinquante escargots.

Le travail m'attend dans ma chambre. Je m'assieds à mon bureau, une table de cuisine en bois blanc à tiroir que ma mère a recouvert d'une étoffe verte pour lui donner bonne allure. Une lampe de bureau me permettait de travailler tard. Là, comme chaque dimanche, je dois faire une carte. Je la soigne. Pour moi, c'est un dessin vivant, un paysage que j'imagine. Je peaufine mon travail car demain, le maître nous demandera de reproduire de mémoire une partie de cette carte. Je trace donc de petits croquis. Mon bureau sert au travail, à écrire, à dessiner, à poser mes livres d'études, mais s'il s'agit de lire mon livre de bibliothèque, je m'allonge sur mon lit.

C'est dans cette attitude qui me mettait dans une sorte de béatitude physique que je goûtais le mieux ce que je lisais. J'étais ainsi plongé dans la lecture de mon illustré du samedi, *Les Belles Images*, quand ma mère m'appela et me demanda de râper du gruyère et de passer la purée. Je pris dans le bas du grand placard une râpe demi-ronde armée de ses gros piquants et un presse-purée que ma mère venait d'acheter au Bazar de l'Hôtel de Ville pour remplacer le gros pilon de bois. Il était formé de deux parties s'emboîtant l'une dans l'autre : le réservoir percé de petits trous et l'autre servant de pressoir. Nos belles pommes de terre à chair jaune sortaient en longs filaments, très fins comme des vermicelles. Ils s'enroulaient dans la casserole. Quand j'avais fini, ma mère versait un peu d'eau de cuisson et de lait, et avec une cuillère, je tournais la purée. Ma mère l'étalait pas couches dans un grand plat de porcelaine allant au four, la parsemait de gruyère râpé et de petites noix de beurre, puis enfin la saupoudrait de chapelure très fine. Elle glissait alors le plat de purée dans le four où se dorait déjà le poulet dans sa rôtissoire, il deviendrait un gateau savoureux et croustillant. J'avais mis le couvert, placé le dessous de plat à musique que je ferai marcher pour donner le signal joyeux du déjeuner. Ma mère avait sorti la rôtissoire du four et piqué de sa longue fourchette à deux dents le poulet qu'elle avait posé sur la planche à découper, elle allait en faire dix parts, chacune étant de bonne taille car la grosse poularde du Mans, de Houdan ou du Gâtinais approchait toujours les deux kilos.

Puis viendraient le gâteau de pommes de terre, une salade toujours du jardin quelle que fût la saison, ensuite un dessert, ce dimanche-là, des œufs à la neige. Quand l'été nous ramènerait à profusion des fruits dans notre jardin, fraises, cerises, groseilles-castilles, prunes, abricots, poires, pêches... s'amoncelleraient dans des corbeilles. En avons-nous absorbé des vitamines en ignorant qu'elles existassent !

Que nous étions bien tous les dix autour de cette grande table dans cette spacieuse cuisine aux carrelages gais avec sa hotte sur le rebord de laquelle s'alignaient de vieux bougeoirs de cuivre garnis de leur bougie et de deux ou trois lampes à pétrole. Les pannes d'électricité pouvaient toujours se produire !

Et au-dessus du buffet d'acajou, la batterie de cuisine en cuivre rouge qu'entretenait mon père. Il n'y manquait aucune pièce : la série de casseroles, les plats ronds ou longs et sur une étagère la daubière, la sauteuse, le chaudron à confitures et son écumoire et la casserole à sirop avec son manche en bois. Ma mère disait qu'il n'y a de bonne cuisine que dans les casseroles, faitouts, plats en cuivre. Le rétameur passait périodiquement dans notre rue, poussant sa voiturette en lançant son appel :

C'est l'étameur qui étame
tame... tame
C'est le rétameur qui rétame
tame... tame

et sonnait à notre porte car ma mère avait toujours quelques ustensiles à lui donner à remettre en état, qu'il rapportait, l'étain brillant comme argent poli.

Après déjeuner tout le monde partait de son côté, mon père remettait tout en ordre et ma mère montait se recoiffer, changeait de vêtements et allait passer une partie de l'après-midi dans son salon à pianoter ou à lire, en attendant une éventuelle visite.

Un peu avant vingt heures, tout le monde se trouvait à nouveau réuni autour du traditionnel pot-au-feu.

Ainsi se passaient nos dimanches, avec la réapparition du poulet. Cette volaille nous était livrée le samedi avec toutes ses plumes et non vidée. Chacun s'y mettait, on se relayait, ma mère, ma grand-mère et moi. Le duvet de dessous, les ailes et les petites plumes étaient recueillis dans un de ces grands sacs en papier à fond plat où les couturières mettent les chutes d'étoffe. Les plumes amoncelées au cours des mois servaient à remplacer la garniture des oreillers. Avec les grandes plumes on faisait de petits plumeaux pour nettoyer la cuisinière. On ne perdait rien ! Ma mère vidait la volaille, la flambait et la bridait avec une longue aiguille recourbée en fer. Moi je nettoyais le gésier et je m'intéressais à ce qu'il contenait : petits cailloux, brins de paille, grins de blé écrasés... Ces volailles étaient nourries au grain et vivaient en liberté dans des enclos. La chair en était savoureuse. Le poulet faisait partie des menus de fête, un mets noble alors que le bifteck frites, l'entrecôte marchand de vin étaient des plats populaires.

Notre poularde valait quatre francs. Notre femme de ménage qui venait une fois par semaine recevait huit sous de l'heure alors que le tarif était six sous. Elle aurait dû travailler dix heures soit toute une journée pour s'offrir une telle volaille. Mes frères, qui gagnaient huit francs au moment de leur départ au régiment, auraient pu en acheter deux. Et vers vingt-cinq ans, vraiment maîtres de leur art, leur salaire journalier atteignant douze ou treize francs, ils auraient pu s'en offrir trois. L'ouvrier maçon dont le salaire excédait rarement six francs en aurait eu une et demie et à Jenny l'ouvrière il serait resté un franc. Pour ces femmes sans profession et qui les exerçaient toutes pour bien gérer leur intérieur, il est impossible d'établir des équivalences car elles ne percevaient aucun salaire. Pourtant, elles s'occupaient de tout, veillaient à tout, leur journée de travail n'avait pas de fin.

Chaque matin, ma mère remettait en ordre sa cuisine et cinq chambres, préparait le déjeuner. L'après-midi, elle cousait, réparait les vêtements, ravaudait bas et chaussettes en s'aidant d'un œuf en buis. Vers cinq heures, il fallait penser au repas du soir.

Que d'arômes flottent encore dans ma mémoire ! Avec de bas morceaux qu'on n'apprécie plus guère aujourd'hui, elle nous faisait des plats savoureux : le mou de veau sauce au vin, le cœur de bœuf aux carottes, le ragoût de collet de mouton aux pommes de terre et haricots blancs, « le rata du soldat », l'aileron de raie au beurre noir avec beaucoup de persil carbonisé...

Ma mère réussissait aussi bien les grands plats : un saumon sauce verte, un turbot au beurre blanc et la pâtisserie. Il n'était pas rare de la voir sortir du four une grande tarte aux fruits du jardin. C'était un cordon bleu ! Conserves de légumes, de fruits, confitures, il y avait peu de choses qu'elle ignorait en cuisine.

A la Chandeleur, elle préparait un grand saladier de pâte avec de la farine, des œufs, du lait. Puis elle la laissait reposer en la protégeant d'une étamine blanche. Vers six heures, elle se mettait au travail, faisait une soixantaine de crêpes, mais laissait suffisamment de pâte pour que chacun fît la sienne, avec une pièce d'or dans sa poche. Puis mon père débouchait trois ou quatre bouteilles de cidre mousseux, dont il faisait sauter le bouchon. La pièce d'or était un double napoléon, les premières économies de ma mère jeune fille. Un jour, elle dit à mes frères qu'elle me la donnerait parce que j'étais le plus jeune et la garderais plus longtemps.

— Conserve-la. Pourtant, pour sauver la vie d'un des tiens, n'hésite pas à t'en servir.

Comme beaucoup, nous avons vécu des heures difficiles et pourtant j'ai toujours dans sa bourse de perles rouges et noires la pièce d'or que m'avait donnée ma mère.

CHAPITRE XII

La vie allait avec son train, lourd ou riche d'événements, qui nous éloignaient parfois de notre quartier.

L'Etna venait d'entrer en éruption et avait détruit les villes de Messine et de Catane faisant des milliers de victimes.

Des comités de secours se constituèrent un peu partout et on demanda aux enfants des écoles d'apporter une obole. Je donnai une pièce de cinq sous en nickel dont la valeur faciale, vingt-cinq centimes, était inscrite en grands chiffres dans un cadre. Cette catastrophe qui endeuillait tout un peuple et soulevait une vive émotion dans le monde provoqua chez nous quelques réflexions. Ma grand-mère qui avait vécu toute l'histoire du second Empire fit cette remarque :

— J'ai vu revenir et passer sous des arcs de triomphe nos soldats qui avaient fait la campagne d'Italie. Je n'ai pas compris pourquoi les Italiens ont signé une alliance avec les Prussiens alors que nous les avons aidés à faire leur unité.

— S'il y avait une guerre, les Italiens ne marcheraient pas contre nous, ils se souviendraient, dit ma mère. D'ailleurs Victor-Emmanuel est venu à Paris et le président Loubet est allé à Rome, c'est bien pour quelque chose !

— Qui sait ! reprit ma grand-mère, la reconnaissance... et elle n'acheva pas.

A cette époque, on disait rarement Allemands mais plutôt Prussiens, qu'on accusait d'être cause de tous nos malheurs et l'on faisait une différence entre Prussiens et Bavarois que l'on jugeait moins défavorablement.

Chez nous, un drame national avait laissé de profondes blessures qui seraient longues à se cicatriser. En Languedoc, la mévente du vin avait plongé les viticulteurs dans la misère la plus noire. Leur désespoir les avait acculés à la révolte.

La situation était si grave que la troupe avait dû intervenir. Mais un jour qu'on leur commandait de tirer sur les émeutiers, les soldats avaient leve la crosse en l'air. Partout en France on fredonna la chanson à la gloire des soldats du 17e qui avaient refusé de tirer sur d'autres Français. Les vignerons révoltés avaient un porte-parole, véhément, un porte-drapeau : Marcelin Albert, « le Rédempteur », petit propriétaire et cafetier dans son village. Cet homme était aussi modeste qu'ardent à défendre la cause de ses amis. Un jour, il se trouva dans le cabinet de Clemenceau, président du Conseil. Après l'entretien, Clemenceau lui demanda s'il avait suffisamment d'argent pour regagner sa province et il lui tendit un billet de cent francs. Le Pouvoir le fit savoir. Le coup porta et Marcelin Albert discrédité aux yeux de ses amis devint la cible de leur fureur et de leur ingratitude. Bien sûr, tout le monde suivait les événements du Midi avec tristesse ; chez nous en particulier car la branche lorraine de notre famille portait le nom d'Albert. Nul lien de parenté mais de la sympathie pour cet homme qui s'était donné entièrement pour une cause juste. Mon père eut le mot de la fin :

— Les plus mauvais coups sont souvent les meilleurs pour les hommes politiques.

C'est en ces temps que le *Pluviose,* un de nos sous-marins, se perdit corps et biens. La France en deuil exprima sa douleur en fredonnant une complainte douce sur les places et au coin des rues, à la gloire de ses enfants disparus.

Tout bougeait autour de nous. Le visage de nos rues changeait sans pourtant modifier nos habitudes. La voiture de livraisons du Bazar de l'Hôtel de Ville et celle de l'épicier en gros qui ravitaillait nos épiceries du quartier avaient perdu leurs chevaux. A leur place, un moteur sous un capot et un conducteur qui manœuvrait un volant au support planté droit. Mais le facteur continuait à effectuer sa tournée à pied, dans son uniforme bleu foncé à liseré rouge, coiffé de son képi à cocarde, sa boîte aux lettres en sautoir et ouverte sur son ventre. Le poil gris, près de sa retraite, il ne voulait pas se lancer dans les aventures. Son successeur, tout jeune, fit sa tournée à bicyclette. Il circulait sur les trottoirs et pédalait du talon, ce qui lui donnait une silhouette ondulante et déhanchée comme celle des agents cyclistes. Les lettres étaient logées dans un sac en moleskine fixé au guidon. Parfois, le soir, au cours du repas, mes frères nous racontaient des scènes de la rue qui les avaient frappés. Curieux, attentif, j'écoutais, et là, de ma chaise, je voyais changer peu à peu le visage de Paris. Quand j'y allais, avec ma mère, pour des achats, je complétais mes visions d'un soir.

A Paris, au début du siècle, quand on prenait un fiacre, on discutait le prix de la course avec le cocher avant de prendre place. Les amoureux louaient un fiacre pour une heure ou deux et l'homme disait :

— Au pas et à l'heure.

Il tirait les rideaux et les amoureux s'abandonnaient à leurs épanchements. La malicieuse chanson de Xanroff est là pour nous le rappeler. Puis certains fiacres furent munis d'un compteur qui indiquait le prix de la course ; donc plus de marchandages !

Ils étaient signalés par des lanternes bleutées. On les appelait les taximètres. Enfin, apparurent les automobiles de louage qui prirent le nom de taxis. Comme le cocher, le chauffeur était à l'extérieur. A l'intérieur, quatre places : deux sur une banquette rembourrée et deux autres leur faisant face sur des strapontins. Lorsque dans un encombrement se trouvaient des fiacres et des taxis, les quolibets pleuvaient dru ! Si l'échange d'aménités se prolongeait, un sergent de ville, un coupe-chou à poignée de cuivre au côté gauche, intervenait et faisait circuler.

Les voyous et les malfaiteurs étaient armés de couteaux à cran d'arrêt ou de poignards et la baïonnette des sergents de ville paraissait suffisante. Quand ils la dégainaient et la brandissaient, ils ressemblaient à ces guerriers gaulois qui partaient au combat et qu'on représentait dans nos livres d'histoire. Puis les garçons de recette bien repérables dans leur uniforme bleu azur, coiffés d'un bicorne et portant une sacoche à soufflets attachée par une chaînette, devinrent la cible d'une nouvelle race de malfaiteurs qui se servaient de revolvers et qu'illustre la bande à Bonnot. A leur tour les sergents de ville furent dotés de revolvers. Les apaches avaient cédé la place à des bandits.

Paris était éventré. Partout des charrois dans d'immenses tombereaux ou dans des camions automobiles. Le plan du baron Haussmann se poursuivait et des équipes de terrassiers, inlassablement, comme des taupes, creusaient les galeries de nouvelles lignes de métro.

Bientôt, on lèverait les yeux vers le ciel pour regarder autre chose que le soleil, la lune et les étoiles, à la rigueur un cerf-volant ou le ballon sphérique d'une kermesse ou encore les comètes qui devaient annoncer la fin du monde.

Santos-Dumont avait fait le tour de la Tour Eiffel à bord de son petit dirigeable, maintenant de très grands aeronefs évoluaient dans le ciel de l'Ile de France et les aéroplanes qui pendant des années n'avaient fait que de petits bonds s'arrachaient du sol, passaient par-dessus les arbres et les maisons. Une révolution ! Nous connaissions les noms de ces pionniers : les frères Wright en Amérique et chez nous Voisin, Farman, Latham, Blériot. L'émulation était vive entre ces deux derniers. Ils se préparaient à traverser la Manche au-dessus du Pas de Calais. Latham se lança le premier, son appareil en panne tomba à l'eau. Blériot réussit en juillet 1909, ce fut du délire. La grande aventure de l'aviation avait commencé.

1909 était aussi pour moi une année importante. Je venais de faire ma première communion. Il y eut une grande fête. La place des invités était marquée par un oiseau en celluloïd posé sur le bord d'un verre et tenant dans son bec le nom du convive. Au dessert, il y eut des rires, des chansons qui souvent n'avaient rien à voir avec ma première communion. Un de mes frères avait chanté *Plaisir d'amour*.

Mon père lui demanda si cette chanson etait ancienne. Personne ne le sut. Il nous mit sur la voie ·

— Ma mère la chantait, avant elle sa mère et sa grand-mère !

Quelqu'un fit cette remarque :

— Alors elle date d'avant la Révolution.

— Oui, on la chantait sous Louis XVI.

— Maintenant, Edouard, tu vas nous donner le nom de l'auteur puisque tu sais qui a écrit la fable *Le Singe et la Lanterne magique* que tu viens d'apprendre.

— Florian, répondis-je sans hésitation.

Ainsi cette chanson a aujourd'hui deux siècles et on la chante toujours.

Mon frère Georges devait se marier au mois d'août, mon frère Louis l'année suivante. Ils avaient tout pour être heureux. Hélas, pour eux les plaisirs d'amour ne durèrent qu'un court moment.

Tous les jours, je voyais ma grand-mère. Elle venait chez nous prendre en compagnie de ma mère une tasse du fameux moka du Planteur de Caïffa. L'hiver, pas question de rester un long moment chez elle pour converser, il y faisait un froid polaire. Mais, dès que le soleil reprenait de son ardeur, elle ouvrait les volets et la fenêtre de son salon et bien que les arbustes y aient versé un peu d'ombre, on s'y sentait à l'aise au milieu d'une foule d'objets disposés harmonieusement. Pendant des années je suis venu m'asseoir à côté d'elle sur la grande méridienne au tissu rouge capitonné et elle racontait. J'avais l'impression qu'elle lisait dans un livre tant ses souvenirs étaient ordonnés et c'était comme une suite d'images qui défilaient devant mes yeux. Des pages d'histoire illustrées !

On allait fêter ses soixante-quinze ans. Trois quarts de siècle qui me fascinaient. Une longue fraction de temps que j'avais peine à concevoir vivante et que sans elle je n'aurais pu connaître que par les livres.

Ses parents tenaient une grande pâtisserie-confiserie à Mulhouse. Des revers de fortune firent qu'un jour sa mère prit la diligence de Paris avec ses deux filles. Elles habitèrent un petit logement du quartier Saint-Germain-des-Prés. Elle fréquenta une petite école rue de l'Abbaye-au-Bois, elle apprit à lire, à écrire et à bien compter les quatre règles. Dès huit ans, comme sa mère et sa sœur aînée, douze heures par jour elle cousit des chemises, apprit à faire des boutonnières. Quand ses petites mains étaient fatiguées de tirer le fil, elle faisait la lecture à haute voix. De vouloir connaître la suite des histoires, lui vint la passion de lire et elle avait la sensibilité de ce qu'elle lisait. Le dimanche, elle promenait sa poupée de chiffon au Luxembourg ou frappait avec un bâton sur son cerceau pour s'obliger à courir. Parfois, elle montait en amazone sur un cheval de bois du vieux manège qu'un homme faisait tourner en actionnant la manivelle d'un grand volant. Un siècle plus tard, mes enfants qui à cause de la guerre n'avaient pas connu les grandes fêtes foraines y prenaient aussi du plaisir. Quand elle fut grande fille, elle fit les livraisons. En 1848, elle avait treize ans, elle faillit être prise entre le feu des soldats et celui des insurgés. Elle avait vécu trois révolutions, elle en gardait des souvenirs douloureux. Et là elle m'apprit qu'un de ses grands-oncles, député de la Montagne, à la Convention, avait voté la mort du roi. Elle en était affligée. Vers ses dix-huit ans, elle rencontra un jeune maître ciseleur, ils se plurent, ils s'aimèrent, se marièrent et comme dans les contes, eurent beaucoup d'enfants. Mon grand-père Joseph travaillait à la Manufacture de Sèvres. Ainsi ma grand-mère entra dans un milieu de décorateurs et de peintres en renom et s'y trouva fort bien. Détail amusant, mon grand-père, le dimanche, comme tous les artisans, portait avec fierté une blouse blanche. Dans son salon, partout sur les meubles et la cheminée de belles et fines ciselures, ses créations et aussi de beaux meubles en acajou. Au-dessus de la méridienne, le portrait d'une femme très belle à l'opulente chevelure noire.

Comme je la regardais souvent, sans poser de questions, ma grand-mère combla ma curiosité en m'en contant l'histoire.

— C'est le portrait de Laure, la cousine de ton grand-père et la marraine de ta mère. Nous l'appelions la cousine d'Auteuil. Je crois qu'une fée assistait à sa naissance. Son père était maître jardinier dans un château de l'Ile de France et sa mère, sorte d'intendante, dirigeait le personnel féminin. Quand Laure fut en âge de s'instruire, ils la placèrent dans une bonne pension où son esprit curieux ne demandait qu'à s'enrichir. Elle y apprit aussi les belles manières. Belle, intelligente, instruite, elle fut remarquée par un baron d'Empire qui l'épousa.

Elle eut ses entrées au Château — les Tuileries — et devint la lectrice de la reine Marie-Amélie, épouse de Louis-Philippe.

Grâce à ce que sa cousine lui avait raconté et que ma grand-mère m'avait rapporté, mettant mes pas dans ceux de la belle cousine Laure, je me promenais dans le palais des Tuileries et j'allais à la découverte de moments de l'histoire de France, oubliant pour un temps qu'avec toutes ses richesses il avait été anéanti par un incendie en 1871. Mes grands-parents et ma mère qui habitaient boulevard Saint-Germain avaient vu monter au-dessus des toits de hautes flammes et partir en fumée des témoignages précieux d'un long passé de notre Histoire. Elle n'oublia jamais sa famille et elle coucha sur son testament neveux, nièces, cousins, cousines. Les beaux meubles en acajou du salon de ma grand-mère provenaient de chez elle. Un jour comme nous parlions de la cousine d'Auteuil, ma grand-mère fit cette remarque :

— Ta grand-mère Hortense, la mère de ton père, était aussi belle en blonde que la cousine Laure en brune.

Entre nous, nous l'appelions la « Belle Franc-Comtoise ».

A l'automne, quand les deux marronniers de son jardin avaient perdu leurs feuilles, grand-mère fermait les volets et la fenêtre de son salon comme on referme un livre aimé. Et moi, pendant tout l'été, j'avais glané comme des épis les souvenirs que la mémoire de ma grand-mère avait moissonnés.

Cela se passait au tout début du siècle, au 12 de ma rue Gustave.

CHAPITRE XIII

En cette fin d'automne 1909, il ne cessait de pleuvoir sur tout le bassin parisien. La terre gorgée d'eau la refusait. Nos rues étaient transformées en lacs et en rivières. Nous chaussions nos rudes sabots de hêtre pour aller couper une salade ou cueillir des choux de Bruxelles. Nous ne pouvions plus jouer au ballon avec M. Gobin, instituteur à La Varenne, tant le terrain était boueux. L'eau était au ras des berges de la Marne. La drague qui au bout de notre rue creusait, depuis quelque temps, le lit de la rivière avait disparu. Les pluies continuaient, la Marne passa par-dessus les digues. Pour l'instant nous étions loin, à environ un kilomètre.

Mais chaque jour, grand-mère lisait dans *Le Petit Journal :* La Marne monte à Chalifert, la Seine monte au pont d'Austerlitz, le grand et le petit Morin gonflent les eaux de la Marne, le petit Morin est le plus dangereux. La nappe d'eau s'étendait de plus en plus et rapidement.

Notre père aussi nous apportait des nouvelles : la gare de Lyon a les pieds dans l'eau, on se promène en barque rue Traversière, rue du Bac... Le zouave du pont de l'Alma en a plein sa chéchia, on parle de faire sauter le pont car il est une entrave à l'écoulement des eaux. Si on devait arriver à cette extrémité, les Parisiens auraient un coup de sang car pour eux, le Zouave est un fétiche populaire. Le vieux pont de la Tournelle, un vestige du Vieux Paris, fut condamné. Notre école fut fermée et occupée par une compagnie de pontonniers. Ils ravitaillaient des gens qui s'obstinaient à rester chez eux ou sauvaient ceux que le péril affolait.

Ils s'aidaient de longues perches pour conduire leurs barques. La nuit, ils faisaient des rondes pour surprendre les pillards. A chaque rue qui débouchait sur la Marne, au bord du flot, une sentinelle en armes, montait la garde. Les préaux de nos écoles servaient de chambrées. Un officier et ses secrétaires occupaient le bureau du directeur. Il y avait un va-et-vient d'hommes, de chevaux, de voitures, des sonneries de trompette... Devant la porte, un attroupement en permanence : des enfants, des passants qui curieux s'arrêtaient un moment. Les équipements semblaient neufs tant ils étaient bien entretenus. On pouvait surprendre des réflexions de ce genre :

— Au moins, on sait à quoi servent nos impôts.

— Nous n'avons plus rien à craindre des Pruscos.

— Nous avons une armée bien équipée et puis nous avons le fameux 75 à tir rapide...

Il faut en convenir, ces réflexions nous éloignaient des inondations. Et cependant l'eau atteignait maintenant la boutique de notre boulangère. Comme par miracle, elle n'alla pas plus loin. Nous ne manquâmes jamais de pain, les fournées se succédèrent comme à l'accoutumée. La Marne était sortie de son lit sur une distance d'au moins huit cents mètres. Le niveau de l'eau avait monté dangereusement dans les puits. Ma mère la faisait bouillir et pour l'aérer, elle la battait avec le fouet qui servait d'ordinaire à faire monter le blanc des œufs en neige.

Une embellie de quelques jours : la décrue s'amorça et s'accéléra. Les sinistrés mesurèrent les dégâts, nettoyèrent leur maison et la réparèrent, ce qui les prit jusqu'à l'été. Personne ne reçut d'indemnisation. Pour nous faire oublier ces mauvais jours, nous donner courage et espoir, un coq chanta : on venait de créer à la Porte Saint-Martin *Chantecler* d'Edmond Rostand. Les acteurs étaient revêtus de costumes peu confortables où entraient du carton pâte et des plumes de toutes les couleurs.

En dépit d'une brillante distribution :

Lucien GUITRY : Chantecler
Jean COQUELIN : Patou
Mme SIMONE : La Faisane...

et de belles tirades éclatantes, cette pièce ne recueillit pas tous les suffrages. Certains même disaient que les costumes faisaient penser aux fables de La Fontaine ou aux dessins de Benjamin Rabier. C'était certainement exagéré, mais il faut reconnaître que *Chantecler* n'atteignit pas le succès éclatant de *l'Aiglon* qui avait éclairé la première année du siècle. En ces temps-là quand on parlait théâtre le nom d'Antoine revenait souvent et les femmes se mouraient pour Mounet-Sully.

A la fin du mois de Marie, la comète de Halley nous rendit visite. On voyait, certains soirs, sa longue queue scintillante au bas du ciel. Des gens apeurés disaient que si elle touchait la Terre, ce serait la fin du Monde. Nous en avions parlé à notre maître qui nous avait rassurés. Elle disparaîtra et reviendra vous voir dans soixante-seize ans.

En ces vacances, j'eus une nouvelle belle-sœur, Alice, qui était musicienne. A leur noce l'on dansa toute la nuit. Je m'amusais bien mais pas autant qu'à celle de mon frère Georges. Denise, sa femme, était d'origine berrichonne. Oncles, tantes, cousins, cousines étaient venus de leur province. L'un d'eux avait une vielle, tout le monde dansa la bourrée, fit des pas redoublés en poussant des cris de joie. Ma cavalière, Marie-Louise, portait une robe rose, ses joues rouges luisaient comme si on les avait astiquées. Tous deux nous avions dansé, sautillé. Je ne savais que lui dire et, comme elle était ma cavalière, elle ne me quittait pas la main. Elle aurait été mieux en compagnie d'un garçon de son village. A la ville, les garçons se tenaient d'un côté, les filles de l'autre, ce qui ne facilitait pas les échanges. Ah ! si j'avais eu une sœur !

C'est en ces vacances que je découvris la bibliothèque de mon père. Je restais surtout chez nous, la fenêtre ouverte ; dès mon lever je respirais la nature et je lisais beaucoup. J'aime tous les livres, cependant je préfère ceux que l'on tient facilement dans la main, ils s'incorporent à vous comme des amis. Le texte d'une page avec toute l'attention qu'on y porte se lit rapidement et vous conduit à la page suivante où l'on croit toujours trouver une situation attendue et souhaitée. De ma mémoire émergent : *les Lettres persanes*, le premier tome de *Faublas* dans sa reliure bleue qui plus tard, lorsque j'eus lu tout l'ouvrage, me rappela les aventures galantes et autres du *Chevalier d'Eon*, les *Scènes de la vie privée* de Balzac : *les Fiancés, le Bal de Sceaux, la Maison du chat-qui-pelote...* Il y avait aussi *les Caquets de l'accouchée* de Brantôme que je feuilletais avec curiosité car c'était écrit en vieux français. Je remarquais que notre *i* final était alors représenté par *y*, ainsi : un amy, un mary, le roy, ouy, vray, jolly...

Je relevais amusé quelques expressions : aller à la moutarde = faire des plaisanteries ; plumer la fauvette = dépouiller quelqu'un ; ferrer la mule = faire payer plus cher le prix d'un objet... Je découvris aussi d'autres livres tout à fait pour mon âge tels que *Les contes des mille et une nuits, Robinson Crusoé...* Comme je furetais partout, sous la longue table de travail de ma mère m'apparurent plusieurs piles de livres un peu fatigués jugés peu dignes de figurer parmi les ouvrages aux belles reliures qui s'alignaient sur les étagères de la bibliothèque. C'est ainsi que je tombai sur les *Chroniques de l'Œil de bœuf*. Ce titre étrange demandait une explication ; mon dictionnaire me la donna. L'Œil de bœuf est une vaste salle du Palais de Versailles éclairée seulement d'un œil-de-bœuf et qui précédait la chambre à coucher du roi. Elle servait de salon où les courtisans attendaient le roi. Là se nouaient les intrigues et se rapportaient les potins de la Cour.

Les gravures guidaient mes lectures. Je connus le rôle de Broussel dans le déclenchement de la Fronde. Je rencontrai le cardinal de Rohan et la comtesse de La Motte compromis dans l'Affaire du collier de la reine Marie-Antoinette. Je sus aussi que dans les galeries du château de Versailles s'installaient chaque jour de petits marchands et qu'il était facile d'approcher le roi, si facile qu'un nommé Damien tenta de le tuer d'un coup de poignard.

Notre roi Louis XV était-il sous l'influence de la loi des séries ? Il avait eu une favorite, Madame de Châteauroux, qui avait succédé à ses deux sœurs. L'histoire qui retint le plus mon attention fut celle du Parc aux Cerfs. Madame de Pompadour, la grande favorite, sentant s'émousser ses ardeurs amoureuses, imagina cette institution pour ne pas perdre les faveurs du roi. Un certain Lebel parcourait les provinces à la recherche de jeunes filles très belles et les amenait à Versailles ou dans une résidence discrète. On faisait leur éducation, on leur prodiguait des soins de beauté raffinés pour plaire à un haut personnage. Elles devaient ignorer que c'était le roi. Lorsque le souverain avait fait son choix, l'aventure durait un mois, deux mois... mais ne devait pas se prolonger. Il ne fallait pas que le roi s'y attachât. La jeune femme quittait le Parc aux Cerfs dotée et mariée. Comme les rois orientaux, Louis XV avait un harem.

Jamais on ne m'a retiré un livre des mains en me disant : ce livre n'est pas pour toi. Je jouissais de la plus grande liberté de mes choix. Tous les livres de la bibliothèque étaient là pour être lus, mais ce qui m'intriguait c'est que je ne voyais jamais mon père lire. J'eus la réponse à ma question quand j'entrai au collège. Je déjeunais alors avec mon père dans son bureau. J'avais avisé dans un casier un livre protégé par un épais papier bleu semblable à celui dont ma mère couvrait mes livres et mes cahiers d'écolier. Je le pris et le feuilletai.

Mon père me dit :

— Après déjeuner, il me reste une demi-heure, je lis un peu.

Sur une étagère de notre bibliothèque une cinquantaine de petits livres du XVIIe et XVIIIe siècles du format d'un bréviaire et reliés en cuir fauve. Sur quelques-uns des mentions manuscrites : « ce livre appartient à Hortense Durget », « ce livre appartient à Bled Honoré ». Ce sont mes grands-parents paternels qui disaient : « un livre est une richesse ». Pour certains, la mention est plus précise : « donné à Bled Honoré par Madame la duchesse de Duras en l'année 1820 ».

Je savais peu de choses de ce grand-père que je n'avais pas connu. J'étais de sa lignée, je voulus tout savoir. L'esprit de famille était vif au début du siècle.

Mon arrière-grand-père après avoir été maître-tisserand s'était fait porteur d'eau et ravitaillait chaque jour l'hôtel de la duchesse de Duras. Elle se préoccupa de l'éducation de mon grand-père Honoré et l'envoya à l'école des Arts et Métiers de Châlons pour apprendre le métier de ciseleur. Il y resta sept ans. Il rimait avec aisance, écrivait des poèmes à l'intention de la duchesse et même lui en récita un en son salon en présence de Chateaubriand. J'ai toujours son dictionnaire de rimes, il m'a servi pour mes premiers essais de poésie. Juché sur les épaules de son père, il avait vu, dans la cour des Tuileries, Napoléon passer en revue les vieux grognards de sa garde avant leur départ pour la campagne de Russie. Républicain, pendant les journées de 1830, il s'était trouvé parmi les insurgés.

Comme il aurait été heureux d'entendre mon frère Georges déclamer des tirades d'*Hernani,* lui qui avait assisté à une des premières représentations en 1830 ! Il avait eu le privilège d'admirer Mademoiselle Mars dans le rôle de Doña Sol. Elle fut surnommée « l'Inimitable » pour la perfection de son jeu et « le Diamant » pour sa grâce et sa beauté. J'ai longtemps cherché le nom de l'acteur qui tenait le rôle d'Hernani, il s'appelait Joanni. On l'a oublié. Je me rappelle la réflexion de notre professeur de lettres au collège :

— On se souvient des grandes comédiennes et rarement des comédiens.

Et il nous citait :

Armande Béjart, la Champmeslée, Adrienne Lecouvreur, Mademoiselle Clairon, Mademoiselle George, la Malibran.

Mais il nous avait fait remarquer une exception : Talma. Il avait ajouté :

— Peut-être qu'en plus de leur talent, elles avaient la beauté et que leur vie avait traversé celle d'hommes célèbres.

Chez nous, deux noms revenaient souvent : Hortense Schneider et Eve Lavallière.

Ce grand-père était un joueur de trompe émérite, un virtuose et il aimait partir avec sa famille et ses amis, également de grands sonneurs. Ils s'appelaient et se répondaient dans les bois et le long des routes. Il compta parmi les maîtres ciseleurs-modeleurs les plus réputés de son époque.

Mais pourquoi ai-je été entraîné à parler de ce grand-père que je n'ai pas connu ? C'est qu'il était si souvent dans nos conversations qu'il se tenait à tous moments parmi nous et que, lorsque je feuilletais les archives qu'il nous a laissées, je m'attendais à rencontrer ses mains. Il avait vécu les premières années du XIXe siècle et moi, les premières années du XXe. En ce survol d'un siècle, infime parcelle de temps devant l'Univers, que de surprenantes et fructueuses comparaisons !

Au XIXe siècle, la main habile, la main minutieuse, la main pensive de l'homme était créatrice de tout. Et dans mon enfance, la machine commençait à dépersonnaliser le travail de l'homme ; maintenant la machine envahit tout et remplace l'homme.

On se servait aussi beaucoup de ses jambes pour parcourir des distances parfois fort longues. Mon grand-père, quand il venait de Châlons à Paris, s'il n'avait pas assez d'argent pour monter dans la voiture d'un roulier, faisait la route à pied. Aujourd'hui, pour aller acheter une baguette de pain, on saute dans sa voiture !

Parmi les archives de mon grand-père, j'ai retrouvé le contrat de mariage de ses parents qui, nés sous Louis XVI, ont convolé sous le Consulat :

« ... A savoir qu'il a été par la mère de ladite fille, donné un lit composé d'une couette, traversin, deux oreillers, rideaux de toile chinée, avec une courtepointe de siamoise, une douzaine de draps de deux lés, dix taies d'oreillers, huit serviettes, une armoire de bois de chêne avec ses deux panneaux fermant à clef, un habit de noces, avec ses hardes et linge servant à son usage et avec une pelisse, lesquels meubles estimés à la somme de cent quatre-vingt-dix-neuf francs.

Le père du futur fait avantage à son fils d'une maison sans payer aucune rente, une couche, une paillasse, une crémaillère, une marmite, une pelle à feu, des pinces, une paire de landiers, une table, une demi-douzaine de chaises lesquels meubles estimés à la somme de cent quatre-vingt-dix francs... »

Quand mes frères se sont mariés en 1909 et 1910, ils ont apporté une salle à manger Henri II en noyer, un service de table en porcelaine, un service de verres, un service à café, une ménagère, deux nappes et leurs serviettes assorties d'une valeur approchant neuf cents à mille francs.

La future apportait la chambre à coucher Louis XV, six paires de draps, six taies d'oreillers, les couvertures, deux douzaines de serviettes de toilette et le linge pour la cuisine, le tout d'une valeur de neuf cents à mille francs. La tradition s'était conservée mais la valeur des choses était différente. L'armoire de mon arrière-grand-mère est arrivée jusqu'à moi. Je ne m'attarderai pas à dépouiller toutes les archives jaunies et souvent en fort mauvais état. Certaines ont près de trois cents ans. Je leur porte beaucoup de respect. On y parle des miens, de vieux amis. J'en tirerai trois documents car ils sont d'un intérêt général. Mon arrière-grand-père, après avoir combattu dans les armées de Napoléon et gagné la croix de chevalier à vingt ans était rentré dans ses foyers. A Paris, il avait fait la connaissance d'une jeune fille que son bonnet à poil et sa croix avaient peut-être séduite. Ils s'étaient promis ; le mariage fut décidé.

Mon arrière-grand-père quitta sa Franche-Comté et s'installa à Paris. Il devait se présenter à la Préfecture de police pour se faire délivrer un passeport intérieur qu'il ferait viser à date fixe au commissariat de son quartier. J'ai aussi le passeport intérieur d'un autre parent qui venait de Cholet. Ainsi, sous Louis XVIII et Charles X, tous les Français devaient être munis d'un passeport intérieur. Notre famille avait une antenne cévenole et l'une des pièces les plus émouvantes est sans doute une complainte écrite par des camisards au temps des Dragonnades. Mon grand-père lisait beaucoup de journaux. J'ai *Le Voleur* du 25 août 1835. « Gazette des journaux français et étrangers. » Ce journal paraissait tous les cinq jours et coûtait cinq francs pour six numéros. Deux numéros par mois étaient accompagnés de gravures de mode.

J'ai aussi *Le Cabinet de Lectures* où l'on peut lire un article sur Cros-de-Cagnes et également un extrait des *Mémoires* de la duchesse d'Abrantes : « Necker et Mme de Staël ». Ces journaux étaient plus littéraires que politiques. On se groupait pour acheter un journal car le prix en était élevé, alors que notre *Petit Journal* que nous lisions chaque jour coûtait un sou et son supplément illustré deux sous. Ce qui était de l'actualité est devenu maintenant de l'Histoire que les chercheurs aiment à faire parler.

J'ai souvent consulté ces archives, elles ont mis en moi le respect du passé et le goût pour l'Histoire.

CHAPITRE XIV

En 1911, nous eûmes un magnifique et long été, mais la chaleur était accablante. Pas le moindre petit flocon blanc, pas la moindre petite plume de tourterelle pour apaiser l'ardeur du soleil. Le ciel restait immuablement bleu, aveuglant. La végétation souffrait et l'eau baissait dangereusement dans les puits. Cependant, le soir, pendant un temps très court les poulies grinçaient. Chacun donnait un arrosage mesuré. La Marne était presque à sec et réduite à un mince filet d'eau. Dans de petites mares où le poisson s'était réfugié, des enfants avec leurs épuisettes faisaient des pêches miraculeuses. Le lit de la rivière était jonché d'objets hétéroclites. Un collectionneur y aurait trouvé son compte. Cet été 1911 était aussi chaud politiquement. Les Allemands que l'on commençait à surnommer « Allémoches, billes de bois, billes de boches » ou simplement « Boches », avaient des exigences pressantes. Ils voulaient obtenir des avantages commerciaux au Maroc, où nos intérêts dominaient et une partie importante de notre possession du Congo. Pour peser sur les négociations, la cannonière allemande la *Panthère* vint jeter l'ancre devant Agadir. Chaque Français savait depuis 1870 qu'il y aurait un jour à se mesurer aux Allemands et lisait la presse avec attention. Joseph Caillaux penchait pour la négociation. Les choses s'arrangèrent, les Allemands obtinrent à peu près l'essentiel de ce qu'ils demandaient : des avantages commerciaux au Maroc où notre position prépondérante enfin reconnue débouchera sur notre protectorat, deux langues de terre pour que leur Cameroun ait un débouché sur le fleuve Congo. Ma mère tremblait, cinq de ses fils étaient en âge de partir. Guillaume II qui s'était fait le chef de la Croisade contre le Péril jaune, cessait par instants de regarder à l'Est pour observer à l'Ouest, espérant plumer le coq gaulois qui, fier sur ses ergots, n'entendait pas se laisser faire. Et pour bien le prouver, Fragson composait et lançait sa chanson « Le gamin de Paris » :

Le Titi débrouillard devient mécano d'aviation
Si nous sommes vainqueurs ce sera grâce à lui !

Cependant nous menions notre vie habituelle. L'après-midi nous nous tenions sur le banc, à l'ombre de deux grands marronniers. Je feuilletais le Petit Larousse, mon prix de certificat d'études, tandis que maman avait deux ou trois livres sur les genoux. Elle avait en main *Sous les tilleuls* d'Alphonse Karr qui était pour elle comme un bréviaire. Elle l'ouvrait de temps à autre pour retrouver un passage qui l'avait émue et répondait aux mouvements de son cœur.

Le dimanche, nous déjeunions dans la salle verte ombragée de ses beaux marronniers. Un jour, maman proposa d'y prendre le dîner, car l'air était étouffant dans la maison. Nous commençâmes le repas à la demi-clarté du jour finissant mais quand mon père alluma la lampe-tempête au-dessus de la table, des papillons aux ailes épaisses et duveteuses, des insectes de nuit dont nous ignorions l'existence comme propulsés par une force irrésistible vinrent buter contre la lampe, ils y restaient collés un court instant puis tombaient tout cuits dans nos assiettes. Tous les papillons, tous les insectes de la création semblaient s'être donné rendez-vous au-dessus de nos têtes. On riait, c'était cocasse, mais de fait peu agréable. On se protégeait d'un bras relevé comme les enfants qui veulent esquiver une chiquenaude. Le dimanche suivant, mon père avait trouvé la parade, il avait installé deux lanternes éloignées de la table. On dîna sereinement tout en observant la ronde mortelle des insectes.

L'automne vint. Le jardin tint toutes ses promesses. Je fis ma dernière rentrée à l'école primaire.

La guerre s'éloignait pour nous, mais elle allait s'allumer dans quelques mois dans les Balkans. La Grèce, la Serbie, la Bulgarie s'alliaient pour rejeter la Turquie en Asie et se partager la Turquie d'Europe qui était importante puisqu'elle s'étendait jusqu'à l'Adriatique. Ceux qui possèdent de vieilles géographies du début du siècle peuvent s'en rendre compte. Le printemps 1912 fut assombri par la plus grande catastrophe maritime de tous les temps. Le *Titanic*, le plus beau paquebot du monde, aux dimensions et à la sécurité jamais atteintes, au luxe le plus raffiné, sombra au cours de son premier voyage en plein Atlantique. Il avait pris la route du Nord — la plus courte — pour battre le record de la traversée. Mais la banquise s'était disloquée et des icebergs partirent à la dérive. L'un d'eux, une nuit, éventra le *Titanic* au-dessous de la ligne de flottaison et le beau navire, réputé insubmersible, coula en peu de temps. L'orchestre jouait le cantique :

Plus près de toi, mon Dieu...

tandis que le navire s'enfonçait dans les flots. Il y eut près de quinze cents victimes.

Depuis l'exploit de Blériot, l'aviation avait fait des progrès prodigieux. Certains annonçaient que dans un avenir prochain les géants du ciel remplaceraient les géants des mers. Nous en parlions entre nous dans le sillage des prophéties de Jules Verne. Nous en parlions en classe et notre maître disait :

— Vous le verrez un jour, il y aura des lignes aériennes, comme il y a des lignes maritimes, chaque capitale aura sa gare aérienne.

Nous étions attentifs à toutes ces choses qui exaltaient nos imaginations.

Maintenant je quitte l'école primaire. Le directeur me dit :

— Tu es resté trois ans au cours supérieur, à la même place, tu as trempé ta plume dans le même encrier, emporte-le, ce sera un souvenir de ta jeunesse et de ton école.

Je l'ai pris et l'ai lavé à la fontaine et je l'ai gardé dans mes mains comme on garderait un oiseau tombé du nid, pour le réchauffer. Je l'ai toujours ce cher encrier de porcelaine d'où sont sorties tant de connaissances utiles, d'où se sont évadés tant de rêves. Il me rappelle mes maîtres, des enfants en sarrau noir, une ambiance, un enseignement, des principes, un certain temps perdu vers lequel on se tourne parfois avec nostalgie.

Dernière distribution des prix. Je suis nommé trois fois, le maire me remet trois beaux volumes en me serrant la main. A sa droite, une jeune femme blonde me ceint le front d'une couronne de lauriers dorés et m'embrasse. Je suis aux anges. Le soir grande fête à la maison avec les oncles et les tantes et leurs enfants. Nous sommes une vingtaine autour de la table. Mon père qui n'a jamais eu la prétention d'être un orateur dit simplement :

— Nous fêtons Edouard et aussi l'Ecole qui instruit et éduque nos enfants.

Les distributions des prix de ce temps étaient des fêtes républicaines.

Mon père, au dîner, chante *Frou-Frou,* ma mère fredonne avec l'un de mes frères *la Chanson des blés d'or.* Puis viennent *Toute la vie* de Bérard, *Souvenir tendre* de Fragson, *l'Etoile d'amour* de Paul Delmet qui depuis 1900 était sur toutes les lèvres et faisait chavirer tous les cœurs. Quelqu'un dit :

— Edouard tu nous en pousses une petite !

Je ne me fais pas prier. A la surprise de tous, sauf à celle de ma mère qui m'entendait m'exercer, je me lançai dans les vocalises haut perchées d'une tyrolienne, *Minuit sonnait à Saint-Gilles...,* que j'entendais au gramophone.

Je reçus des applaudissements nourris. Un des convives un peu gai et qui a vu jouer *la Vie parisienne* chantonne avec gestes à l'appui :

On s'en est fourré jusque-là !
On s'en est fourré jusque-là !

On se sépare au petit matin après que mon frère Georges eut chanté :

— Femmes que vous êtes jolies !...

— Ninon qu'il est doux de valser avec vous...

Les chansons d'amour sont le plus beau langage du monde. C'est une aube fraîche caressant toute chose de son innocence, des chevelures brunes, des chevelures blondes, où le vent se joue, des yeux de nuit vibrant d'étoiles, des yeux de saphir pailletés d'étoiles, une brise du soir chargée des arômes capiteux des jardins, deux êtres enlacés perdus dans les caprices d'un étroit sentier, les sourires d'une mère, les sourires d'un enfant... Les chansons d'amour, c'est la vie telle que l'on voudrait qu'elle fût.

Au mois d'octobre, j'entrerai au collège Arago à Paris. On m'a déjà acheté la casquette ornée d'une ancre de marine et d'un galon doré. Je fais des effets devant la glace. Je suis fier de ma casquette. Je n'aurai aucun camarade de ma classe comme compagnon au collège. Je suis le seul à plus d'un kilomètre à la ronde à poursuivre les études. Pourtant, dans le quartier, les enfants capables ne manquent pas, mais en ce temps dans le peuple, le but à atteindre était le certificat d'études qui vous armait de connaissances utiles pour toute votre vie, puis vous entriez en apprentissage.

Je me trouvais être un privilégié.

Qui pouvait prévoir que l'un des convives de cette belle réunion de famille nous quitterait deux mois plus tard, en pleine jeunesse ? Mes deux frères aînés et leurs épouses étaient allés passer une journée au bord de la mer. Ils étaient partis par un « train de plaisir » de grand matin. Le « train de plaisir » toujours complet quittait Paris chaque dimanche, pendant la belle saison, à un tarif très bas. Il était ainsi appelé parce que ses voyageurs étaient joyeux de s'évader alors que pour eux, en général, les vacances n'existaient pas. Ils commirent l'imprudence de manger des moules que la mer avait rejetées sur le rivage. Mon frère Louis, intoxiqué, mourut en peu de temps emporté par la fièvre typhoïde. C'était une maladie qui ne pardonnait pas à cette époque. Louis, vingt-sept ans, fière allure, les traits fins, les yeux francs, la moustache blonde, l'esprit enjoué, le cœur généreux, orfèvre de grand talent...

Notre douleur fut immense, ma mère la ressentit le plus profondément dans sa chair. Son visage perdit son éclat, ses yeux devinrent fiévreux et elle se mit à maigrir. Le docteur déclara qu'elle avait du diabète. Contre cette redoutable maladie, on ne pouvait pas grand-chose au début du siècle, mais, courageuse, elle continuait à tenir parfaitement sa maison. J'étais entré au collège, je partais tôt, je rentrais tard, elle restait seule dans la journée, face à ses pensées sombres.

Le 1er janvier 1913 fut bien triste chez nous.

Moi, j'étais entré dans un autre univers. Je prenais le train tous les jours, j'écoutais les conversations :

— Tiens, un nouvel emprunt russe, c'est pour leurs chemins de fer. Le taux est intéressant.

— Ils vont peut-être doubler le transsibérien.

— C'est plutôt pour construire des lignes stratégiques vers l'Allemagne et l'Autriche.

— Avec les autres emprunts, ils nous devront beaucoup d'argent.

— Ce sont nos alliés, il faut bien les aider.

Dans le train, j'entendais dire aussi :

— Les Allemands augmentent leurs effectifs, nous allons rétablir la loi de trois ans et l'incorporation se fera à vingt ans.

Le train était autre chose que ces conversations qui comme des mouches bourdonnaient à mes oreilles et gênaient la lecture laborieuse des *Caractères* de La Bruyère que, vaniteux collégien, j'ouvrais ostensiblement sur ma serviette posée sur mes genoux. Il m'arrivait d'être auprès d'une jeune femme, nous nous trouvions pressés, serrés l'un contre l'autre et je sentais la chaleur d'une jambe, la courbe d'un corps. J'éprouvais une sensation indéfinissable, mystérieuse qui m'envahissait. Je devenais de plus en plus éloigné de moi-même. Entré dans ma quinzième année, je voyais s'ouvrir devant moi l'adolescence avec ses curiosités, ses éveils et aussi des périls.

Confusément, discrètement, à côté du grand amour que je portais à ma mère, je pressentais que viendrait se placer un autre amour qui ne le contrarierait pas.

CHAPITRE XV

Dans mon enfance, notre petit monde était partagé en deux clans : celui des filles, celui des garçons et cette manière d'être se prolongeait assez loin dans l'adolescence.

Les filles sautaient à la corde, s'occupaient de leurs poupées, les déshabillaient, les rhabillaient, les pomponnaient, leur donnaient mille soins.

Nos jeux étaient plus virils. Il ne nous serait pas venu à l'idée de leur demander de jouer avec nous à la balle au chasseur et au quinet ou de leur prêter nos lance-pierres pour gauler les amandes haut perchées dans l'immense amandier du père Breuzin ou chasser les moineaux qui s'abattaient sur la chaussée dès qu'un cheval était passé.

Pourtant, comme nous, elles jouaient à la marelle, au diabolo et nous aurions pu nous rencontrer. Non, chacun restait dans son camp et nous demeurions les maîtres de la rue. Elles restaient le plus souvent dans leur jardin ou devant la porte de leur maison mais leur mère les surveillait et l'on entendait :

— Antoinette, j'ai besoin de toi pour plier les draps.

— Marie, viens garder ta petite sœur.

— Marguerite, tu as tes devoirs à finir,

alors que les garçons vivaient dans une plus grande liberté. Cette surveillance des mères ne se relâchait pas avec les années, car elles redoutaient les conséquences fâcheuses de l'assiduité d'un garçon auprès de leur fille, elles ne voulaient pas qu'elles fussent accablées du surnom de « coureuses ».

Comme je n'avais pas de sœur, j'ignorais tout des filles.

Vers mes six ans, pourtant, en vacances chez ma tante Sidonie, je rencontrai une petite fille, de mon âge, toute blonde, aux beaux yeux bleus. Je jouais avec elle et je l'aimais bien. Une maladie subite l'emporta. J'en ressentis un grand chagrin qui resta longtemps en moi. Plus tard, l'épouse d'un officier de nos amis venait nous voir avec Georgette, sa fillette de huit ans, j'en avais neuf. Je courais avec elle dans le jardin, mais lorsqu'elle prenait sa poupée, je la laissais et allais m'asseoir près des femmes qui bavardaient. Georgette avait le visage rond comme le mien, des joues roses bien marquées, en forme de petites pommes luisantes, des cheveux foncés, nattés et noués d'un ruban jaune dont les coques ressemblaient aux ailes d'un grand papillon.

Elle avait des yeux sombres qui ne riaient pas beaucoup et cependant elle était très gentille. Elle ne m'attirait guère mais j'exigeais qu'elle fût à côté de moi à table, ne voulant pas qu'elle fût près de mon frère Jacques. Nous ne nous disions rien. C'est bien connu, les enfants ne parlaient pas à table. Elle vint trois ou quatre fois à la maison, puis son père ayant changé de garnison, je ne la revis plus. Je dois l'avouer, je me sentais mieux près de ma mère que je trouvais belle.

Dans une rue avoisinante, habitait Adrienne. Nos résultats scolaires étient similaires. Quand nos mères se rencontraient, nous dans leurs jupes, elles se disaient quelques mots, et nous ne nous regardions pas.

Elle avait un physique très agréable : des cheveux noirs frisés et des yeux bleus. Mes copains me taquinaient et me disaient :

— Adrienne, c'est ta « môme » !

et moi quand je la voyais, je changeais de trottoir.

J'avais treize ans quand j'entrai au collège Arago, mes camarades parisiens m'apprirent bien des choses par leur propos et leurs attitudes. Je m'étais lié avec Barbitras qui avait un esprit à mille facettes. Il savait vous retenir par ses facéties ou son sérieux, ses réflexions déroutaient toujours un peu. Son nom était tout un programme.

Un jour que nous nous rendions au cours de musique de monsieur Bouillon, petit homme rond à la barbe carrée et aux pieds menus chaussés de bottines fines en chevreau glacé, mon ami Barbitras arriva en coup de vent, juste au moment où le factotum fermait la porte sur la rue. Il me dit tout bas :

— Tu parles d'une histoire. Ma grande sœur n'était pas à prendre avec des pincettes. C'est tous les mois la même chose.

Mon visage restait inexpressif.

— Ce que tu peux être cruche, tu ne comprends pas ?

— Non, pas du tout.

Monsieur Bouillon se tournait vers nous, la baguette levée pour diriger *l'Hymne à la nuit*. Barbitras me souffla .

— Je te dirai tout à la récréation.

Ainsi j'appris que vers leur douzième année, les filles cessaient d'être des enfants. Il me donna tant de détails qu'en guise de conclusion, il précisa :

— Si ta mère n'a pas quarante-cinq ans, tu peux encore avoir un petit frère ou une petite sœur.

Ma mère avait quarante-huit ans et elle m'avait déjà dit depuis longtemps :

— Tu es le dernier, tu as fermé la porte.

Je n'étais pas naïf au point de croire que les garçons naissent dans les choux et les filles dans les roses, mais j'ignorais encore bien des choses. Ces confidences me furent fort utiles, mais ne déclenchèrent en moi aucun trouble, aucune curiosité excessive, elles me rendirent peut-être plus attentif à ce qui se passait autour de moi. Cependant, mes parents restaient pour moi des êtres sacrés.

Depuis pas mal de temps, ma mère me répétait :

— Tu n'es plus un enfant, tu deviens un homme.

Cette évidence aurait dû engager ma réflexion pour savoir si les filles aussi se transformaient pour devenir des femmes et comment. Grâce à Barbitras, je savais.

Non loin d'Arago se situait le collège féminin Elisa Lemonnier. Les plus jeunes élèves portaient des jupes courtes et des chaussettes montantes. Leurs cheveux étaient nattés ou retenus par une barrette. Plus elles grandissaient, plus leurs robes s'allongeaient jusqu'à atteindre les chevilles. Elles étaient alors coiffées d'un petit chapeau qui laissait apparaître de chaque côté du visage un bandeau de cheveux. Tout naturellement des Aragotins leur faisaient un petit pas de conduite. Il y avait parfois des échanges furtifs de billets, mais si un professeur ou une surveillante d'Elisa Lemonnier apparaissaient à l'horizon, chacun rapidement allait de son côté, sinon les collégiennes risquaient une sévère réprimande et même le renvoi, tandis que les garçons étaient assurés de l'impunité.

Cette habitude de séparer les filles des garçons était tenace. Lorsque j'étais à l'Ecole normale, certaines rues fréquentées par les normaliens étaient interdites aux élèves-maîtresses. Cette interdiction existait encore vers les années 30.

Maintenant, je venais d'avoir quatorze ans et j'aurais volontiers suivi une collégienne mais j'étais gauche et timide. Ma préférence me portait vers les grandes à jupes longues. Malgré ma stature et ma carrure elles se seraient moquées de moi quand elles auraient appris que j'étais un bizut, aussi je ne les abordais pas.

Nous sortions progressivement de l'enfance. En nous s'élaboraient des sensations nouvelles, des tentations, s'esquissaient des sentiments. Personne n'échappe à ces modifications qui nous font aborder aux rivages d'un monde inconnu plein d'agréments et aussi plein de périls.

La rencontre des collégiennes d'Elisa Lemonnier marque ma première étape sentimentale dans ma vie d'adolescent. J'en garde un souvenir tendre et je voudrais si j'en avais le talent, pour les remercier de mes premiers émois, écrire une chanson « les Demoiselles d'Elisa Lemonnier » comme Jacques Dutronc a immortalisé « les Filles de chez Citroën ». Mais j'habitais la banlieue et étais obligé de me conformer aux exigences de l'horaire des trains, ce qui limitait le temps possible pour les rencontres. Le soir, je dévalais à fond de train le faubourg Saint-Antoine pour prendre le direct de dix-huit heures trente qui me permettait d'être à la maison vers dix-neuf heures quinze.

Chaque jour, sauf le jeudi, nos cours se terminaient à onze heures et j'allais déjeuner avec mon père à la Manufacture des Tabacs, 319, rue de Charenton où il dirigeait la section des machines. Il y en avait de très nombreuses et de toutes sortes dans cet établissement, où en principe, le travail se faisait à la main. Mon père assurait de plus un autre service qui le mettait en contact quotidien avec toutes les ouvrières. Il les connaissait si bien qu'il les appelait avec une extrême gentillesse par leur prénom. Cette manufacture était pour lui sa seconde famille, moi je regardais les cigarières qui souvent me souriaient. S'il n'y avait pas de Carmen avec un grand peigne finement travaillé planté dans un lourd chignon de cheveux sombres et en robe à falbalas, il y en avait de fort jolies. Je pressais le pas pour les voir passer et je suivais leurs silhouettes agréables et pour moi provocantes. Visions charmantes que le temps n'a pas altérées mais qui pour beaucoup se sont dispersées dans la poussière des décombres de la manufacture en démolition. Ainsi s'est évanoui sans jamais tout à fait se perdre le souvenir de ces cigarières que je regardais passer et qui de leurs mains prestes et fines roulaient *Patriatas, Camelias, Londrès* et *Voltigeurs* que l'on dégustait béatement à la fin d'un bon repas après les avoir pris religieusement dans un précieux coffret en bois des Iles, joliment habillé.

Le dimanche, la maison chantait de haut en bas. Mes frères, la veille, étaient peut-être allés au bal ou bien iraient-ils l'après-midi. Notre gaieté faisait la joie de ma mère.

Nos chansons étaient langoureuses, débordantes d'amour et m'invitaient, m'entraînaient à l'aube de mes quinze ans à entrer dans le jeu.

Je fredonnais souvent :

Fascination
Je t'ai rencontré simplement, tu n'as rien fait pour chercher à me plaire.
Je t'aime pourtant d'un amour ardent.

Et voilà que moi aussi, comme dans la chanson, je la rencontrai au détour d'une rue... Ma grand-mère avait dit un jour à ma mère :

— Nous avons une nouvelle voisine, elle est très jolie,

toujours bien habillée, elle doit travailler je la vois passer aux mêmes heures.

— Je sais, avait répondu ma mère, je ne l'ai jamais vue, mais je sais qu'elle travaille à la poste de la place de la Mairie.

Cette nouvelle m'avait laissé indifférent. C'était compter sans le hasard.

Un jeudi en revenant du collège, au détour d'une rue, je vois, à une trentaine de mètres de moi, une femme élégante dont la jupe virevoltait ; ce mouvement retint mon regard et je pressai le pas. Lorsque je fus à sa hauteur, ma hardiesse tomba et je passai sur le trottoir d'en face, mais je la saluai en soulevant ma casquette de collégien comme il était d'usage lorsque nous rencontrions quelqu'un de notre quartier. Ce salut fut bien reçu, il me fut rendu par un petit geste de la main. Dans notre rue elle tourna à gauche et moi à droite et je vis où elle rentrait. Je fis part de ma rencontre à ma mère qui me dit d'un ton interrogatif :

— Elle est bien ?

Sans effort, je répondis .

— Oui, très bien.

D'une fenêtre donnant vue sur son jardin, je la regardais aller et venir, en peignoir bleu, ses cheveux blonds dénoués, tombant sur les épaules. Elle parlait par instant à deux jeunes enfants : une fillette et un garçonnet. L'esprit troublé, je me demandais comment je pourrais aborder ma jolie voisine, sans doute le jeudi suivant, car ma grand-mère, de sa cuisine, la voyait passer à heure fixe. Mon impatience était aussi grande que le choc émotionnel que j'avais ressenti. Mon train arrivait en gare du Parc quelques minutes avant midi, heure à laquelle elle devait, comme je le supposais, cesser son service. Je la guettai. Je la vis sortir du bureau et je la suivis à distance. Sa jupe virevoltait autour de ses hanches gracieusement rondes. Sa silhouette ondulante me ravissait encore plus que le premier jour où je la vis. Il faisait beau, nous étions au mois de mai, elle portait un chapeau Marie-Antoinette que les belles du second Empire avaient porté elles aussi et que la mode venait de redécouvrir.

Elle s'était engagée dans l'avenue Gambetta puis avait tourné dans la rue Joséphine. Je m'étais rapproché, mes pas se rythmaient sur les siens, elle ne fut pas longue à s'en apercevoir, elle tourna légèrement la tête et me reconnut. Elle me dit :

— Vous ne croyez pas, Edouard, que vous feriez mieux de marcher à côté de moi, nous pourrions faire connaissance.

La voix était claire et légèrement amusée. Je marquai ma surprise qu'elle sût mon prénom.

— On sait toujours ce que l'on veut savoir, dit-elle, et elle souriait comme si elle voulait souligner le bon tour qu'elle venait de jouer. Nous avions un bon bout de chemin à faire avant de nous séparer rue Gustave. Notre conversation fut faite de ses questions et de mes réponses. Je me sentais apaisé mais captif. Elle avait de beaux yeux bleus et une jolie bouche. Elle me parla de mes études et de mes préférences et me demanda si j'avais du goût pour la lecture.

— C'est ma passion, répondis-je.

— C'est la mienne aussi, je lui donne une grande partie de mes moments de liberté. Malheureusement ils sont limités. Ce matin je me suis levée à six heures pour prendre mon service à sept heures, ce soir je retournerai au bureau de dix-neuf heures à vingt et une heures et demain je travaillerai de midi à dix-neuf heures. Ce rythme de travail est toujours le même.

Je me trouvais ainsi renseigné sur les heures où je pourrais la rencontrer en dehors du jeudi.

Après un court instant de silence, elle ajouta : c'est agréable de rencontrer quelqu'un qui a les mêmes goûts que soi. Lorsqu'un passant nous croisait, je m'effaçais un peu et je la frôlais, ce qui m'enchantait. Si nous nous taisions, j'entendais le délicieux frou-frou de sa jupe. Réalité qui venait confirmer l'air à la mode que nous chantions à la maison :

Frou-frou, frou, frou ! par son jupon la femme,
Frou-frou, frou, frou de l'homme trouble l'âme.

Au moment de nous séparer, elle me dit :

— Edouard, j'ai été bien contente de vous rencontrer. Je vous reverrai peut-être jeudi prochain ?

— Certainement, mais vous devriez me tutoyer, cela me ferait grand plaisir. Tout le monde me tutoie dans le quartier.

Je rentrai à la maison, rayonnant de joie. Ma mère s'en aperçut et me dit :

— Tu as l'air bien joyeux !

— Oui, j'ai eu 18 à ma composition française.

C'était vrai, mais ce n'était pas la principale raison de ma gaieté ! L'après-midi, je m'assis près de ma mère sur le banc à l'ombre du grand marronnier. Elle brodait et je m'apprêtais à lire. Elle faisait ses réflexions sur notre vie quotidienne. Pour la première fois, je n'allais rien lui dire des mouvements impétueux qui m'agitaient. Je me rendais compte qu'il existait d'autres sentiments que ceux que l'on porte à un être aussi aimé que sa mère. J'essayais de lire, mais sur la page, je voyais un regard bleu qui souriait et une bouche qui s'animait.

Je me sentais bien, près des femmes qui avaient dix ou quinze ans de plus que moi, peut-être parce qu'elles étaient maternelles.

Je trouvais que le prochain jeudi était fort lointain, j'entrai donc au bureau de poste, le samedi soir. Je la vis au guichet, je lui demandai quelques timbres pour ma collection. Elle me sourit et me dit :

— C'est gentil, Edouard, d'être venu me dire bonsoir, alors à jeudi.

Je rangeai mes timbres dans mon livre de morceaux choisis. Elle l'avait remarqué et, spontanément, ajouta :

— J'aimerais bien feuilleter à nouveau ton livre car j'avais le même quand j'étais au collège.

Je promis de le lui prêter et je la quittai.

Quand je l'attendais ou la rejoignais, mon cœur battait la chamade. A un extrême plaisir se mêlait parfois la crainte de m'entendre dire que mon assiduité devenait trop pressante. Je voulus m'assurer que je ne l'importunais pas. Je laissai passer une semaine en faisant un grand détour pour ne pas la trouver sur mon chemin. Le jeudi suivant elle m'aborda par :

— Ah ! voilà monsieur le lâcheur !

Si le ton de sa réflexion était moqueur, il portait néanmoins un peu de reproche.

Je lui donnai une explication de mon absence : un de mes frères était revenu avec moi par le même train et je ne tenais pas à lui faire connaître mon amitié pour elle.

— Tu as eu raison, quand on a un secret, il faut savoir le garder.

J'étais maintenant convaincu que je ne la lassais pas et nos rencontres se renouèrent. J'allais avoir quinze ans, elle franchirait bientôt la barre de la trentaine, elle me disait :

— Tu as la stature, la carrure, le raisonnement d'un homme, tu sembles avoir dix-huit ou vingt ans. Près de toi, je retrouve mes dix-huit ans.

Sans doute était-elle sincère, mais je crois aussi qu'elle voulait se donner bonne conscience de se plaire dans la compagnie d'un adolescent qui avait quinze ans de moins qu'elle. Elle se prénommait Virginie, Marie-Henriette, ses enfants Jeanne et Jean. A cette époque, le romantisme mettait en moi une houle d'états d'âme, de sensations et de sentiments. Virginie en était encore tout imprégnée et se laissait entraîner parfois par ses mirages et ses séductions.

Maintenant, nous revenions ensemble et nous ralentissions nos pas pour retarder l'instant de nous séparer. Virginie deviendrait-elle l'amie qui m'aiderait à entrer dans le monde des hommes en me guidant prudemment dans celui des femmes ? Elle me dit un jour :

— Ce n'est pas gai de rentrer seule le soir, après mon service de neuf heures.

Je lui promis d'aller la chercher le soir-même car je dînais justement chez mon frère et ma belle-sœur qui habitaient non loin du bureau de poste. Je l'attendais, je la vis arriver. Elle me prit le bras. Nous étions à la mi-juillet, la nuit tombait vers huit heures et demie. Plus personne dans les rues.

— Je suis contente d'être près de toi. Je voudrais que maintenant, tu me tutoies quand nous serons tous les deux. Que fais-tu pendant les vacances ?

— Rien de particulier, je lirai beaucoup, je me promènerai un peu avec ma mère et j'irai peut-être visiter quelques quartiers de Paris que je ne connais pas.

— Accepterais-tu de t'occuper de mes enfants, de les faire travailler un peu, de les distraire pendant ces deux longs mois d'été ?

Si une offre pouvait me ravir, c'était bien celle-là, ma réponse jaillit, empressée.

— Je te donnerai quelque chose, précisa-t-elle.

Je me récriai :

— Je ne veux rien.

— Ce ne serait pas convenable, du reste j'en parlerai à ta mère, je lui rendrai visite.

En effet, quelques jours après cette conversation, ma mère me demanda si je voulais bien m'occuper des deux jeunes enfants de la dame des postes, en ajoutant :

— Elle est très bien cette jeune femme, elle a l'air très doux.

Je maîtrisai ma joie en prenant un air hésitant à tel point que ma mère me dit :

— Tu ne vas pas refuser au moins ?

Bien sûr, j'acceptai.

Et ainsi, dans les premiers jours d'août, je commençai mon modeste préceptorat. Tout de suite, je fus l'ami de mes jeunes élèves : Jeanne, très brune, yeux marron foncé, teint mat, un vrai et beau pruneau d'Agen émergeant d'un tablier à petits carreaux bleus et blancs et Jean, tout blond aux yeux clairs, un épi de blé dans l'azur. Je ne les accablais pas de travail, je n'oubliais pas que nous étions en vacances ; je voulais que ce que nous faisions les intéressât et leur servît, je m'attachais notamment à la lecture. Le tout était coupé de longs moments de détente et de jeux. Virginie, tout en vaquant à ses occupations ménagères, nous regardait à la dérobée.

Le matin, en peignoir bleu, les cheveux dénoués sur les épaules ou nattés en macarons sur les oreilles, elle me faisait penser à ces femmes franques qu'on voyait sur les gravures de nos livres d'histoire. Quand elle s'apprêtait pour le bureau, sa chevelure était séparée par une raie et disposée en deux bandeaux. Elle aimait la fantaisie, parfois elle se faisait un grand et haut chignon et devant sur le front, de chaque côté du visage, une boucle assez grande.

— Tu es bien, tu te peignes à la girafe, comme mon arrière-grand-mère quand elle était jeune.

— Explique-moi, je ne comprends pas.

— Ma grand-mère possède une miniature représentant sa mère vers les années 1827-1828 qui porte deux boucles comme les tiennes sur le front en souvenir d'une girafe offerte en présent par Mehemet Ali à Charles X.

Un certain après-midi, quelques jours plus tard, d'énormes nuages blancs ourlés de noir semblaient annoncer l'orage. L'air était pesant, l'arbre à l'angle de la maison somnolait. Virginie avait envoyé ses enfants faire des commissions à la ferme, à la boulangerie, à l'épicerie et certainement ils s'attarderaient car les commerçants aimaient à bavarder. Le temps à cette époque ne comptait pas. Elle avait donné un tour de clé à la serrure de la grille. Rien que de très normal. C'était une habitude de prudence et de tranquillité prise par tout le monde pour se protéger contre les rôdeurs, ou ne pas être importuné par les colporteurs qui faisaient du porte à porte pour placer des almanachs, des livres de cuisine ou de médecine des familles, voire de la pacotille. J'étais assis sur le banc contre la maison. Elle vint me rejoindre. Elle était près de moi, tout près de moi. Elle me dit :

— Es-tu content des enfants ?

— Très content, ils sont gentils, je m'entends bien avec eux.

Elle s'était tournée à demi vers moi, elle me souriait. Dans son regard passait comme une flamme étrange que je ne lui connaissais pas.

— Et de moi, es-tu content ?

Et avant que j'aie commencé de répondre, des lèvres chaudes et humides s'appuyaient sur les miennes à couper le souffle. Surpris, mais non décontenancé, car depuis longtemps Virginie m'attirait, je l'enlaçai et lui rendis tout ce que je recevais. Elle se dégagea et se leva. Elle me prit la main et très doucement murmura : Viens.

Des doubles-rideaux à demi tirés ne laissaient filtrer que ce qu'il fallait d'une lumière tamisée et complice.

Une salle à manger rustique, un divan au velours rouge-grenat, des coussins mœlleux et profonds, un jupon vaporeux qui s'ouvre comme une corolle.

Apaisée, elle murmura :

— Je suis folle mais heureuse. L'amour, vois-tu, est un bienfait des dieux et tu es un jeune dieu...

Un sentiment d'une force inconnue s'était emparé de moi, il éclatait comme un soleil et s'irradiait dans tout mon être.

Nous étions à nouveau assis sur le banc, elle me tenait la main :

— J'aime ta jeunesse dans ta stature d'homme. Je voulais être la première...

Les enfants arrivaient en riant, elle alla leur ouvrir la porte.

— Nous allons faire un bon goûter. Vous devez avoir une faim de loup.

Et en effet, ce fut un bon goûter.

Troublé par les émotions de cette mémorable après-midi je rentrai à la maison, riche d'une certaine fierté et d'une certaine assurance.

Le soir, allongé sur mon lit dans ma longue chemise de nuit festonnée de rouge au col et aux poignets, j'essayais de lire *la Confession d'un enfant du siècle* que mon impétueuse et romantique amie m'avait prêté.

Mon esprit était ailleurs. Je fermai le livre et éteignis ma lampe. Je m'endormis avec mon secret.

Le lendemain je vivais encore ce qui s'était passé. Les tragédies que nous disséquions au collège étaient toutes pétries d'amour qui allait parfois jusqu'à la fureur ; les chansons qui avaient bercé mon enfance et que je chantais à mon tour étaient toutes vibrantes d'émois amoureux. Les romans que je lisais étaient faits d'approches amoureuses, d'élans fougueux, de passions. Tout cet environnement m'imprégnait. Aussi ma surprise avait-elle été de courte durée et je me laissais entraîner dans cette aventure romanesque. Quelques jours plus tard, elle me confiait :

— L'amour est un moment de folie, mais si la lucidité trouve la folie raisonnable, tout invite à revivre cette folie.

Virginie entreprit mon éducation sentimentale.

Certains après-midi, quand leur mère était au bureau, j'emmenais les enfants en promenade, jusqu'à une grande prairie, au bord de la Marne, où l'on voyait paître, au loin, trois ou quatre vaches noir et blanc. Ils jouaient au volant. Jeanne et Jean devaient parler de leurs sorties, si bien que Virginie fit la remarque :

— J'irais bien une fois vous rejoindre pour m'asseoir dans l'herbe, il y a bien longtemps que cela ne m'est arrivé.

Elle s'annonçait par un « hou hou » et nous faisait un geste de la main. Elle s'asseyait tout contre moi et nous bavardions en regardant Jeanne et Jean courir, faire de grands gestes pour rattraper le volant.

Je sentais son corps souple à côté du mien et je ne pouvais m'empêcher de penser à la conversation que j'avais suivie entre ma mère et ma grand-mère.

— Beaucoup de jeunes femmes, aujourd'hui, ont abandonné le corset. Denise et Alice (ses belles-filles) n'en portent plus. Je suppose que notre voisine, la dame des postes, s'en est libérée aussi, tant sa silhouette est naturelle.

— Je la vois tantôt, je peux le lui demander si cela vous intéresse.

— Tu plaisantes. Je sais que tu es taquin. Ce serait inconvenant. C'est une affaire intime, moi-même, je n'oserais pas lui poser la question.

— Bien sûr, je plaisantais, je suis taquin mais pas indiscret.

J'aurais pu répondre sur le champ à cette question et même en dire davantage. Non seulement elle ne portait plus de corset, mais je savais aussi que ses bas noirs étaient tenus par des jarretières ornées de nœuds de satin jaune, rouge vif ou bleu ciel.

Je possède de cette époque quatre ou cinq albums humoristiques illustrés par des artistes de talent où l'on voit des hommes lacer et délacer le corset de leur femme aux rondeurs opulentes bien réparties avec une évidente délectation. La guerre de 14 donna le coup de grâce au corset, les femmes le rangèrent au fond de leur armoire, il n'en sortit que pour devenir pièce de musée.

Tous les deux jours, Virginie passait la plus grande

partie de l'après-midi à la maison. Après qu'elle eut mis de l'ordre dans son intérieur, elle venait s'asseoir sur le banc contre le mur, avec un travail de couture, le plus souvent avec un livre.

Paul Bourget, René Boylesve, Paul Hervieux, Pierre Loti, Marcelle Tynayre et Colette Gyp étaient ses auteurs préférés parmi d'autres. Elle aimait beaucoup les poètes et moi aussi à cette époque j'étais lamartinien, je lisais *Graziella.*

Le thème de tous ces livres était l'amour, elle me faisait part de ses réflexions :

L'amour sans tendresse est un amour de rien.

L'habitude tue l'amour.

La raison et l'amour ne font jamais bon ménage.

L'amour ne se négocie pas au coin des rues avec les femmes qui fument.

Les femmes sont sensibles aux petites prévenances, aux petites attentions. Pour la femme, ces petits riens ont une grande importance, les hommes ont tort de les négliger.

Les femmes aiment les mots caressants comme des mains douces.

Tu vois cette rose, elle est belle, mais si on la cueillait pour me l'offrir, le geste la rendrait plus belle.

J'avais voulu me lever, elle m'avait retenu. Le lendemain, je lui apportais une rose rouge aux pétales veloutés, que j'avais cueillie dans mon jardin.

— Edouard, tu me donnes un grand plaisir.

Les vacances se terminaient. Avec Jeanne et Jean, j'applaudis l'exploit de Roland Garros qui en cette fin de septembre 1913 venait de franchir la Méditerranée d'un bond de 800 kilomètres de Saint-Raphaël à Bizerte. Bientôt, je reprendrai ma serviette bourrée de livres et préparerai mon premier brevet d'instituteur.

CHAPITRE XVI

Mon amitié pour Virginie était toujours aussi vive. Je l'attendais quelquefois à la sortie du bureau et nous revenions sans nous presser tendres ou amusés. Quand elle n'était pas de service le jeudi après-midi, je passais un assez long moment avec elle.

Ainsi nous arrivâmes à l'année 1914.

Mes parents n'avaient pas l'habitude de fouiller dans nos affaires ni d'ouvrir nos lettres. Ma mère en mettant un peu d'ordre sur ma table de travail avait lu sur une feuille de papier :

Dans la torpeur du soir le grand jardin sommeille
L'oiseau près de la fleur sont ensemble assoupis.

Elle m'avait demandé de qui étaient ces deux vers. Quand je lui dis que j'en étais l'auteur, elle me déclara :

— Je les trouve très beaux, tu devrais écrire un poème le jour de tes quinze ans.

Je m'en ouvris à Virginie. Elle réfléchit et livra ses pensées :

— L'été, tu as un jardin plein de fleurs et d'oiseaux, de ta chambre tu vois les collines et une grande échappée de ciel, au bout de notre rue coule une belle rivière. Dans ton cœur, trois femmes, ta mère la plus aimée, ta grand-mère et moi. Tu aimes les enfants, de quoi écrire un bel hymne à la nature et à l'amour. Et puis, tu as tes idées et tu feras quelque chose de bien.

J'écrivis une sorte de poème en prose et le passai à Virginie. Elle me fit ses remarques et ajouta :

— Maintenant, ne me montre plus rien, tu écris un poème pour ta mère, elle doit être la première à le lire et à l'écouter.

Je m'aidais du vieux dictionnaire de mon grand-père. Souvent une rime m'apportait une idée. Quand j'eus fini je dis à ma mère :

— Veux-tu que je te lise le poème de mes quinze ans ? Nous étions dans la cuisine, son domaine. Nous rapprochions nos chaises, je lui faisais face et je commençai.

Poème de mes quinze ans — Pour ma mère

A la Terre

O terre ! ô ma divine amie,
Etoile où j'ai reçu le jour,
Source de bonheur et de vie
Source de l'Art et de l'Amour,

Mes pas avec un pieux respect
Foulent tes bois ombreux, tes monts
Changeants et tes vertes prairies.
Même sous ton plus simple aspect
Je ressens tes esprits profonds
D'extase et de rêveries.

Je sens vibrer l'âme des choses
Et de tous nos frères défunts
Qui vous colore, ô fraîches roses ?
D'où viennent vos si doux parfums ?

L'effluve mol qui passe et traîne,
Flotte, s'éloigne et que ramène
Le souffle léger du vent
L'oiseau qui ramage et s'élance.

La frêle fleur qui se balance
En guirlandes sous l'auvent
Beauté, couleur, éclat, richesse
Pain du pauvre, lait de l'enfant

Tout le bonheur, toute l'ivresse
Viennent de ton sein abondant

Aussi parfois, seule avec moi,
Le cœur débordant de tendresse
Je voudrais me pencher sur Toi,
Et te dire avec allégresse

Je t'aime ! ô Terre ô mon amie,
Etoile où j'ai reçu le jour,
Source de bonheur et de vie,
Source de l'Art et de l'Amour.

19 janvier 1914

Elle resta un moment silencieuse, ses yeux avaient perdu leur éclat fiévreux et repris leur velouté caressant des jours heureux. Enfin elle parla :

— C'est très beau mon enfant, peut-être que plus tard tu écriras des livres.

A quinze ans, on ne se projette pas très loin dans l'avenir. Mais c'est un effet merveilleux de voir son nom sur la couverture d'un livre. Ma mère me dit encore :

— Dimanche, tu me le liras dans le salon quand ton père aura allumé la salamandre.

Son visage souriait mais une larme perlait au bord de ses paupières.

J'avais recopié mon poème pour Virginie. D'emblée elle rougit :

— J'aime beaucoup ton poème, ta mère a dû être contente. La joie que tu lui a donnée lui a fait du bien. Vois-tu, une mère on n'en a qu'une. C'est une lumière que l'on garde en son cœur et qui ne s'éteint qu'avec soi.

J'écoutais, elle continua :

— Je crains qu'au train où vont les choses, dans quelque temps, les poètes ne soient plus tellement appréciés. On ne parle que de guerre. Et elle rangea son poème avec les siens dans un épais cahier d'écolier.

En effet la guerre était dans tous les esprits. De nombreux réservistes étaient rappelés pour effectuer leur période de vingt-huit jours. Au printemps, le roi d'Angleterre George V nous rendit visite pour resserrer les liens de l'Entente cordiale face à une Allemagne de plus en plus menaçante. Il y eut une grande revue militaire au polygone de Vincennes. J'étais au premier rang derrière les barrières avec les deux enfants de Virginie. Il avait été convenu que nous dînerions tous les quatre.

Devant nous, un régiment de cuirassiers. Les cavaliers pied à terre étaient à la tête de leurs montures. Devant eux les chefs d'escadron, le porte-étendard et son escorte, enfin les précédant, le colonel. Un ordre : « A cheval ! » Le colonel droit sur ses étriers met son sabre au clair et l'incline vers l'avant. Le geste est imité par les chefs d'escadron. Les trompettes sonnent la charge. Et bientôt passe au galop un ouragan, qui s'éclaire des éclats des casques et des cuirasses. On ne pouvait s'empêcher de penser à la charge héroïque de Reichshoffen. Puis défilent les dragons avec leurs lances, les fantassins en gants blancs précédés de leur musique ; leur succèdent les chasseurs à pied, entraînés dans leur pas rapide par l'air bien connu de leur clique :

Pan Pan Larbi
Les chacals sont par ici,
Les chacals et les vitriers...
Encore un carreau d' cassé !
V'là l' vitrier qui passe,
Encore un carreau d' cassé !
V'là l' vitrier passé !

« Les vitriers » est le surnom des chasseurs à pied *. La France mettait ses espoirs en ces batteries de canons de 75 à tir rapide au rythme de vingt-quatre coups à la minute. Il était bien supérieur dit-on au 77 allemand, au 88 autrichien. De plus nous avions la fameuse poudre, la turpinite, du chimiste Turpin. Les soldats furent ovationnés tandis qu'évoluaient au-dessus d'eux quelques aéroplanes. La France aimait son armée, elle mettait sa confiance en elle.

* Ils le tenaient à cause de leur sac montant très haut dans le dos comme le chassis portés par les vitriers.

Le 28 juin, la presse du soir nous apporta la nouvelle de la tragédie de Sarajevo. L'archiduc Ferdinand héritier du trône d'Autriche-Hongrie et l'archiduchesse venaient d'être assassinés par un patriote serbe. A table, notre père nous dit :

— Nous n'avons jamais été aussi près de la guerre.

La mèche enflammée était au-dessus du baril de poudre, le moindre faux pas et tout pouvait exploser. Et pourtant, au milieu de nos inquiétudes, de nos angoisses on voulait trouver une raison d'espérer.

Durant le mois de juillet, l'affaire Caillaux avait passionné l'opinion, elle se terminait. Madame Caillaux avait tué à coups de revolver Calmette, directeur du *Figaro* qui attentait à sa vie privée et à celle de son mari pour lui nuire politiquement. Elle fut acquittée.

L'été n'avait jamais été aussi beau. Les branches des cerisiers ployaient sous le poids des fruits. Il suffisait de tendre la main pour remplir rapidement son panier, les fraises et les groseilles à grappes abondaient, les fleurs jaillissaient de partout dans les jardins et les passereaux étaient revenus. La nature était en fête alors que des hommes que rien n'opposait allaient se jeter les uns contre les autres. Comme je portais un jour une grande corbeille de bigarreaux à Julie et que je l'embrassais, elle me serra contre elle et me dit :

— Tes quinze ans te protègent mais comme ta mère va souffrir si elle voit partir ses fils, elle qui est déjà si malade.

Le médecin visitait ma mère une fois par mois le dimanche et s'entretenait avec mon père. Ses propos étaient alarmants. Par amour nous ne voulions pas les croire. Ma mère avait le cœur doux et sensible pour les autres, mais elle était ferme envers elle-même et courageuse.

Les événements se précipitèrent. Le président Poincaré, à bord du vaisseau-amiral la *Lorraine*, escorté de son escadre, partit pour Petrograd où il devait rencontrer le tsar Nicolas II. Il n'en revint que dans les derniers jours de juillet. Le 31, les élèves à qui l'on décernait un prix, étaient réunis dans le grand préau du collège. Hugues Leroux présidant la cérémonie, à la fin de son discours nous confia :

— Hier, j'étais dans le bureau de Messimy, ministre de la Guerre, qui m'a confié : « Cette fois nous ne pourrons pas éviter la guerre. »

Le soir même, Jaurès fut assassiné. L'Autriche avait mobilisé et bombardait Belgrade. La Russie mobilisait, suivie de l'Allemagne.

Le 1er août est une belle journée d'été. Le soleil vient de disparaître derrière la chapelle. Tout est calme quand tout à coup on entend sonner le tocsin. Peu après, au coin de la rue, près de notre réverbère, un pompier sonne la générale et colle une affiche sur le mur du jardin de Virginie ; les gens sont sortis et la lisent, c'est bien l'ordre de mobilisation générale. Chacun rentre chez soi sans autre commentaire. On avait le cœur glacé. Le tocsin et la générale venaient de sonner le glas de toute une époque. Les premières années du siècle, bien que le progrès eût marché à grands pas, n'avaient rien changé à nos habitudes et à nos manières de vivre : a côté de beaucoup de travail, des sourires et de la bonne humeur, une certaine insouciance et des espoirs, une grande sentimentalité due à nos chansons et surtout une franche amitié. Le XIXe siècle s'était prolongé sans qu'on s'en fût aperçu. En ce soir du 1er août il prenait fin. Un grand mur subitement venait de se dresser, de l'autre côté commençait un autre siècle par une effroyable tuerie.

Le lendemain, notre quartier se vida de toute sa jeunesse. J'accompagnais mon frère Sylvain à la gare de l'Est. A la sortie du métro, on était happé par une foule immense. Des chants, des cris, des sonneries de clairons, des drapeaux qui flottent, des mains et des coiffures qui s'agitent, des embrassades, des visages graves. Des femmes : mères, épouses, fiancées ou sœurs font des « au revoir » avec leurs mouchoirs. Dès que l'être cher qu'elles ont accompagné a disparu dans la foule, elles laissent s'épancher leur douleur.

Ma mère a été courageuse, mais elle avait le cœur meurtri. Nous restions le plus possible avec elle ; j'allais être bientôt seul, Jacquot serait appelé à son tour. J'allais de temps à autre voir mon ancien directeur car les écoles étaient rouvertes, ou bien je gardais les enfants de Virginie.

Après les batailles de Charleroi et de la Marne, la rue compta ses morts. Ils étaient six dont le frère de mon copain Julot, le mari de notre femme de ménage, et le petit cordonnier allumeur de réverbère. Mon frère Marius fut grièvement blessé à la main droite. Georges fut commotionné et le serait de nouveau à Vauquois en janvier 1915. Il irait d'hôpital en hôpital mais ne guérirait jamais. Paul fut fait prisonnier. Sylvain vint en permission au début d'août 1915. Il nous parla des premières attaques au gaz asphyxiant en Artois. Sa présence fut une grande joie à la maison, mais peu après, au cours d'une offensive en Champagne, il fut grièvement blessé et fait prisonnier. Quant à Jacquot, il était maintenant au front. Comme je continuais mes études au collège, ma mère passait de longues journées seule face à de torturantes pensées qui l'affaiblissaient lentement.

CHAPITRE XVII

Rien n'était changé entre Virginie et moi. Cependant mes visites étaient écourtées en raison de la santé de ma mère. Elle le comprenait fort bien. Sa famille rudement touchée comme la mienne, elle décida de se rapprocher des siens. Elle demanda son changement. Un jeudi de la fin de février 1915, une voiture de déménagement s'arrêta devant sa porte, je vis le grand canapé rouge disparaître derrière un amoncellement de paquets, de paniers d'osier... J'avais dit à ma mère que j'irai accompagner notre voisine et ses deux enfants.

— Tu fais bien, elle est seule, nous t'attendrons pour dîner.

Mais, arrivé à la gare du Parc, Virginie m'avait demandé de les accompagner jusqu'à la gare d'Austerlitz.

Dans la salle des Pas Perdus, nous étions tous les quatre ne sachant que dire. Il faisait froid.

— Tes parents vont être inquiets et il faut que nous trouvions de la place.

Virginie était belle dans son manteau sombre à larges poches. Ses cheveux dépassaient en deux bandeaux blonds de chaque côté de son chapeau de feutre sans ornements. Les enfants de même étaient vêtus de sombre car la mode en raison de la guerre était sévère. J'embrassai les enfants et elle en passant d'une joue à l'autre, nos lèvres s'effleurèrent. Elle me dit :

— Nous ne t'oublierons pas. Je t'écrirai et tu viendras nous voir aux prochaines vacances.

Enfin je les quittai et m'empressai de reprendre mon

train à la Bastille. Je rentrai chez moi un peu avant minuit Mon père m'attendait, inquiet, car à ce moment-là les agressions se multipliaient du fait que beaucoup de femmes étaient seules dans leur maison.

— Que s'est-il passé que tu rentres si tard ?

Je lui expliquais.

— Tu as bien fait mon petit. Prends ton dîner qui t'attend sur le coin du fourneau. Je t'ai mis une bouillote dans ton lit.

J'embrassai mon père qui monta se coucher.

Virginie tint parole. Elle m'écrivit régulièrement, poste restante et de temps à autre à la maison pour me donner des nouvelles des enfants. Je revis le canapé rouge.

J'étais entré à l'Ecole normale. La correspondance se poursuivit. Le directeur, très libéral, n'ouvrait pas notre courrier. Dans le courant de novembre, il me remit une lettre de Virginie. Dès les premiers mots, je compris.

— Seule avec mes deux enfants, la vie devient de plus en plus difficile. Je vais me remarier, mon compagnon est plus âgé que moi. Je n'oublie rien, mais comprends-moi, il le faut. Tu rencontreras une belle jeune fille qui te rendra heureux. (C'est ce que me disait souvent ma mère.) Promets-moi de ne plus m'écrire, de ne pas essayer de me revoir.

Malgré sa prière, je lui écrivis une lettre insensée que seul peut écrire un adolescent romantique qui croit que tout est perdu parce que la femme qu'il aime l'a quitté. Je ne reçus aucune réponse. Quelques jours plus tard, dans le parc de l'Ecole, je déchirai en mille morceaux la lettre de Virginie. Le vent les emporta, les dispersa. Ils se perdirent parmi les minuscules flocons de neige. J'étais avec deux camarades. Léon me dit :

— Maintenant tu vas oublier.

Philippe quant à lui, récita quelques vers d'un poème de Guillaume Apollinaire :

Sous le pont Mirabeau coule la Seine
Et nos amours
Faut-il qu'il m'en souvienne
La joie venait toujours après la peine...

Plus tard, je brûlai toutes ses lettres dans la cheminée de ma chambre.

Matériellement, il ne restait plus rien. Pourtant Virginie, premier amour et surtout première amitié, m'avait guidé au temps des éveils et des curiosités de l'adolescence. Elle m'avait préservé des amours vénales et malsaines.

Il est, dans les campagnes, d'étroits sentiers qu'ont suivis il y a fort longtemps des êtres qui s'aimaient. Puis sans qu'on sache pourquoi, ces petits sentiers se sont effacés, embroussaillés. Mais un jour une très vieille grand-mère, un très vieux grand-père à cheveux blancs ont parlé et les sentiers ont été débroussaillés, alors des souvenirs de Virginie, Marivonne, Mathilde, Jeanne, Henriette... ont retrouvé vie et se sont envolés dans la brise du soir comme des plumes de tourterelles.

CHAPITRE XVIII

Les grandes bourrasques de l'automne avaient emporté avec le petit grain de folie de Virginie, les sentiments qu'elle me portait. Elle était sortie de ma vie, j'en avais éprouvé bien des regrets.

Elle était partie depuis plusieurs mois, je m'étais accoutumé à l'absence, mes regrets s'apaisèrent. Mon esprit était accaparé par le travail et mon cœur par de vives inquiétudes que me donnait la santé de ma mère. Son état s'aggravait, ses lettres se faisaient plus brèves et sous les mots je sentais que le courage l'abandonnait. Je la retrouvai aux vacances de Noël. Depuis la Toussaint, elle avait encore maigri, mais elle se dominait tant pour me faire plaisir que ses pommettes s'enflammaient par instant, ce qui aurait pu être pris comme un gage de bonne santé. Je l'aidais comme je pouvais.

Dans ses conversations revenait comme une obsession :

— Reverrai-je tes frères ? Et toi tu auras bientôt dix-huit ans et tu partiras à ton tour.

Cette guerre n'en finit pas !

Sa voix tremblait.

L'après-midi, elle faisait une longue sieste. Je regagnais ma chambre, mon univers. Je ne pouvais pas être complètement heureux mais j'éprouvais un certain bien-être. A l'école, nous étions une soixantaine dans un dortoir délabré et sans feu, nous grelottions sous nos maigres couvertures bien que nous nous couchions tout habillés. Chez moi, dans ma chambre, pendant huit jours, j'aurai un feu amical, un bon lit et je pourrai lire aussi tardivement que je voudrai, bien au chaud, sous d'épaisses couvertures et un gros édredon rouge. Un après-midi, je partis à la recherche de mon quartier. Que de femmes en deuil !

Des trois années de guerre, 1916 avait été la plus meutrière. A la mi-février, les Allemands avaient lancé une puissante offensive pour prendre la place forte de Verdun, un des pivots de la défense française. Toute la France vivait à l'heure de Verdun. On ne parlait que du sacrifice des chasseurs du colonel Driant, au bois des Caures. Les Allemands n'avançaient que pas à pas. Ils prirent cependant les forts de Vaux et de Douaumont.

Au printemps, les Alliés déclenchèrent l'offensive de la Somme où apparurent les premiers chars d'assaut anglais. L'étau autour de Verdun se desserra et nous reprîmes au cours de l'été, la plupart des positions perdues. Tous les régiments, par une sorte de roulement, étaient passés au moins une fois à Verdun, la plus grande bataille de tous les temps ! Des centaines de milliers de morts. Et Jacquot, dans cet enfer n'avait reçu que quelques égratignures, mais avait respiré des bouffées d'un gaz asphyxiant : l'ypérite, qui abrégèrent sa vie de quelques années.

1917 s'ouvrait. Chacun espérait que l'année nouvelle apporterait la paix. Quand je partis, je tenais ma mère dans mes bras, je sentais son cœur battre. Je lui dis :

— A Pâques, maman.

Elle me répondit comme un écho lointain :

— Oui, à Pâques, mon enfant.

Elle avait détourné son regard.

Dans le train, je me remémorai ses paroles quand je lui avais annoncé mon succès au concours d'entrée à l'Ecole normale.

— Ton avenir est assuré maintenant. Tu rencontreras peut-être une institutrice. Vous aurez les mêmes vacances. Vous ferez de beaux voyages. Vous aurez des enfants. Vous serez heureux.

Maman Henriette voulait que nous fussions heureux alors que la mort la menaçait. Je retrouvai mes camarades et notre jeunesse nous éloignait de la dureté des temps.

Un télégramme me ramena à la maison. Mon frère Georges avait succombé à ses blessures et ma mère des suites de sa terrible maladie. Je la vis sur son lit. Je m'agenouillai pour l'embrasser et caressai ses mains. On allait l'ensevelir. Mon père doucement me dit de le laisser seul. J'entendis alors le bruit des marteaux qui fermaient avec de gros clous le couvercle du cercueil. L'horrible bruit qui violait les solitudes éternelles de ma mère, broyait son cœur inerte et enserrait dans le mien une douleur démesurée. J'avais mis mes mains sur mes oreilles, ma grand-mère me prit le bras et m'emmena chez elle. Elle me dit :

— N'est-ce pas malheureux qu'à mon âge, je perde mes enfants ?

Nous veillâmes notre mère deux nuits. Elle était dans le salon, des cierges brûlaient autour de son cercueil. Toutes les deux heures, nous nous relayions par deux. Son piano était voilé de crêpe ainsi que la grande glace ovale.

Le 17 eurent lieu les obsèques de mon frère et le 18 celles de ma mère.

Elle partit sous les fleurs, accompagnée de tous nos amis du quartier. Il faisait un froid sibérien. C'était le jour de mes dix-huit ans et ma maison venait de perdre son âme. Il n'y avait que le travail qui pût me détourner de mon chagrin.

Souvent sur la page de mon livre, comme pour me réconforter, apparaissent le visage tendre, souriant de ma mère au temps où elle était belle et, parfois, celui de Virginie que je ne parvenais pas à oublier.

CHAPITRE XIX

Les élèves-maîtres de nos deux promotions avaient dix-huit ou dix-neuf ans. Certains partiraient au début d'avril. Nous lisions les journaux avec une grande attention. Une idée saugrenue nous traversait l'esprit : si Guillaume II, le seigneur de la guerre, au casque à pointe, à la moustache en crocs dont l'un des bras était plus court que l'autre recevait une balle perdue au cours d'une visite sur le front, peut-être que le peuple allemand y verrait un présage et demanderait la paix. Quelle naïveté !

Hélas ! en ce mois de mars se passaient en Russie des événements graves dont les conséquences risquaient d'être pour nous incalculables. De violentes émeutes dues à la disette et à un malaise profond avaient éclaté à Petrograd et provoquèrent la chute du tsar et du tsarisme. Le socialiste Kerensky devint chef du gouvernement. Il rassura les Alliés : les Russes continueraient la lutte à leur côté.

Fin 1916, Joffre avait été élevé à la dignité de maréchal de France et faisait une tournée de conférences aux Etats-Unis. Il avait passé le commandement au général Nivelle qui s'était distingué à Verdun. On ne parlait alors que d'une percée où s'engouffrerait l'armée française. Le général Nivelle, pensait-on, était l'homme de cette percée.

Le 16 avril 1917, sur le Chemin des Dames, après une formidable préparation d'artillerie, les régiments français s'élancèrent à l'assaut, ils avancèrent de quelques kilomètres et furent stoppés net par la résistance allemande. Les pertes étaient lourdes. Le service de santé, disait-on à l'époque, était mal organisé.

Jacquot, qui avait été dans la mêlée, avançait que les Allemands, quelques jours avant l'attaque, levaient des écriteaux où étaient indiqués le jour et l'heure de cette attaque. Les soldats criaient à la trahison et disaient qu'on les envoyait à la boucherie, qu'ils étaient dans la boue et se faisaient trouer la peau, tandis qu'à l'arrière, on menait bonne vie. De nombreux soldats refusèrent de remonter en ligne et la mutinerie gagna de proche en proche. Les mutins furent isolés, les régiments les plus touchés furent dissous. Les meneurs passèrent devant les tribunaux militaires. Il y eut des exemples douloureux. Mon frère Jacquot me raconta tout cela quand il vint en permission au cours de l'été. Je lui écrivais chaque semaine. Dans ses lettres il ne pouvait me dire ce qui se passait au front car le courrier était censuré. J'avais remarqué depuis quelque temps que le ton, le style de ses lettres, certains sentiments qu'il exprimait contrastaient avec sa nature. J'avais toujours été jugé dans la famille comme l'idéaliste, le romantique, le rêveur. Voilà que Jacquot parlait d'amours éternelles, d'harmonie des âmes en un style recherché. Il avait une nouvelle marraine. Je l'avais entr'aperçue chez une de mes cousines. Elle était fort belle, elle approchait de trente-cinq ans tandis que mon frère en avait vingt-deux. Elle lisait beaucoup, aimait à resservir des passages qu'elle avait lus avec préciosité. Et voilà que par un curieux mimétisme, mon frère s'exprimait comme elle. Leurs convergences en tout devinrent si grandes qu'ils se marièrent. Ils passèrent leur nuit de noces dans la chambre de mes parents. Pour couvrir leurs ébats amoureux, ils firent marcher toute la nuit un tableau à musique qui répétait inlassablement la même ritournelle. Cela se passait un peu avant la fin de la guerre.

Pétain avait remplacé Nivelle au commandement de l'armée française. Il se préoccupa du bien-être du soldat : amélioration de l'ordinaire et des cantonnements. Il insista auprès des chefs de corps pour que les tours des permissions soient scrupuleusement respectés. Il n'engagea aucune de ces opérations faites pour alimenter le communiqué, mais sans grand intérêt stratégique et fort coûteuses en hommes.

Il faut aussi dire que des libelles défaitistes avaient circulé pour saper le moral du soldat. Il y avait les chansons tendancieuses ou amoureuses qui exacerbaient les désirs des soldats trop longtemps privés de femmes. Tout s'apaisa.

C'étaient les grandes vacances. J'étais revenu à la maison. J'étais assez fier de montrer ma redingote de normalien. Il n'y avait certainement pas d'autre adolescent de dix-huit ans dans la boucle de la Marne qui en portât.

Je rencontrai Julie. Elle souriait :

— Elle est bien ta redingote, elle te va bien me dit-elle, mais quand même les redingotes sont plutôt faites pour les médecins et les notaires, pas pour les garçons de dix-huit ans. Où ont-ils la tête ceux qui font les règlements ? T'aurais eu un complet-veston, tu retirais les écussons, ton vêtement t'aurait servi longtemps. Ta redingote, elle finira dans un placard, ça a dû coûter cher à tes parents !

Elle changea de conversation.

— Y a des fruits dans ton jardin ? tu m'en porteras quand tu voudras.

— Pourquoi ne viens-tu pas les cueillir toi-même ? Tu choisirais les plus beaux.

Elle ne put retenir un grand rire.

— Je le voudrais bien, mon petit Edouard, mais tu sais que je n'ai pas le temps.

Le lendemain je lui portais une corbeille de reines-claudes dorées et d'abricots muscats. J'avais mis ma cotte bleue.

— Comme ça tu me plais.

Elle m'embrassa. Ses lèvres passaient tout près des miennes, mais ne s'arrêtaient pas comme je l'eus souhaité. Elle mit dans ma poche ce qu'elle voulut. Mon père me laissa ce qu'elle m'avait donné pour grossir ma mensualité de cinq francs. Je pensais à la réflexion de Julie : C'était vrai que ma redingote avait coûté cher. Mais l'essentiel n'était-il pas que ma mère ait eu la joie de me voir ainsi ? Il avait fallu aussi acheter tout un trousseau, un lit et toute la literie, les livres, les cahiers, toutes les fournitures... Nous reçûmes une indemnité de cent francs.

Fin octobre, un élève-maître qui était allé en ville rapporta des journaux. Le 25, les bolcheviks s'étaient emparés du pouvoir en Russie. Ils signeront une paix séparée avec l'Allemagne. Le poids de l'armée allemande pèsera plus lourd sur les soldats français. Les dettes contractées par le régime tsariste ne seront pas remboursées. Beaucoup de rentiers sont ruinés et doivent chercher du travail pour ne pas mourir de faim. On crie à la trahison, on a tellement aidé la Russie. Depuis des mois l'armée russe se désorganisait, des groupes de soldats quittaient leurs unités et rentraient chez eux. Les Autrichiens profitèrent de cette situation pour monter une grande offensive contre les Italiens. Le front fut enfoncé et ce fut le désastre de Caporetto. Des divisions françaises vinrent au secours des Italiens. Jacquot, qui était maintenant chasseur alpin et qui n'avait connu dans sa jeunesse que les coteaux de Chennevières, se trouva dans un retranchement haut perché du Mont Tomba.

En France, pour donner une impulsion plus grande à la lutte, Georges Clemenceau surnommé « le Tigre » et devenu président du Conseil, disait et répétait : « Je fais la guerre, on les aura ! » Ce mois d'octobre 1917 était fertile en événements. L'année 1918 s'annonçait difficile et pleine d'inquiétudes. Heureusement, les Américains débarquaient en masse à Saint-Nazaire. Une des premières décisions de Clemenceau fut de faire la chasse aux embusqués et de les envoyer dans des unités combattantes. La France s'attendait à recevoir le choc formidable de toute l'armée allemande. Nos appréhensions étaient grandes.

Je savais maintenant que j'allais partir et prendre le chemin qu'avaient suivi mes frères.

CHAPITRE XX

Je passai le Conseil de révision en janvier 1918, à la mairie du IVe arrondissement. Je retrouvai tous mes copains d'école. Nous nous étions quittés en sarrau noir et nous nous pressions tout nus à la queue leu leu. Cela nous faisait un petit quelque chose. Devant moi et derrière moi, un conscrit tout petit. Entre eux, j'avais l'air d'une fameuse asperge. On me toise : 1,77 m. On me pèse : 80 kg. On m'enfonce un doigt dans le bas-ventre pour s'assurer que je n'ai pas de hernies. J'ouvre la bouche. On veut voir mes dents comme au temps où l'on déchirait les cartouches. Un simulacre d'auscultation et le major à trois galons qui est assis me demande, comme le ferait un douanier :

— Rien de spécial à déclarer ?

Je suis bon pour le service armé. Je me rhabille et je retrouve mon père sur la place. Nous allons déjeuner dans un restaurant du quartier devant lequel stationnent deux taxis dont le drapeau du compteur est encapuchonné de noir.

— Bon signe, remarque mon père, où déjeunent les cochers de fiacre et les chauffeurs de taxis, on mange généralement bien du bœuf, la viande la meilleure et pourtant la moins chère, à toutes les sauces ou grillée avec des montagnes de frites.

Mon père avait consulté rapidement le menu écrit au crayon encre, affiché à la porte. Et nous sommes entrés. Le menu a été dressé selon mes goûts. La serveuse a pris la commande et a demandé :

— Des portions ou des demi-portions, monsieur ?

— Des portions bien sûr et vous apporterez une demi-bouteille de bordeaux du patron.

J'aime aller au restaurant avec mon père : c'est pour moi un jour de fête. La nourriture est simple mais appétissante et bien préparée. Nous sommes détendus. De part et d'autre de la table de marbre, nous conversons librement. Il paie bientôt avec un billet de dix francs : depuis le 2 août 14 l'or ne circule plus. Il a donné cinquante centimes de pourboire, la serveuse ravie nous a accompagnés jusqu'à la porte.

Le 15 mars, je suis de retour à la maison. J'ai mon diplôme d'instituteur. J'attends mon ordre d'appel. Je rends visite à mes oncles et à mes tantes. Le Vendredi Saint, je suis à la hauteur du magasin Pygmalion à l'angle de la rue de Rivoli et du boulevard Sebastopol quand une explosion formidable ébranle tout le quartier. Chacun se précipite vers les abris. Le calme revenu, on sort pour voir. Un grand panache de fumée monte derrière l'Hôtel de Ville. Je dois prendre mon train à la Bastille. Je vais savoir : un obus de gros calibre est tombé sur l'église Saint-Gervais pendant le chemin de croix. La voûte s'est effondrée sur les fidèles. On entend les voitures des pompiers et les ambulances. Quelques personnes épargnées viennent vers nous. Elles sont recouvertes de poussière de plâtre. On dirait des fantômes. Elles entrent dans des cafés pour se réconforter. En passant près de nous, elles disent qu'il y a beaucoup de morts et de blessés.

En cette fin de mois de mars, les Allemands ont lancé une grande offensive sur la Somme. Ils ont gagné du terrain mais ont été arrêtés devant Amiens. Foch est nommé commandant en chef de toutes les armées alliées et sur tous les fronts.

Au début d'avril, les Allemands lancent une nouvelle offensive devant Roy et Noyon en direction de Paris, ils sont stoppés.

Je reçois une lettre de Jacquot, il a combattu dans ce secteur. Les divisions françaises qui se trouvaient en Italie ont été ramenées pour défendre Paris. Soldat au Mans, dans un régiment d'artillerie lourde, je dois apprendre à monter à cheval, à tirer au fusil et au canon.

Fin mai, les Allemands lancent une nouvelle offensive sur l'Aisne. Ils atteignent la Marne. On nous dit que notre instruction durera trois mois au lieu de six. Les exercices de batterie attelée se succèdent ainsi que les marches de trente kilomètres, sac au dos, avec tout l'équipement. On chante pour oublier la fatigue. Les chansons forment des vagues. Celle qui revient le plus souvent c'est :

Là-haut sur la colline est un gentil moulin
Le meunier qui l'habite est un petit blondin
Les godillots sont lourds dans le sac...
Les godillots sont lourds.

Nous voyons arriver à la caserne des volontaires tchèques et polonais. Ils viennent d'Amérique. Ils portent des chemises rouges, ocres, bleues, jaunes. Ils font leur classe avec nous.

De mon séjour au Mans, j'ai gardé un souvenir pénible. J'ai assisté à une dégradation militaire. On nous a fait mettre en carré sous les armes. Une voiture cellulaire est entrée dans la cour. Il y a eu une sonnerie de clairon. Un homme mal vêtu, avec un képi à la visière trop longue est descendu de la voiture, il était encadré de gendarmes. Ils se sont placés au milieu du carré. A ce moment on a entendu un immense :

— Garde-à-vous, présentez armes !

Un officier s'est avancé devant le condamné, a lu une sentence puis il lui a arraché les boutons de sa tunique et ses épaulettes. C'était poignant. Qu'avait-il fait ?

Le 15 juillet, de grand matin, nous nous sommes embarqués à destination d'un camp d'entraînement à l'arrière du front. Notre voyage a duré longtemps, nous distribuions des petits papiers pour demander des marraines. A la tombée de la nuit, notre train a été dirigé sur une voie de garage à Sens. Nous avons alors assisté à un spectacle dantesque mais grandiose. Le ciel était embrasé, un roulement continu dont les gradations dans la violence ébranlaient l'air nous assourdissait. Par moments le sol tremblait sous nos pieds. Les Allemands venaient de déclencher une nouvelle offensive entre Château-Thierry et Dormans pour franchir la Marne. L'armée française de ce secteur était commandée par le général Gouraud qui avait perdu un bras aux Dardanelles. Nous sommes repartis une heure plus tard. Nous débarquâmes dans une petite gare. Nous avions dix kilomètres à parcourir pour gagner nos cantonnements. Nous nous sommes harnachés. Fusil à la bretelle, nous avons allongé le pas sur une route toute droite qui se déroulait comme un ruban. La nuit était claire et étoilée. A une trentaine, nous avions été logés dans un vieux moulin désaffecté. Nous avons posé notre barda et nous nous sommes effondrés sur nos paillasses.

Nous étions impatients de connaître les nouvelles, les journaux nous en apportaient de rassurantes : Les Allemands reculaient rapidement, pressés de toutes parts. Les petits chars Renault, par centaines, avaient fait merveille. Le vaguemestre nous apportait aussi de bonnes nouvelles. Nos demandes de marraines avaient trouvé des échos. La mienne se prénommait Marinette, d'emblée je fus conquis. C'était une intellectuelle au cœur romantique, chacune de ses lettres était un petit chef-d'œuvre. Je reçus deux lettres par semaine, des livres, j'étais comblé. Et notre instruction marchait bon train, nous devions boucher les trous ! Mais aurait-on besoin de nous ? Foch frappait sans arrêt. Chaque jour les communiqués rédigés par de Pierrefeu étaient des bulletins de victoire.

Fin octobre, la France avait retrouvé ses frontières, des rumeurs d'armistice circulaient. Le 11 novembre, les cloches, joyeuses cette fois, et les clairons nous annonçaient la fin des hostilités. Ceux qui ont vécu cette journée en ont gardé un souvenir inoubliable pour les émotions et les images qui les ont remués. Certes, j'avais beaucoup de tristesse à la pensée que la guerre m'avait pris et ma mère et mon frère aîné. Mais le cauchemar était fini. J'allais retrouver mes autres frères, j'étais assuré que mon frère Jacquot, mon meilleur ami d'enfance qui avait fait toute la guerre en première ligne avait la vie sauve.

Il fallait participer à l'allégresse générale. Dans notre vieux moulin, nous avons fait un bon dîner, bien arrosé de bordeaux et de champagne. Cela nous changeait du bouilli, du lard rance américain et du vin épais. Clemenceau avait bien fait les choses. Après il y eut au village un grand concert. J'ai chanté plusieurs tyroliennes, *l'Anneau d'ar-*

gent, l'Océan, l'Angélus, le Credo du Paysan... D'autres copains récitaient des monologues et chantèrent des chansons de Mayol et de Dranem. Pour finir, tous debout, nous avons entonné *la Marseillaise.* On ne peut savoir combien, à la fin d'heures graves, il est bon de chanter son hymne national. Il semble éclairer l'avenir. Nous avons regagné notre moulin, sous un ciel étoilé.

Partout les canons s'étaient tus. Si Princip, le patriote qui avait tué l'archiduc Ferdinand et son épouse avait pu prévoir que les deux balles qu'il avait tirées entraîneraient la mort de millions d'hommes, feraient des millions de veuves et d'orphelins et provoqueraient des bouleversements sans nombre, aurait-il appuyé sur la gâchette ? Comme si ce désastre ne suffisait pas, la grippe espagnole arrivait, autre fléau terrible. Foch et Pétain étaient élevés à la dignité de maréchal de France. Poincaré et Clemenceau se virent décerner des lauriers par les Chambres. Ils avaient bien mérité de la Patrie.

Clemenceau, c'était le Tigre, le Père-la-Victoire, mais il avait comme Napoléon un autre surnom moins connu : le Père-la-Violette.

Il visitait souvent les poilus en première ligne et un jour, ils lui offrirent un bouquet de violettes cueillies près des tranchées. Pourtant dur comme un roc, attendri, il les remercia et ajouta :

— Je garderai ces violettes quand elles seront fanées et je demanderai qu'on les mette dans mon cercueil.

Et que devenait le seigneur de la guerre ? Guillaume II avait abdiqué et s'était réfugié en Hollande où il s'adonnait à son sport favori : scier du bois. Mes frères prisonniers étaient rentrés et allaient se marier. Et moi je quittai mon vieux moulin avec quelques camarades pour remplacer des anciens qui allaient être démobilisés. J'arrivai donc en Lorraine, au début de décembre, dans un petit village où je fis la classe, puis mon unité, par étapes, prit ses quartiers définitifs dans la région de Cologne. Les Allemands manquaient de tout et subissaient une inflation effrénée. Les billets de banque atteignaient des valeurs extravagantes : un milliard... cinq milliards de marks. Les Allemands avaient le sentiment qu'ils n'avaient pas été vaincus par les armes mais en partie par le blocus. Dans certaines villes, les soldats étaient passés sous des arcs de triomphe. J'étais venu plusieurs fois en permission et j'avais vu ma marraine de guerre, Marinette. Elle était jolie mais toute petite, une vraie poupée. Je la voyais tous les jours. Notre affection était toute platonique. La paix signée, mon régiment regagna son dépôt à Nîmes où je pris contact avec la civilisation gallo-romaine et où j'appris un jour que Marinette s'était mariée, mais qu'elle entendait cependant me garder comme ami. Et elle continua à m'écrire. J'avais été muté à Paris et affecté au ministère des Pensions, où travaillaient des centaines de femmes. Je m'y plaisais. Dans mon bureau le chef lisait son journal, une jeune femme ressemblant à Virginie et à Julie m'aidait dans mon travail. Sur ma table le téléphone. Chaque matin, j'appelais Marinette qui me donnait des rendez-vous auxquels elle venait rarement. Ma collègue était au courant de tout. Elle me dit :

— Vous ne voyez pas qu'elle vous mène en bateau ?

Un soir que j'attendais vainement Marinette dans une allée du Luxembourg, je vis arriver ma charmante collègue :

— Alors ? elle n'est pas là ? Elle ne viendra pas.

Elle me prit le bras et en conclusion :

— Tu viens, je t'offre à dîner boulevard Saint-Germain chez *Beulemans,* mais avant nous allons faire une promenade.

C'est ainsi que j'eus une deuxième marraine, sans jamais pourtant oublier Marinette. J'allais sur mes vingt ans. J'avais connu des femmes à robe à traîne avec volants, rubans, dentelles, manches à gigot, taille de guêpe, en jupe-culotte, jupe entravée, jupe jusqu'à la cheville, coiffures avec bandeaux et chignons...

Les femmes parmi lesquelles je vivais maintenant avaient des silhouettes toutes différentes. Leurs jupes s'arrêtaient à mi-jambes. Elles ne mettaient plus de corset. Les bottines à boutons avaient fait leur temps. Elles portaient des chaussures basses de couleurs variées. Et suprême nouveauté, elles s'étaient fait couper les cheveux, elles les portaient à la garçonne, ou à la Jeanne d'Arc, ce qui nous valut une rengaine :

Elle s'était fait couper les cheveux
Parce que c'est la mode, commode...

Les bas noirs n'existaient plus que dans les chansons. Elles soignaient leur chevelure, leur visage, leurs mains. Alors s'ouvrirent les premiers salons de coiffure pour dames. Ils se multiplièrent. L'évolution des mœurs et des comportements n'apparaissait pas seulement par des aspects frivoles. Les femmes avaient montré, si besoin en était, qu'elles avaient une tête aussi bien faite que celle des hommes, qu'elles pouvaient tenir avec courage et compétence les mêmes emplois, assumer les mêmes responsabilités. Elles avaient conquis une certaine indépendance qui s'affirmerait au fil des années et finirait par être reconnue.

Le gouvernement Clemenceau avait ramené, au printemps 1919, la durée du travail hebdomadaire de soixante à quarante-huit heures. Le samedi après-midi, nous étions libres. J'allais au cinéma ou je me promenais avec ma nouvelle marraine. Le dimanche, je retrouvais mon père, ma chambre, mes livres auxquels j'avais ajouté *l'Atlantide* de Pierre Benoit, le grand succès d'après-guerre, et enfin deux amis, les seuls que la guerre ait épargnés. Nous allions par le quartier qui tout meurtri reprenait vie. Parfois nous faisions un tour de Marne. Toutes les guinguettes étaient rouvertes. On y dansait comme autrefois au son du piano mécanique ou de l'accordéon : la valse, la polka, la mazurka, la java, la chaloupée, mais aussi le fox-trot importé depuis peu. Pour danser, en plus du prix des consommations, on vous demandait quelques sous. Souvent, face à l'établissement, une baignade limitée par des planches maintenues à la rive par des chaînes. Les baigneurs portaient des caleçons à une pièce rayés bleu et blanc qui leur couvraient le corps jusqu'à mi-cuisses. Ils gardaient leur canotier jusqu'à la dernière minute. Les chansons d'avant-guerre étaient toujours en vogue : *la Valse brune, Sous les ponts de Paris, Ferme tes jolis yeux* et une toute nouvelle faisait son chemin : *la Sérénade* de Toselli. Après de longues années revenait *le Temps des*

Cerises. Cette chanson de la jeunesse, de l'amour, de l'espérance marquait une résurrection. J'allais la chanter par les sentiers de mes collines du côté d'Ormesson et sous les ombrages de Robinson.

Il semblait qu'il y eût une sorte de continuité. Ce n'était qu'une apparence. On n'efface pas d'un trait tant d'années de douleur.

Nous étions entrés dans un nouveau monde. Seule la sagesse des hommes pouvait nous éviter le retour des guerres et nous ramener la joie, l'amour, le bonheur. Cela commençait mal. Ma classe fut rappelée pour occuper la Ruhr. Trois mois de service en plus !

CHAPITRE XXI

Quand après plus d'un demi-siècle, on survole le temps qu'on a vécu, on fait de surprenantes constatations et l'on éprouve des émotions diversement colorées ; mais les images, les événements viennent vers vous tellement désordonnés qu'il est difficile de les présenter avec la rigueur chronologique souhaitable. On retrace une grande trajectoire de vie où des clignotants s'allumeront de place en place.

En 1921, un fait divers inhabituel chez nous bouleversa l'opinion. J'avais lu dans mes illustrés d'enfant qu'au temps de Buffalo Bill, en Amérique, des trains avaient été attaqués par des Indiens. Trois bandits montés à Dijon, dans le rapide de nuit Paris-Marseille, détroussèrent les voyageurs sous la menace de leurs armes. Un polytechnicien qui avait résisté fut grièvement blessé. Les bandits, riches de leur butin, tirèrent la sonnette d'alarme, sautèrent du train et se perdirent dans la nature. Quelques jours plus tard, un bandit est arrêté, les deux autres surpris par des policiers dans un restaurant sortent leurs armes mais sont tués. Cet événement servit de thème à une chanson : *le Train fatal* interprétée par Bérard dont la voix ample se moulait si bien aux paroles qu'elle vous donnait le frisson.

En cette année, au début d'octobre, je fis mes débuts dans un village briard cerné de champs et de prairies. En ce jour de ma première rentrée d'instituteur, j'étais heureux et ému. J'aimais mon métier, je l'abordais avec un enthousiasme qui palliait mes insuffisances. Mes élèves étaient mes enfants et mon image quand j'avais leur âge.

Ils portaient des sarraus noirs ou des blouses grises. Ils étaient chaussés de galoches ou de sabots. Ils avaient apporté une bûche pour chauffer la classe. Chaque lundi chacun en poserait une dans le bûcher. L'effectif de ma classe comptait quarante-cinq élèves de six à dix ans. Ils étaient éveillés, avaient l'esprit curieux et voulaient savoir le pourquoi des choses. Avec eux, je fis maintes trouvailles. Je m'intéressais en particulier à l'enseignement du français dont les commencements demandent patience, attention et redites. Ils n'étaient jamais fatigués. Certains d'entre eux parcouraient chaque jour plusieurs kilomètres et l'hiver s'éclairaient d'une lanterne pour ne pas s'égarer.

Et l'on était dans les Années folles. On dansait, on dansait, on se pressait dans les bals nègres. Le plus fameux, rue Blomet, attirait les foules. On s'étourdissait, on se grisait dans les plaisirs les plus forts.

On essayait de sortir de soi-même, de se dépasser dans le plaisir. De nouveaux riches étalaient un luxe effréné, organisaient des parties fines qui dégénéraient parfois en orgies. On se dépravait pour un oubli total des dangers courus, des angoisses, des épreuves, alors que la France sérieuse, la France profonde relevait ses ruines.

Je passais ces années-là en compagnie de mes petits campagnards aux yeux arrondis d'étonnement ou d'intérêt quand le samedi après-midi, je leur contais des histoires.

J'entrai dans la vie civile avec mon complet Abrami que je portais pour faire la classe. Pour le dimanche, j'avais des vêtements déjà anciens. Mes liquidités : deux cent cinquante francs, ma prime de démobilisation, et cent francs, mes économies d'enfant. Mes premiers achats : une montre Lip en acier et un chapeau. Depuis dix ans, je n'en portais plus. Le dernier, le petit melon de ma première communion. Ma tête avait embelli et le chapeau mou était à la mode. Ma pension complète à l'auberge s'élevait à trois cent trente francs par mois et je gagnais environ quatre cents francs. Au 1er janvier, je fus reclassé et j'approchais des six cents francs, alors j'eus aussi mes folies : un complet-veston de bonne coupe d'une valeur de cinq cents francs, un raglan en ratine grise de même valeur, des chaussures basses acajou, à la mode, alors qu'avant 14 cette teinte pour les bottines à boutons n'était appréciée que par les « gommeux » et les « rastaquouères ».

Je commençais à acheter les œuvres complètes de Pierre Loti et d'Anatole France à couverture bleue, en beau papier, à quinze francs l'exemplaire, alors que le livre de la collection ordinaire coûtait six francs soixante-quinze. Et, suprême folie, avec ma nouvelle marraine de guerre, je passai trois jours à Trouville. Nous nous promenions sur les planches où il y avait foule, allions jusqu'aux Roches noires où quelques peintres du dimanche avaient dressé leur chevalet, s'essayant à égaler Eugène Boudin dont ma grand-mère qui avait approché les impressionnistes me parlait souvent et vantait le talent.

Dans le ciel dégagé de Paris, on voyait souvent un avion tracer avec des gaz colorés le nom de Citroën. Cet industriel, qui pendant la guerre avait monté dans la plaine de Javel une immense usine d'où sortaient chaque jour plus de cinquante mille obus, s'était reconverti et construisait des automobiles. Après le succès de l'*Atlantide* de Pierre Benoit, les imaginations étaient fascinées par le désert. André Citroën construisit des autos-chenilles qui en décembre 1922 traversèrent le Sahara. Deux ans plus tard, c'était la Croisière Noire, en 1931 la Croisière Jaune qui allait à la découverte du continent asiatique.

En l'année 1923, un événement littéraire important, la parution du *Diable au corps* de Raymond Radiguet, fit un bruit si grand qu'il toucha au scandale. Alors que des millions de femmes remplaçaient courageusement les hommes, l'image d'une jeune femme mariée à un combattant ayant une liaison avec un adolescent de seize ans exigeant, peu soucieux de patriotisme, était mal ressentie par beaucoup.

Pour les combattants, la mère, l'épouse ou la fiancée étaient des êtres sacrés dont ils attendaient les lettres avec une fébrile impatience et chaque matin ils comptaient les jours qui les séparaient de la prochaine permission. La femme était la force du soldat, c'était si vrai qu'on avait institué le marrainage. Mon frère Jacques nous racontait qu'un camarade de sa compagnie, après avoir reçu une lettre qui ne laissait aucun doute sur son infortune, fou de douleur était monté sur le parapet, avait crié et, criblé de balles, était retombé sans vie dans le fond de la tranchée. Radiguet mourut en cette même année 1923 à vingt ans de la fièvre typhoïde à l'hôpital. Coco Chanel et son amie Missia — dont il fréquentait les salons où il avait rencontré Apollinaire, Picasso, Jean Cocteau... — s'occupèrent de ses obsèques. C'est sous la pluie de décembre que Raymond Radiguet, dans un corbillard, tiré par deux chevaux blancs, traversa Paris.

Les deux ouvrages de Radiguet, *le Diable au corps* et *le Bal du comte d'Orgel,* m'avaient intéressé ; ils étaient l'œuvre d'un écrivain de talent mais aussi son souvenir se rattachait à un mince événement : lycéen d'Henri IV, il montait quelquefois dans notre compartiment du vieux train de la Bastille à Fontenay. Il était du genre silencieux, on avait fini par savoir qu'il s'appelait Radiguet, qu'il écrivait des vers, ce qui ne nous avait pas impressionnés car nous en écrivions tous.

En cette même année 1923, j'allai voir une opérette de Reynaldo Hahn : *Ciboulette.* Livret de Robert de Flers et de Francis de Croisset. Elle connut un succès extraordinaire. Aujourd'hui encore son succès est inépuisable.

Le charme de la partition et le sujet avaient d'emblée conquis le public. Le sujet : l'amour ! Une jeune maraîchère épouse un duc. J'étais attiré parce que je chantais *l'Anneau d'argent* de Reynaldo Hahn et que j'allais voir les pièces de Robert de Flers aux Variétés.

Et la scène perdit la voix d'or de Sarah Bernhardt la divine. Mes frères l'avaient vue dans *l'Aiglon* revêtue de son seyant uniforme dessiné par Poiret et mes parents dans *la Tosca* de Victorien Sardou qui me tapota la joue dans la loge de ma marraine après une représentation de *Madame Sans-Gêne* en ce vieux théâtre de Belleville.

Rien de changé dans la vie courante de la plupart des Français, qui continuaient à s'éclairer au pétrole, à se chauffer et à faire leur cuisine au charbon, à ignorer l'usage du téléphone. Cependant, il y avait un nouveau-né, le poste radio à galène (minerai de plomb). A l'époque on disait poste de T.S.F. On se mettait un écouteur sur chaque oreille, on entendait parler, rire, chanter, jouer de la musique. C'était merveilleux bien que le son restât un peu lointain. Il nous parvenait de la tour Eiffel. Le progrès courait. Au début il y avait deux postes émetteurs : Radio-Cité et le Poste Parisien.

La physionomie de nos villes changeait. A Paris, de moins en moins de chevaux, de plus en plus d'autobus à pneus pleins, de taxis et d'autos particulières. Le réseau du métro s'étendait, commençait à sortir de Paris, les tramways avaient adopté une autre silhouette. Encore quelques fiacres pour les nostalgiques du passé et les amoureux peu pressés. Des taxis plus modernes avaient remplacé en partie les taxis hauts sur pattes dont il existait des centaines en 1914.

Gallieni, gouverneur de Paris, les avait réquisitionnés en septembre 14 pour transporter des fantassins sur le flanc de l'ennemi. Ces taxis sont restés célèbres dans l'histoire sous l'appellation : les Taxis de la Marne.

Les autos avaient pour noms : Renault, Delage, Panhard-Levassor, Hispano-Suiza, Peugeot (le bébé Peugeot avait un grand succès), De Dion-Bouton, Bugatti, Citroën dont on voyait, le soir, les chevrons lumineux sur les flancs de la tour Eiffel.

Poincaré avait terminé son mandat. Deux candidats à la présidence : le Tigre et Paul Deschanel, président de la Chambre, un très bel homme, très représentatif. Le Congrès de Versailles le préféra au rugueux mais efficace Clemenceau. Une nuit, Deschanel se promenait en pyjama dans son wagon-salon, il s'accouda à une fenêtre et bascula dans le vide. Sa chute fut heureusement amortie par un tas de sable. Arrivé au terme du voyage, émoi du personnel. Le Président avait disparu. Etourdi, choqué, il avait longé la voie jusqu'à la première maison d'un garde-barrière et avait dit au grand étonnement de l'employé :

— Je suis le président de la République.

Les esprits facétieux avaient fait répondre par l'employé : Moi je suis le pape ! Les chansonniers s'emparèrent de cet événement. Cette chute l'avait laissé bizarre. Deschanel fut contraint de démissionner. Il fut remplacé par Alexandre Millerand, un ancien socialiste rendu célèbre par son discours de Saint-Mandé.

Cette même année 1920 eut lieu un événement politique très important : à Tours en son congrès, la scission du Parti socialiste.

Frossard devint le secrétaire du Parti communiste français et Léon Blum celui du Parti socialiste. *L'Humanité* serait l'organe du Parti communiste, *le Populaire* celui du Parti socialiste.

Quel était le visage de l'Europe après la signature des traités de paix ?

La tache violette qui endeuillait la carte de France depuis 1871 avait disparu. Le découpage de l'Europe pouvait surprendre. Ceux qui possédaient une géographie d'avant 1914 s'en rendaient compte. Ainsi l'Autriche n'était plus qu'un corps exsangue affublé d'une tête difforme. Des peuples qui avaient vécu ensemble pendant des siècles se trouvaient séparés, d'autres qui se connaissaient à peine étaient maintenant réunis. Ce découpage contenait des germes de conflits.

Il restait à souhaiter que les nations après l'effroyable saignée de la guerre construiraient leur destin dans la paix. D'ailleurs, pour les y aider, un organisme, la Société des nations, avait été créé. Mais les plus belles créations ne valent que par les hommes chargés de les animer. Le Sénat américain avait refusé de ratifier le traité de Versailles. L'Amérique s'éloignait de l'Europe. C'était grave.

Si on est amené à reparler de ces événements historiques lointains c'est que notre vie en dépendait directement. On en était conscient. Nous pressentions que nous ne devions pas nous reposer sur nos lauriers.

Et pourtant le prestige de la France était grand. En 1924, elle se vit confier l'organisation des jeux Olympiques. Je m'intéressais en particulier au foot-ball. J'assistai à plusieurs matchs au stade Pershing dans le Bois de Vincennes. C'est au cours de ces jeux que Rigoulot fut proclamé l'homme le plus fort du monde. Ce succès effaçait en partie la défaite de Georges Carpentier devant Dempsey en Amérique le 2 juillet 1921, ressentie comme un affront national.

En cette année-là, on ne parlait pas que de sport. On

s'enthousiasmait pour un ténor, Georges Thill, d'un immense talent et à la diction parfaite. Je l'avais entendu interpréter *la Damnation de Faust* et *Manon*. Il triomphait à l'Opéra. Ses succès éclatants l'amenèrent à chanter à la Scala de Milan. On lui donna le nom de Caruso français. A cette époque, les grandes pages du répertoire lyrique étaient très populaires.

Au milieu de ces événements disparaissait Anatole France, un éminent écrivain qui avait marqué notre littérature. J'avais lu toute son œuvre dont son dernier roman *la Vie en fleur*.

Il y avait du travail pour tout le monde. Nous allions donner la preuve de notre vitalité et la mesure de notre esprit créateur. En 1925, on s'affairait à la construction des pavillons et des attractions de l'Exposition des Arts décoratifs. Cette réalisation à la fin du premier quart du siècle, comme toutes celles qui l'avaient précédée, faisait le point de l'évolution des techniques mais elle était plus. C'était l'exposition d'un renouveau, d'une jeunesse retrouvée, d'un avenir plein de promesses heureuses.

J'y suis allé de nombreuses fois. J'ai gardé le souvenir des fontaines lumineuses en verres colorés de Lalique qui retenaient tous les regards.

1900 nous avait donné le « Modern style » caractérisé par la profusion des ornements inspirés par la femme, la flore, la faune. 1925 nous apportait le retour à la forme pure : les lignes droites, les décors stylisés, géométrisés et l'emploi de matériaux précieux telle la laque.

On s'éloignait de la guerre, sans rien oublier. Les plaies se cicatrisaient. Les échos tumultueux des Années folles s'apaisaient. En ces années 1925-1926, on était gagné par une saine joie de vivre, une griserie donnée par l'air frais d'une belle matinée d'été.

J'avais quitté mes écoles briardes. Les jeudis ou pendant les vacances, j'allais retrouver les bois, mes bords de Marne, mes coteaux ou les chemins de Robinson plantés de cerisiers qui vous invitaient à tendre la main pour cueillir les beaux fruits rouges, ardents comme l'amour. Dans nos banlieues, rien n'était changé.

Le 1er octobre 1926, je pris mon nouveau poste à l'école

de garçons, rue Saint-Louis-en-l'Ile, au cœur du vénérable et prestigieux Paris. Je ne savais pas en franchissant le seuil de cette école que je scellais mon destin. Ma classe se logeait au dernier étage. A côté une classe toute meublée mais sans élèves, à cause de la dénatalité consécutive aux longues années de guerre.

On m'avait confié les garçons qui préparaient le certificat d'études — la grande affaire en ce temps-là à laquelle tous les parents tenaient comme à la prunelle de leurs yeux — et deux ou trois qui affronteraient le redoutable concours des bourses pour entrer au lycée. J'avais une quarantaine d'élèves dont une bonne moitié étaient originaires de la Creuse, la Haute-Vienne, la Corrèze. Leurs pères étaient maçons, conducteurs d'autobus, fonctionnaires ou aidés de leur femme tenaient des commerces : café, bois et charbon, petites épiceries où l'on trouvait des produits du pays. Ces enfants qui passaient les deux mois de vacances chez leurs grands-parents, n'ignoraient rien de la vie à la campagne, comme mes élèves briards et comme des Parisiens de vieille souche connaissaient bien leur quartier.

En ces premiers jours d'octobre, l'été se prolongeait et pendant que mes élèves travaillaient, je contemplais par les fenêtres ouvertes, les limites de mon domaine. A main droite, l'église dont le clocher ajouré s'animait d'un tournoiement d'oiseaux. A main gauche, un haut mur aveugle, tapissé de lierre, où nichaient des moineaux. En face, le pavillon d'habitation du directeur et au-delà, un immeuble dont les étroites cuisines, du premier au cinquième étage s'empilaient les unes sur les autres. Des femmes s'y affairaient autour d'un fourneau ou en tenue légère s'attardaient à faire leur toilette au-dessus de l'évier.

Sous les toits des mansardes aux fenêtres fleuries de pots de géranium, l'on s'attendait à tout instant à voir apparaître pour les arroser, des grisettes sorties d'un roman de Mürger. Par instants, un phonographe au pavillon évasé comme une corolle bleutée ou une radio nous inondait de chansons : *Ramona* par la voix de Saint-Granier, *Valencia* par celle de Mistinguett et aussi *Chantez, chantez grand-mère...* Il arrivait que le silence fût total, alors on entendait tomber les heures à la grosse horloge de l'église. J'étais conquis par cet environnement et par mes élèves.

Tout les samedis, la vie extérieure entrait dans la classe par une certaine actualité. Avec des coupures de journaux nous faisions une revue des événements valeureux, des prouesses sportives, des derniers films de la semaine. Nous examinions aussi les découvertes des élèves dans les boîtes des bouquinistes.

Comme au début des temps modernes, les navigateurs qui, à bord de leur caravelle, s'élançaient sur les mers à la découverte de mondes inconnus et traçaient de grandes routes maritimes, les aviateurs ouvraient dans le ciel de nouvelles voies qui ignoraient les sinuosités du rivage.

On faisait beaucoup de bruit, en ce début de 1927, autour du projet de la traversée de l'Atlantique Nord par Nungesser paré de ses quarante-trois victoires et de son ami Coli également un as de la Grande Guerre.

Ils partirent un matin de printemps sur le bel *Oiseau Blanc*. Le lendemain, les vendeurs de journaux se répandaient dans Paris et tout en courant, criaient : ils sont arrivés. Un numéro spécial de *Paris-Sport* titrait :

Nungesser et Coli
ont traversé l'Atlantique
La traversée est faite !

et écrivait : « Un radio de Terre-Neuve nous signale le passage de l'avion Levasseur à 10 h 05 (heure française) au-dessus de l'île en route pour New York. »

Nous étions tous à la joie. La réalité était tout autre. Aucun avion français n'avait atterri sur le sol américain. On voulait espérer : *l'Oiseau Blanc* avait dû se perdre dans la forêt canadienne. Les jours passaient. Il fallut s'en convaincre. L'avion et son équipage s'étaient abîmés en mer. La mémoire de Nungesser et Coli est entrée dans la gloire.

Peu après, un aviateur américain, Lindberg, sur son *Spirit of Saint-Louis,* unissait l'Amérique à la France. Au Bourget, l'enthousiasme fut délirant. Et pourtant, quand on avait appris sa tentative, si proche de l'échec de Nungesser et Coli, on avait pensé qu'il était habité d'un grain de folie, aussi l'avait-on surnommé « le Fou volant ».

A ce moment-là, la France remporta la coupe Davis et comme les Trois mousquetaires de Dumas, ils étaient quatre : Borotra, Lacoste, Cochet, Brugnon. Elle la garda pendant des années et l'été, les hommes portèrent et portent des chemisettes Lacoste.

Bien des événements se produisirent en 1927 : le premier film parlant, *le Chanteur de jazz* avec Al Johnson, acteur blanc grimé en chanteur noir. Dans notre quartier on vit apparaître les premiers passages cloutés. Les agents, armés d'un bâton blanc, assuraient la protection des piétons. Les passages les plus célèbres étaient ceux de la porte Saint-Denis où un agent se distinguait non seulement par sa longue et magnifique barbe mais surtout par son geste large et majestueux pour régler la circulation. Il était presque devenu une gloire nationale. Les Parisiens, les touristes faisaient un détour pour aller le voir. Il y avait aussi celui de la place de l'Opéra monté à cheval, plus tard installé dans un mirador. Puis vinrent les feux lumineux.

Aristide Briand, notre ministre des Affaires étrangères, était un ardent partisan de la réconciliation avec l'Allemagne, bien qu'elle n'ait pas payé sa dette de guerre évaluée à 132 milliards de marks-or. Stresemann, son homologue allemand, partageait ses vues. Il avait signé l'accord de Locarno qui sauvegardait la paix. Sans mettre la loyauté de Stresemann en doute, la France n'était pas complètement rassurée. L'Allemagne, dans un passé récent avait considéré les traités comme des « chiffons de papier », d'autre part, elle était traversée par d'importants mouvements revanchards. Bon nombre d'Allemands pensaient que l'armée poignardée dans le dos par les Spartakistes n'avait pas été vaincue par les armes. Les Spartakistes, groupement d'inspiration communiste, s'étaient donné pour mission, dès 1917, de mettre fin à la guerre surtout par la propagande.

Ils furent écrasés en 1919 par les « Corps Francs ».

L'un des plus importants mouvements revanchards était dirigé par un certain Hitler qui, en octobre 1923, fit une tentative de putsch à Munich. S'il avait réussi, c'eût été le point de départ d'une marche vers Berlin. Après cet échec,

Hitler est condamné puis incarcéré à la prison de Landsberg où il rédige son livre explosif *Mein Kampf* (1924-1925).

La France frappée au cœur, affaiblie par la perte de sa jeunesse, restait sur ses gardes et voulait protéger l'avenir. Nos finances étaient saines et laissaient de confortables excédents. Le gouvernement décida la construction d'une puissante ligne fortifiée de la frontière suisse à Montmédy. Les travaux commencèrent en 1927. Cette longue fortification prit le nom de Maginot, ministre de la Guerre, grand mutilé de guerre. Mais pourquoi s'arrêterait-elle à Montmédy au lieu d'aller jusqu'à la mer du Nord ? Pourquoi la Belgique à qui nous étions liés par une alliance, nous avait demandé d'y renoncer ? Elle fortifierait le canal Albert. La France, comme l'Empire romain qui avait construit un *limes* pour se protéger des incursions barbares, pensait vivre et s'épanouir en toute tranquillité à l'abri de la ligne Maginot.

Le peuple russe, notre allié loyal jusqu'en 1917, souffrait de la famine.

L'Europe était loin d'avoir retrouvé son équilibre.

CHAPITRE XXII

Dès mon entrée au collège, nous avions abordé l'étude des œuvres des auteurs classiques. Nous connaissions leurs noms depuis l'école primaire et pour bien les retenir notre maître nous avait appris une phrase mnémotechnique :

« *La Corneille sur la Racine de La Bruyère,*
Boileau de la Fontaine Molière. »

Celui qui nous était le plus familier était La Fontaine, dont, au cours de notre scolarité, nous avions étudié une bonne vingtaine de fables. Sa biographie me révéla qu'une grande ferveur religieuse s'emparait parfois de lui. La lecture d'un livre de Baruch, disciple de Jérémie, avait tellement soulevé son enthousiasme qu'il arrêtait les passants et leur posait la question :

— Avez-vous lu Baruch ? Avez-vous lu Baruch ?

Un phénomène assez semblable se produisit en 1928. On entendait dire :

— Avez-vous vu *Topaze* ? Avez-vous vu *Topaze* ?

Le Théâtre des Variétés ne désemplissait pas. Pendant des mois et des mois la pièce de Marcel Pagnol connut un succès éclatant.

Quelques années plus tôt on disait :

— Avez-vous lu *Clochemerle* ?

Mes frères travaillaient dans le Marais. Le soir, à table, parfois, ils nous parlaient de ce qu'ils avaient fait dans la journée :

— Nous sommes allés chez le sertisseur rue du Pont-aux-Choux ou du Pas-de-la-Mule, chez la polisseuse rue Pastourelle ou des Quatre-Fils.

Ces noms de rues se paraient pour moi de mille couleurs et d'un appel à chercher les réalités lointaines qui s'y cachaient.

Bien connaître l'histoire de son pays est une nécessité. Il faut aller vers les hommes qui au cours des siècles ont porté des gerbes de plus en plus lourdes au moulin et nous ont faits ce que nous sommes. Mais il y a plus près de nous, une autre histoire, celle de notre rue et de notre quartier qui doit nous être familière.

Dans mon île Saint-Louis, j'avais demandé à mes élèves de choisir une rue et d'en retracer l'histoire.

Un autre coin de Paris m'attirait, celui où mes parents avaient vécu les premières années de leur mariage : la rue du Dragon, la rue Guénégaud, la rue de Buci, la rue des Canettes, la rue Saint-Benoît. J'entends encore ma mère et ma grand-mère dire :

— J'achetais mon fil, mon cordonnet à broder aux Deux-Magots.

Et moi, j'étais attablé à la terrasse du café des Deux-Magots, je dégustais une bière bien fraîche. Je surprenais des conversations :

— Alors vous avez déserté la Coupole, vous aussi ?

Le Paris artistique et littéraire comme la planète avait maintenant deux pôles : Montparnasse et Saint-Germain-des-Prés qui serait de plus en plus fréquenté. J'observais les femmes qui passaient, je me disais que la mode les servait bien et leur prolongeait la jeunesse. Alors que je profitais de la douceur du temps, je vis passer mon ancien chef de service du ministère des Pensions. Je l'appelai. Il portait une cravate et un brassard noirs. D'emblée il me fit part de sa situation. Il avait perdu sa femme et allait donner congé à son gérant.

— Pourquoi ne demanderiez-vous pas de prendre mon logement ? Je vais vous le faire visiter. Je vous présenterai à la concierge, à la propriétaire et au gérant.

Un immeuble de bonne allure en pierre de taille : peut-être, là, aurai-je un chez-moi ? Après un large couloir éclairé par une grande fenêtre avec une vue lointaine se trouvaient trois pièces de bonnes dimensions dont la cuisine avec un poste d'eau sur l'évier, un fourneau à gaz, un cabinet de débarras et les commodités. Au plafond, des ronds noirs marquent l'emplacement des lampes à pétrole. Tout est à refaire dans ce petit logement situé au pied de la Montagne Sainte-Geneviève entre le jardin des Plantes et les arènes de Lutèce. L'électricité est à installer. A cette époque la crise du logement était si aiguë qu'il y avait cinquante postulants pour un logement.

Je vois la concierge. Je lui propose mille cinq cents francs si je fais l'affaire.

Mille cinq cents francs à l'époque était une somme importante, un mois de mon traitement d'Etat. Il est vrai que je doublais cette somme par des indemnités, des études, des leçons. La propriétaire et le gérant ne m'ont pas demandé de supplément et le loyer annuel a été fixé à trois mille six cents francs. Le brave chef de service me demanda mille francs pour son entremise et aussi pour un tapis tout mité que je jetai à la poubelle. Une sorte de droit de reprise était entré dans les usages. J'emportai les meubles de ma chambre sauf le lit. Le lit de milieu n'était plus à la mode. Le *cosy-corner*, surmonté d'étagères pour les livres et les bibelots l'avait remplacé. J'avais acheté dans le Faubourg Saint-Antoine les meubles qui me manquaient dont une table de salle à manger en chêne massif à l'italienne au plateau traité en marquetterie. Elle m'avait plu, me faisant penser à ces meubles anciens qu'on admire dans un coin d'ombre d'un vieux manoir. Elle m'avait coûté mille francs. En 1909, on aurait eu une salle à manger complète pour ce prix-là. Que de joyeux festins autour de cette table qui depuis plus de cinquante ans s'est enrichie d'une belle patine que lui ont donnée nos soins !

Je m'installais donc au moment où les événements extérieurs incitaient à la confiance. Le pacte Briand-Kellogg qui mettait la guerre hors la loi, venait d'être signé par Stresemann, ministre allemand.

La troisième et dernière zone d'occupation de la Rhénanie allait être évacuée en 1930, cinq ans avant la date prévue, en contrepartie la rive gauche du Rhin serait démilitarisée. Protégés par ce glacis et la ligne Maginot, les Français pensaient être assurés de la paix pour longtemps.

Tout semblait donc porter à l'euphorie. Au Parlement, on

discutait les articles de la loi créant un régime d'assurances sociales protégeant les salariés contre la maladie et leur assurant une retraite. Les opposants à cette loi étaient nombreux et l'appelaient « la loi folle ». L'Etat n'a pas à s'occuper de la santé et de la retraite des Français, d'autre part quand le moment sera venu de payer les retraites, il n'y aura pas d'argent dans la caisse étaient leurs arguments. Mais l'esprit mutualiste l'emporta, la loi fut votée et entra en application en 1930. Ce sera la Sécurité sociale après la Libération.

Les souvenirs de guerre s'éloignaient et la vie renouait avec l'espérance. Toute la France et le monde allaient chanter *Parlez-moi d'amour* avec Lucienne Boyer. J'avais vu *la Douceur d'aimer*, un film dont on disait le plus grand bien et où Arletty par son jeu, ses reparties gouailleuses teintées d'insolence, imprégnait le cinéma français d'une charmante et saine audace.

Mais quelle cruelle déception quand on apprit qu'une crise économique sans précédent frappait l'Amérique : des millions de femmes, d'hommes allaient par les routes non seulement pour trouver du travail mais aussi en quête d'un morceau de pain. Inévitablement, la crise atteignit l'Europe, et la France ne fut pas épargnée.

Les métiers d'art furent parmi les plus touchés. Mes frères changèrent de métier, ils durent quitter à regret leurs établis et leurs précieux outils. Les affaires n'allaient pas. Ceux qui vendaient des objets précieux pour s'assurer le nécessaire perdaient beaucoup d'argent. Un Eugène Boudin à la salle Drouot dépassait rarement deux mille francs. Pour nous réconforter, Jean Mermoz surnommé « l'Archange » avait réalisé en 1929, le prodigieux exploit de franchir la cordillère des Andes et de poser son avion sur les rives du Pacifique. Le 12 mai 1930, il traversait l'Atlantique Sud. Peu après, le 1er septembre 1930, Costes et Bellonte franchissaient l'Atlantique Nord à bord de leur avion *Le Point d'Interrogation*. Mes élèves se passionnaient pour l'aviation, pour ces hommes qui allaient de plus en plus loin, de plus en plus haut et se complaisaient dans le monde des étoiles. Ils connaissaient le nom de tous les aviateurs fameux de cette époque et suivaient sur des cartes leurs voyages. Stimulantes leçons d'histoire et de géographie que l'Exposition coloniale de 1931, à la porte Dorée, rendra plus vivantes par des contacts directs.

La santé de mon père en ce début des années 30 nous donnait les plus vives inquiétudes. Nous le veillions la nuit. Il s'éteignit un soir de juillet. Depuis des semaines qu'il était alité, nous lui donnions tous les soins. Il me répétait :

— Comme tu as la main douce, mon petit.

Les siennes étaient inertes sur la couverture, ces mains naguère si vigoureuses qui avaient tant travaillé et nous avaient prodigué tant de douceurs : un grand bien-être dans une belle maison. Avec ma mère, il avait construit pour nous un monde merveilleux dont les images et le souvenir vibreraient en nous toute notre vie. Mes parents avaient fait un mariage d'amour et cet amour, ils l'avaient irradié autour d'eux.

Ma famille habitait la rue Gustave depuis près d'un demi-siècle. Mon père était estimé et respecté. Sans se mêler de la vie d'autrui, les malheurs de ses voisins ne lui étaient pas indifférents. Il était discret et savait dire à chacun un mot d'amitié. Tout le quartier était là pour l'accompagner.

J'ai refermé tous les volets de la maison comme on abaisse des paupières sur des yeux éteints.

CHAPITRE XXIII

A la fin des vacances, je revins cueillir les dernières roses de l'été. Je m'assis un long moment sur le banc, à l'ombre des marronniers déjà jaunissants. Mille pensées me traversaient l'esprit et j'entendais des échos de nos voix.

Mon cœur alourdi de tristesse s'éclairait doucement d'une durable embellie. Etait-ce un présage ?

A quelques jours de la rentrée, je m'entretiens avec mon directeur, qui relève d'une grave crise cardiaque et me demande d'assurer son service avec le mien. Un coup de sonnette : une jeune personne, toute de bleu vêtue, grande, gracieuse silhouette entre et se présente. Nommée rue Saint-Louis-en-l'Ile, elle fait visite à son directeur. Assise en face de moi, je l'observe pendant qu'elle parle : des yeux bruns lumineux animent un visage très doux. Je regarde ses mains, pas d'anneau, pas de bague de fiançailles. Mon cœur bat un peu plus vite.

J'avais été présenté :

— M. Bled, votre collègue et votre directeur car je ne peux assurer la rentrée.

— Je dois faire votre fiche signalétique. Je vais vous poser quelques questions.

— Odette Berny née à Carhaix (Finistère)...

— Un 18, comme moi, mais bien des années plus tard !

Mon directeur s'arrête d'écrire et fait cette remarque :

— J'aurais cru que vous étiez méridionale. Vous avez la voix chantante.

— C'est que mon père est d'Aquitaine.

Ensuite, je lui ai montré sa classe. Nous avons échangé quelques propos.

— J'espère que vous vous plairez parmi nous.

— J'en suis persuadée.

Et nous nous sommes séparés.

J'étais ravi qu'un hasard charmant me fit croiser le chemin d'une jolie institutrice qui nous venait de Bretagne et en moi montait l'espoir qu'un jour, prochain peut-être, appuyée à mon bras, nous nous engagerions dans celui de la vie.

Ma souriante collègue portait pour faire sa classe, une blouse rose ou une blouse bleu clair. Une grande première car si les blouses noires avaient disparu, on n'avait encore jamais vu de couleurs si tendres.

Et je me demandais si un de ses « petits mignons », comme elle les appelait, ne serait pas tenté de faire un « carton » en projetant de l'encre sur la jolie blouse. Il n'en fut rien.

Odette Berny de sa voix persuasive, doucement ferme, avait su capter la confiance et l'affection de ses élèves. C'était à celui qui aurait pour elle le plus de prévenances.

Nos conversations quand nous étions seuls, prirent rapidement un tour personnel et au fil des mois, se colorèrent d'une intimité de plus en plus grande. Puis vint le temps des prévenances. Quand le bonheur se présente, il faut l'attirer à soi pour le saisir et le garder.

J'étais convaincu que nous étions faits l'un pour l'autre et que nous tenions l'un à l'autre. Quelques jours avant la Pentecôte, je lui dis :

— Samedi, j'ai une course urgente à faire dans le quartier de l'Hôtel de Ville. Si vous le voulez bien nous pourrions faire le chemin ensemble.

— Oui, certainement.

Elle m'attendait à l'entrée du pont Marie, du côté du bateau-lavoir. Nous avons passé le pont et sur le quai, je lui ai pris le bras. J'ai senti délicieusement le sien appuyé sur le mien. Nous sommes arrivés rue du Renard. Nous nous sommes arrêtés devant une somptueuse boutique de fleuriste. Nous sommes entrés. Là chantaient toutes les fleurs et tous les coloris.

— Odette, voulez-vous choisir une douzaine de roses blanches, parmi les plus belles ?

Dans un autre grand vase, de magnifiques roses blanches, discrètement teintées de rose.

— Les trouvez-vous jolies?

— Très jolies.

— Alors ajoutez-en douze.

Je pris une rose rouge du plus bel incarnat. Avec un art consommé la fleuriste confectionna le bouquet. Il rappelait par sa forme, ces brassées que l'on serre dans le creux de son bras quand on cueille les fleurs des champs. La rose rouge au milieu des couleurs tendres éclatait comme un cœur ardent.

La fleuriste nous avait accompagnés à la porte et dans un sourire nous dit :

— Bonne fête à tous les deux !

Odette me posa cette question :

— Est-ce que la rose rouge ne serait pas vous qui ne me quitterez pas ?

Je reconnus que c'était mon intention.

Je l'ai accompagnée jusqu'à sa porte. Elle avait tiré de son sac rouge un feuillet bleu.

— Le facteur est passé pour vous. Vous lirez ce message ce soir.

Notre cœur formulait beaucoup plus de paroles que nos lèvres n'en prononçaient, mais n'avions-nous pas toute la vie pour établir un harmonieux équilibre ?

Je n'oubliais pas cependant d'ajouter :

— Voudriez-vous demander à vos parents de m'accueillir pour leur parler de vous ?

— Je vous donnerai la réponse mardi.

— Alors, à mardi.

— Oui, à mardi et aussi à toujours.

Le soir, à la clarté intime de ma lampe, j'ouvris le feuillet bleu, c'était un aveu, un élan passionné.

Quand on rencontre fortuitement une jeune fille venue d'une province lointaine, chez qui l'on pressent toutes les qualités de cœur et d'esprit que l'on souhaite pour construire sa vie de couple, c'est un hasard heureux, fabuleux. Le mardi matin, tout sourire, Odette vint à moi :

— Mes parents vous attendent dimanche vers quinze heures.

Et elle compléta cette heureuse information :

— Nous nous marierons au début d'août, nous aurons ainsi nos deux mois de vacances bien à nous.

Nous étions fiancés, nous fîmes alors le tour de ma famille. Nous avons rendu visite à ma grand-mère. Nous sommes restés un long moment auprès d'elle. Elle venait de passer ses quatre-vingt-quinze ans. Son esprit était toujours alerte. Quand nous l'avons quitté, j'ai dit à ma fiancée :

— Maintenant, je t'emmène faire la connaissance d'une personne que j'aime beaucoup.

— Oui, laquelle ?

— Ma maison.

J'avais les clefs dans ma poche et pourtant j'ai appuyé sur le bouton de la sonnette, j'ai entendu le timbre tinter dans le vestibule. Ma raison savait que mes parents l'avaient quittée depuis des années, mais mon cœur en ce jour de fête, de retrouvailles, ne voulait pas l'admettre.

La fenêtre de la chambre de mes parents s'est ouverte et mon père en cotte bleue et en chapeau de paille m'est apparu et m'a dit :

— Je descends tout de suite, ta mère me suit.

J'ai ouvert la grille, mon père est venu vers nous, ma mère le suivait. J'ai fait les présentations. Mon père a dit :

— Je vais préparer quelque chose, nous nous installerons dans la petite salle verte.

Ma mère a pris le bras de ma fiancée et nous sommes allés nous asseoir sur le banc à l'ombre du grand marronnier.

Elle a commencé :

— J'ai beaucoup de plaisir à vous connaître. Vous avez un joli prénom. Edouard depuis longtemps me parle de vous. Il m'a dit que vous étiez jolie, que vous aviez de la distinction, il ne s'est pas trompé. Edouard a le cœur généreux, de beaux sentiments, il est tendre mais est parfois soupe au lait, ce n'est pas grave. Vous ferez un bon ménage, vous serez heureux.

J'entendais en moi les échos de la voix de ma mère. Odette m'a pris la main et m'a murmuré :

— N'es-tu pas parti dans tes souvenirs ?

Un petit rouge-gorge était venu se planter devant nous et semblait nous dire :

— Je suis le maître du jardin, je vous accueille, vous êtes les bienvenus.

Nous nous sommes levés et sommes passés par les allées sinueuses de la partie boisée. L'ancienne génération était partie. A son image, la nouvelle qui se rappelait, allait créer un grand bonheur.

Nous étions arrivés dans le verger-potager. Depuis trois ans, il était délaissé. Nous foulions de hautes graminées, mais des rosiers éclataient de toutes leurs fleurs. Les plants d'asperges ressemblaient à des asparagus criblés de petites boules rouges. Çà et là des œillets de poètes. Nous étions au temps des cerises et les arbres abaissaient leurs branches alourdies pour se donner le plaisir de nous les offrir. Nous avons mis des pendants d'oreilles comme le veut la chanson et nous en avons mangé beaucoup bouche contre bouche. C'est la meilleure façon de les déguster quand on s'aime. Nous avons pris des photos, puis nous sommes entrés dans la maison. Elle était vide de meubles. Nous sommes montés dans ma chambre. De la fenêtre ouverte, nous avons contemplé l'horizon. Rien ne me paraissait changé depuis mon enfance. J'ai embrassé Odette pour que dans cette chambre où j'avais été si heureux s'ajoute un autre bonheur.

Nous avons tout refermé. Odette en me serrant le bras m'a dit :

— Ton jardin est un vrai Paradou, je l'aime. Nous y reviendrons souvent.

Nous avons pris le tramway pour regagner Paris.

J'ai voulu faire connaître à Odette tous mes horizons : les coteaux de Chenevières, les bois d'Ormesson, le petit Morbras encombré de roseaux, les bords de ma belle et romantique rivière.

C'était l'été, le temps était toujours beau avec elle. Elle portait une robe légère imprimée de coquelicots et une large capeline. Elle m'a dit :

— Je te retrouve enfant. A mon tour, je te ferai connaître ma Bretagne.

Nous nous sommes mariés au début d'août.

Nous avons passé nos vacances en Bretagne que je ne connaissais que par les romans de Pierre Loti et les chansons de Théodore Botrel. J'ai découvert deux civilisations, celle des menhirs et des dolmens, celle plus récente, bien que vieille de plus d'un millénaire, des calvaires, des clochers ajourés, des légendes, des traditions jalousement conservées. Les impressions rapportées furent si fortes que la Bretagne devint un terroir privilégié qui s'ajouta à mes terroirs familiaux. Et, chaque année, nous retournerons vers ce pays où les légendes se lèvent des lambeaux de brume qui errent sur la lande ou la mer infinies.

« Le chaland qui passe » était sur toutes les lèvres. Ses accents nostalgiques me rappelaient un livre d'Emile Moselly : *Terres lointaines* et sur les boulevards la foule se hâtait pour voir *Ben Hur* un film à grand spectacle dont on ne peut oublier les courses de quadrige.

Le 8 décembre 1932, on avait inauguré le Rex, le plus beau cinéma de Paris. On projetait *les Trois Mousquetaires* pour quelques milliers de privilégiés. Tout le monde voulut assister à une représentation du Rex. Nous ne tardâmes pas à y aller. Nous fûmes séduits par sa décoration : son ciel étoilé, ses nuages, ses jets d'eau, ses jeux de lumière, ses demeures somptueuses et fleuries. On était dans le Temple de l'illusion, de l'irréel, de la tentation visuelle.

Nous avons quitté la Montagne Sainte Geneviève et nous avons pris un appartement moderne dans une vieille rue du quartier SaintPaul, celle du PetitMusc.

La crise avait traversé l'Atlantique et s'installait en France, gagnait tout le pays. De nombreuses hautes cheminées d'usines ne s'empanachaient plus de fumée. Des dizaines et des dizaines de milliers de familles vivaient dans l'angoisse, la gêne, voire la misère. Et la violence montait de tous les horizons. Le Président Paul Doumer fut assassiné par un Russe, Gorgoulof, au cours d'une signature organisée par les écrivains anciens combattants. Connu pour son intégrité morale, il avait perdu ses trois fils au front et pour honorer leur mémoire, il avait écrit *Histoire de mes fils.*

Le Bloc des gauches venait de remporter les élections, sa cohésion face aux événements résisterait-elle mieux que celle du Cartel des gauches, disloqué en juillet 1926 ? Les difficultés à surmonter, les problèmes à résoudre ne manquaient pas : chômage, inflation, situation financière délicate, agitation entretenue par les partis d'extrême-droite d'inspiration fasciste autour de scandales financiers dans lesquels quelques parlementaires s'étaient plus ou moins compromis.

Le dimanche, quand nous nous promenions dans le quartier des Champs-Elysées, nous voyions défiler au pas cadencé, les Camelots du Roi, les Jeunesses Patriotes, les Croix de Feu, les adhérents de Solidarité française alors que dans les quartiers populaires les républicains manifestaient aux cris de : A bas le fascisme ! Le fascisme ne passera pas ! Je ne suis pas resté passif devant cette situation. Dans les vieux faubourg où un siècle plus tôt avait combattu mon grand-père, j'ai défilé au coude à coude avec des hommes en chapeau ou en casquette et aussi avec des femmes qui pensaient que la liberté et la démocratie sont des biens suprêmes qu'il faut défendre debout. Et pourtant une vague d'antiparlementarisme se faisait chaque jour plus menaçante, gagnant les plus sûrs soutiens du régime. Les crises ministérielles répétées rendaient moins crédible le travail constructif des députés.

C'est dans ce climat assombri qu'Hitler, le 30 janvier 1933 — jour fatal pour l'humanité —, arriva au pouvoir par la voie légale. L'Allemagne comptait six millions de chômeurs, ceci explique en partie cela. En moins de trois mois, il installa un régime totalitaire. La France était divisée, jamais nos rues n'avaient vue autant de manifestations. Hitler s'était déclaré notre ennemi mortel. Nous connaissions avec précision ses intentions à notre égard, ses états d'âme. Il allait fanatiser tout un peuple et le jeter contre nous.

Mussolini était au pouvoir en Italie depuis 1922, ayant instauré un régime fasciste et se rappelant à nous, de temps à autre, en réclamant la Savoie, le comté de Nice, la Corse, la Tunisie.

En somme si ces deux dictateurs s'entendaient sur notre dos, notre pays pourrait être réduit aux proportions de la France des premiers Capétiens !

C'est dans ces heures incertaines, périlleuses que des hommes et des femmes sortis du cauchemar de la première guerre, ayant repris confiance dans la vie retrouvée se mirent à trembler pour leurs enfants et que de jeunes couples comme le nôtre essayaient de se donner toutes les joies possibles, espérant qu'à l'horizon obscur se dégagerait une éclaircie qui permettrait à la vie de reprendre un cours serein.

Mais si bien cuirassées de droit et de liberté qu'elles soient, les démocraties restent fragiles, mortelles même si face au danger qui les menace, elles ne savent pas s'unir pour faire front. Le déclin les menace quand les citoyens exigent plus de droits qu'ils ne remplissent de devoirs. Or en ce début d'année 1934, l'affaire Stavisky, sans nul doute, tenait la vedette et déchaînait la presse d'opposition contre le gouvernement et le Parlement : Stavisky, brasseur d'affaires avec l'argent des autres jusqu'à la culbute et au scandale.

Chaque jour, Léon Daudet signait dans l'*Action française*, quotidien royaliste, des articles d'une rare violence écrits avec une plume trempée dans le vitriol. Des hebdomadaires, *Gringoire, la Gerbe* lui prêtaient main-forte. C'était des appels à l'émeute. Il fallait en finir avec la République et installer un pouvoir comme en Italie et en Allemagne. Les autres journaux ne restaient pas indifférents et exprimaient leur rancœur.

On entendit les pas des ligueurs marteler les pavés et les cris mille fois répétés : « A bas les voleurs, Daladier démission ! » Daladier trouvait que Chiappe, préfet de police, ne se montrait pas assez ferme à l'égard des ligueurs. Il le releva de ses fonctions. Sur l'affaire Stavisky se dressait une affaire Chiappe. La poudrière allait sauter. Le 6 février, une grande manifestation était prévue place de la Concorde. J'avais vu la veille, mon frère Jacques. Il m'avait dit .

— Je serai place de la Concorde avec le drapeau de ma section, les Anciens Combattants en ont assez des salauds qui souillent la mémoire de nos morts et de ceux qui veulent foutre par terre la République.

Cet après-midi-là, nous étions à peine installés que je vis entrer l'inspecteur. Il avait l'air grave. D'emblée, il me dit :

— Nous vivons des heures difficiles. Paris semble vivre sous une chape de plomb. Je voudrais être à demain.

Et il enchaîna :

— Je reste avec vous jusqu'à quatre heures car je veux proposer votre candidature au concours de la direction d'école à Paris. Vous êtes jeune, mais ça marchera.

Avec une table à expériences, je lui préparai un petit bureau et posai devant lui mes préparations, le cahier de roulement où chacun essaie de se surpasser pour donner une bonne physionomie du travail collectif des cahiers du jour, des cahiers de récitations, le cahier d'honneur de compositions françaises, illustrés avec un art qui annonçait de réels talents.

Je fis mes trois leçons : correction de la composition française, relevé des fautes les plus grossières mais aussi des trouvailles heureuses et après lecture des deux ou trois meilleurs devoirs, mise au point par les élèves du texte idéal qui sera porté au cahier d'honneur ; une leçon de choses sur le sable ; enfin, en géographie, les Vosges.

Les élèves étaient attentifs et pourtant certains semblaient préoccupés. Les pères d'une bonne quinzaine d'entre eux appartenaient à la garde républicaine à cheval et devaient prendre position place de la Concorde pour protéger la Chambre des députés.

A la récréation de quatre heures, les élèves ne jouaient pas, formant de petits attroupements et se concertant. A dix-huit heures trente à la sortie de l'étude, les nouvelles que nous apportaient les mères de famille n'étaient guère rassurantes. Peu de passants, pas de voitures, pas d'autobus. De notre quartier, Paris ressemblait à une ville morte veillée par de grands lampadaires à la lueur blême. Vers vingt et une heures, je descendis aux nouvelles, car nous n'avions pas de radio.

Je croisai un homme qui me dit essoufflé :

— On se bat place de la Concorde !

Le lendemain, les journaux nous apprenaient comment s'était déroulée cette funeste et grave soirée où pendant des heures et des heures s'étaient affrontés et jetés des milliers et des milliers de Français les uns contre les autres. Mes élèves m'apportèrent des billes d'acier lancées sous les pieds des chevaux pour les déstabiliser et désarçonner les cavaliers. Ils racontèrent que leurs pères avaient été assaillis par des émeutiers porteurs de cannes dont l'extrémité était armée d'une lame de rasoir. Ils avaient reçu toutes sortes de projectiles et notamment, lancés de la terrasse des Tuileries, des arceaux de fonte qui délimitaient les pelouses ou les parterres du jardin. J'ai rencontré quelques années plus tard un garde républicain, qui venait faire inscrire son premier garçon. Au cours de la conversation, il me dit que la cicatrice qu'il avait sous l'œil provenait de l'un de ces arceaux et que, sous le choc, il s'était évanoui. Son cheval l'avait ramené à la caserne dans un état de demi-inconscience.

Dix-huit morts et des centaines de blessés, tel fut le bilan de ces tragiques événements. Les mobiles des émeutiers étaient bien différents. Les uns clamaient leur dégoût et exigeaient l'exclusion de quelques parlementaires compromis dans l'affaire Stavisky. Les autres, et c'étaient les plus acharnés, voulaient s'emparer de la Chambre des députés pour renverser la République. Leur but n'avait pas été atteint car il y avait aussi des manifestants venus pour défendre la République. Il fallait rester vigilants car le danger demeurait : la France était divisée et Hitler savait qu'à dater de ce jour, il pourrait nous abattre.

Le dimanche suivant, sur les grands boulevards, nous croisions des hommes, la tête enturbannée de pansements. Daladier, président du Conseil, démissionna. Il perdit son surnom de Taureau du Vaucluse pour celui de Daladier le Fusilleur. Albert Lebrun, président de la République, pour apaiser les esprits appela son prédécesseur Gaston Doumergue dit Gastounet et lui confia la mission de former un gouvernement d'union nationale.

Les républicains manifestèrent à plusieurs reprises et les

fascistes se montrèrent de plus en plus arrogants et menaçants.

La police avait en sa possession la liste d'une vingtaine d'universitaires qui devaient être corrigés devant leurs élèves, soit leur faire avaler une dose massive d'huile de ricin, soit les déshabiller et les peindre au minium. Je figurais sur cette liste. Pourquoi ? Je fus prévenu par mon administration et protégé par la police. Je portais en permanence sur moi une arme défensive : un coup-de-poing américain.

Cette situation dura quelques mois, puis tout rentra dans l'ordre.

CHAPITRE XXIV

En 1934, on commença à parler d'un certain colonel Charles de Gaulle, à propos de son livre *Vers l'armée de métier,* où il traitait en particulier de la création d'un puissant corps cuirassé qui agirait comme un bélier pour démanteler l'armée ennemie, théorie rejetée par le haut état-major, du fait que nous étions à l'abri derrière la ligne Maginot.

En ces mêmes années, on parlait beaucoup de *la Chronique des Pasquier* de Georges Duhamel. Cet écrivain habitait quai de Bourbon, en l'Ile Saint-Louis. Médecin pendant la Grande Guerre, il avait décrit dans un livre *la Vie des martyrs* les souffrances des blessés et des malades dans les hôpitaux militaires. Comme son livre m'avait ému, et selon mon habitude, j'avais lu toute son œuvre.

Le jeudi après-midi, nous allions au cinéma. De cette année troublée, j'ai gardé en mémoire quelques films : *Angèle* de Marcel Pagnol avec Fernandel au jeu émouvant ; *le Bonheur* avec Gaby Morlay et Charles Boyer, deux acteurs particulièrement aimés du public ; *Crime et Châtiment* avec Pierre Blanchard. Nous verrions bientôt *la Veuve joyeuse* que Maurice Chevalier tournait en Amérique.

Nous avons passé nos vacances en Béarn. Dans les chemins creux, nous croisions des chars remplis de foins odorants ou de maïs, attelés d'une paire de bœufs. Le paysan, de temps à autre, touchait ses bêtes d'un long aiguillon et leur parlait pour les encourager. Et nous, nous chantions, nous chantions, laissant exploser notre joie de vivre. L'écho me renvoyait ma tyrolienne, le Betse de Pau et l'air passionné du *Pays du Sourire :*

Je t'ai donné mon cœur...
Tu tiens en toi, tout mon bonheur...

Septembre nous a retrouvés en Bretagne dans la vieille maison héréditaire à colombages, à l'ombre du viaduc et de l'église Saint-Melaine. Nous sommes revenus à Paris au moment où les grandes et fougueuses marées d'équinoxe rejettent et étalent sur les grèves d'épais tapis de goëmons.

Au cours de l'automne, nous avons appris que nous aurions un enfant qui naîtrait au début de l'été quand les jours sont les plus longs, les plus lumineux et les fleurs les plus éclatantes et les plus belles, un enfant attendu avec un amour aussi grand que celui que nous nous portions l'un à l'autre. Annie, notre fille, conçue dans une maison qui portait le numéro 18, naquit le 18 juillet 1935. Je suis né un 18 janvier, Odette, mon épouse, un 18 juin.

La somme des chiffres de 1935 égale 18. Coïncidences ou influences astrales ?

Annie montra tout de suite que si elle était venue au monde, c'était pour profiter de la vie. Ce fut une grande joie dans toute la famille. Au moment où elle naissait, ma grand-mère, sa bisaïeule, entrait dans ses cent ans, avec un esprit toujours des plus alertes. Le passé regardait se lever l'avenir.

Pendant que nous fêtions ces deux événements, la situation intérieure française était préoccupante : Gaston Doumergue avait regagné son midi natal. Un de ses successeurs, Pierre Laval, pratiquait la déflation : impôts alourdis, économies draconiennes qui frappaient surtout les ménages de fonctionnaires. Les manifestations violentes se succédaient contre les décrets-lois ; Laval restait inébranlable. Nous étions durement touchés, mais nous avions les sourires d'Annie. A la rentrée, des élèves en délégation me demandèrent de présenter notre fille à ma classe. L'un d'eux ajouta :

— Annie est notre petite sœur.

Mes élèves avaient l'habitude de me souhaiter ma fête

qui tombait alors le 13 octobre. C'est ce jour-là qu'eut lieu la présentation, vers dix-sept heures, ma classe se terminant à dix-sept heures trente.

Odette arriva vêtue de son trois-quarts cravaté de bleu, coiffée d'un « chapeau miss » de feutre bleu. Elle suivait la mode avec goût et discrétion, j'étais heureux et fier d'être le compagnon d'une femme aussi jolie. Elle portait dans ses bras la petite Annie enveloppée dans son burnou rose. Mes élèves s'étaient endimanchés, ils se levèrent et applaudirent. Nous nous tenions tous les trois devant eux. Ce fut une explosion d'exclamations joyeuses. Sa maman fit esquisser par la petite Annie un baiser.

Un élève offrit un bouquet à mon épouse, un petit cadeau à Annie. Quant à moi, j'avais reçu un hortensia bleu et des livres et sur le tableau noir était écrit en craies de différentes couleurs : Bonne fête ! Vive la Saint-Edouard !

La classe était une famille.

C'est dans les joies et les exigences de la paternité que je préparai le concours de la direction d'école à Paris. En février 1936, je l'affrontai. Le président de ma commission était Paul Rivet, grand savant, membre du Comité des intellectuels anti-fascistes. Je fus reçu, le plus jeune dans un très bon rang. Etre directeur d'école à Paris était une situation enviable bien qu'elle ne fût plus ce qu'elle avait été avant 1914.

Quoi qu'il en soit, c'était une promotion que j'appréciais et qui aurait comblé de fierté mes parents.

Libérés de cette préparation contraignante, nous nous sommes lancés dans la réalisation d'un grand projet d'enseignement de l'orthographe. N'était-il pas curieux qu'avant de nous connaître, nous nous soyons engagés, chacun de notre côté, dans la recherche d'une pédagogie nouvelle ?

Des obligations familiales nous amenèrent à passer une partie des vacances de Pâques à Lille. C'est là qu'un matin, les journaux et la radio nous apprirent que des bataillons allemands, une pelle ou une pioche sur l'épaule, avaient franchi le Rhin et commencé l'occupation de la Rhénanie. L'émotion fut très vive.

Nous étions impatients de connaître les réactions de

notre gouvernement. On entendit à la radio l'apostrophe fameuse d'Albert Sarrau, président du Conseil :

— Nous ne tolérerons pas que Strasbourg soit sous le feu des canons allemands.

Mais de réactions, il n'y en eut pas. Gamelin, généralissime consulté, prétendit que l'armée n'était pas prête. Pourtant il ne s'agissait pas d'entrer en guerre. N'eût-il pas suffi d'une simple démonstration de force, de quelques régiments entrant en Rhénanie, l'arme à la bretelle pour prouver à Hitler que la France n'était pas prête à accepter ses volontés ?

Hitler avait bien choisi son moment : la France était engagée dans une campagne électorale passionnée qui divisait les Français. Le Front populaire affrontait tous les autres partis. De plus, il avançait un argument : le pacte franco-soviétique qui se discutait au Sénat était contraire au traité de Locarno.

J'ai assisté aux assises du Front populaire au vieux vélodrome de Buffalo et j'ai vu, sur une estrade drapée de tricolore, Edouard Daladier, Maurice Thorez, Léon Blum lever un bras au-dessus de leur tête et se joindre les mains tandis que les assistants tendaient le poing en signe d'union, unis comme les doigts de la main, et chantaient *la Marseillaise*.

Au début de mai, le Front populaire gagnait les élections. Les Français épris de liberté sentirent tout d'un coup que la chape de plomb qui pesait sur eux depuis février 34 avait disparu. On avait l'impression heureuse de respirer plus profondément.

C'est dans les remous de ces événements retentissants qu'Annie s'élança dans la vie en esquissant ses premiers pas. Bientôt, plus assurée, tenant la main de sa maman elle se promènerait dans les allées de notre jardin.

Avec mon frère Jacques, nous avions racheté notre maison. Nous entreprîmes de repeindre les volets métalliques et de faire revivre le jardin. Nous y allions presque tous les dimanches et parfois le jeudi après-midi. En moi, montait l'image merveilleuse de ma mère ouvrant ses bras à notre petite fille. Nous rencontrions des voisins du temps de mon enfance et nous nous arrêtions pour bavarder un moment. En passant devant le 10 de la rue Gustave, je ne pus résister à un élan du passé :

— Là habitait Virginie.

— Un bien joli prénom. Mais qui était Virginie ?

— Une jeune femme, blonde comme les blés.

— Et jolie ?

— Très jolie. Je te raconterai.

Et sur le banc des confidences, à l'ombre du grand marronnier qui flambait de toutes ses fleurs, j'ai raconté l'aventure romanesque de mes quinze ans avec Virginie.

Attentive, Odette écoutait l'évocation de ces souvenirs lointains.

— Je ne peux que la remercier, elle t'a préservé des rencontres dangereuses.

Nous nous sommes levés. J'ai pris Annie dans mes bras et tous les trois nous nous sommes engagés dans les allées du jardin.

Nous ne manquions jamais de rendre visite à ma grand-mère. Chaque fois nous la trouvions changée sans que ses propos fussent défaillants. Comme une lampe qui vacille, elle s'éteignit doucement dans la sérénité d'un soir. Avec mon frère Paul, nous l'avons veillée. C'était sa dernière nuit dans sa maison, en son salon où pendant des années elle m'avait entraîné à la recherche du temps perdu. Mon frère Paul sommeillait dans un fauteuil. Moi je m'étais blotti sur le canapé rouge pour mieux la retrouver. Les cierges alourdissaient l'air. Je suis sorti et je me suis assis sur la marche la plus haute du perron où je me tenais près d'elle quand j'étais enfant. Les étoiles s'éteignaient une à une dans le ciel pâlissant qui se parerait bientôt des lueurs changeantes de l'aurore.

Les grand-mères sont la mémoire du monde. La mort est encore la vie quand on a su transmettre toutes les richesses que l'on porte en soi.

Tout cela resterait vivant en moi. Elle partait, mais en la douceur de ce matin calme, des enfants, par milliers venaient de naître : la vie, si près de la mort.

Le gouvernement présidé par Léon Blum se mettait au travail dans un environnement difficile de grèves interminables. Les communistes ne participaient pas au gouvernement mais apportaient leur soutien. Trois femmes, Suzanne Lacore, Mme Brunschwig et Mme Irène Joliot avaient des portefeuilles de sous-secrétaires d'Etat. Innovation remarquable si l'on considère que ces femmes éminentes, comme toutes les Françaises étaient privées du droit de vote. Léon Blum ne se décida pas à changer cela, craignant l'influence du clergé. La postérité retiendra surtout de l'œuvre du Front populaire, la loi ramenant la durée du travail hebdomadaire de 48 à 40 heures et les congés payés. On a peine à concevoir que des hommes et des femmes aient travaillé toute une année sans pouvoir s'évader vers leur terroir ou des horizons de leur choix. Avant cette loi, le personnel de l'Etat, des collectivités locales et d'importantes sociétés privées bénéficiaient de vacances payées. Et Dieu sait si les deux mois de vacances des enseignants étaient jalousés !

Ces deux mois furent portés à deux mois et demi. Dorénavant les écoles fermeraient le 13 juillet. A Pâques, les enfants de la Communale auraient deux semaines au lieu de une et demie.

Annie avait maintenant un an. C'était, comme beaucoup d'enfants de cet âge, un petit personnage rieur et espiègle. Et nous sommes partis passer un mois au bord de la mer. Mais certains qui n'avaient pas l'habitude « des grands voyages » paraissaient empruntés et désorientés.

Les Sables-d'Olonne sont une station vivante, gaie. Sur le remblai, les promeneurs étaient nombreux et l'on pouvait entendre des réflexions ironiques ou dédaigneuses :

— Vous les avez vus ceux-là, encore des congés payés !

Comme si ces braves gens qui venaient de conquérir le droit à deux petites semaines de vacances leur retiraient un morceau de privilège.

Pour consolider les bienfaits de l'air marin, nous avions loué une petite maison dans un village corrézien, au pied des Monédières.

Notre train partait vers les cinq heures. Sur le quai, c'était un véritable spectacle : des familles entières accompagnant ceux qui allaient retrouver le pays, des groupes folkloriques, des hommes en blouses courtes sur leurs vêtements, coiffés de feutres à larges bords, un foulard rouge autour du cou et les femmes en larges jupes rouges, tabliers et portant des coiffes ornées de ruban.

Tous ces gens heureux dansaient la bourrée au son de l'accordéon ou de vielles en poussant des cris pour rythmer leur pas de danse. On annonçait le départ du train, on sortait de grands mouchoirs de couleur pour se dire adieu. C'était toute une province qui rentrait chez elle.

Dans le compartiment, la conversation allait bon train. On parlait à cœur ouvert, les difficultés de la vie semblaient irréelles ou aplanies. Nous fûmes rapidement adoptés ; ne rendions-nous pas visite à leur terroir ? Au moment de dîner, il fallut goûter à tout ce que nos compagnons avaient emporté. Nous regardions le paysage par instants, la fumée noire de la puissante locomotive s'étalait sur les pâtures ou s'accrochait aux arbres et aux buissons. De petites particules de charbon venaient se coller sur nos visages.

Les wagons de ces longs convois colorés et tout retentissants qui partaient vers les provinces portaient le nom d'un réseau : Orléans, PLM, Ouest-Etat... Bientôt, ils allaient être remplacés par le sigle SNCF. L'Etat venait de fondre toutes les compagnies en une seule qu'il contrôlait : la Société nationale des chemins de fer français, avec Raoul Dautry comme premier président.

Nous sommes descendus à Uzerche sous un ciel éclatant d'étoiles, accueillis par l'enivrante odeur de foins coupés.

Un jeune pasteur, fils des épiciers du village, nous attendait avec sa voiture. Et, par des routes qui tournaient, tournaient, montaient, montaient, nous allions vers un mois de vacances heureuses.

On chantait « Tout va très bien, Madame la Marquise », on admirait Raimu dans le « César » de Pagnol.

Je redécouvrais *le Canard Enchaîné,* spirituel hebdomadaire satirique que je lisais avec délices de la première à la dernière page.

La scolarité avait été portée à 14 ans. Des centres d'apprentissage avaient été créés. Depuis des années, je tenais une classe de préapprentissage et, sans vanité, je dois dire que je réussissais plutôt bien. J'avais su harmoniser l'enseignement général avec l'enseignement professionnel. Je reçus la visite de nombreux inspecteurs auxquels j'exposais mes idées. A l'école de nouveaux visages apparaissaient : ceux des petits Espagnols que leurs parents anti-franquistes mettaient à l'abri en France.

Ils côtoyaient les enfants juifs allemands dont les familles avaient fui les persécutions nazies. Les ligues factieuses en France avaient été dissoutes mais la presse d'extrême-droite n'en était que plus violente contre les juifs et les francs-maçons et en premier lieu contre ceux qui siégeaient au gouvernement.

Les Français étaient plus divisés que jamais, alors que face à la montée des périls, ils auraient dû serrer les rangs.

La Rhénanie était maintenant occupée militairement. Le glacis qui nous protégeait avait disparu et, face à la ligne Maginot, les Allemands construisaient une ligne fortifiée, la ligne Siegfried et s'affairaient à forger une armée ultra-moderne pour conquérir leur « espace vital ». La Belgique, qui s'attendait à une réaction ferme et résolue de notre part pour stopper les ambitions d'Hitler lors du passage du Rhin par les bataillons de travailleurs allemands, dénonça son traité d'alliance avec nous. La ligne Maginot s'arrêtant à Montmédy, une brèche était ouverte à l'invasion. Nos autres alliés sans aller jusque-là prirent leurs distances.

Hitler refusait de serrer la main à Jesse Owens lors de la cérémonie d'ouverture des jeux Olympiques à Berlin. Edouard VII dut abdiquer pour épouser l'Américaine divorcée qu'il aimait.

Deux grandes figures disparurent : Jean Mermoz dans l'Atlantique Sud à bord de son hydravion la *Croix du Sud* et le commandant Charcot, explorateur polaire de réputation mondiale avec le trois-mâts le *Pourquoi-Pas ?* pris dans une tempête-ouragan d'une rare violence au large de l'Islande.

1936 : Rose et noire, année des espérances réalisées et des inquiétudes les plus graves.

CHAPITRE XXV

1937 — Sur les deux rives de la Seine, à la hauteur du cours La Reine se bâtissent les pavillons de l'Exposition universelle qui doit ouvrir ses portes au printemps.

Nous avons visité cette exposition trois ou quatre fois. Elle ne nous a pas laissé le souvenir d'une réussite. Quand elle ferma, quelques pavillons n'étaient pas encore terminés.

Léon Blum est remplacé par Chautemps. Le pape condamne le nazisme mais Hitler n'a que faire du spirituel et de doctrine humanitaire. La guerre civile espagnole se poursuit avec acharnement.

Nous avons retrouvé les Sables-d'Olonne et, avec Annie, je me suis livré aux jeux de la plage, ce que je n'avais pas fait dans mon enfance car je quittais rarement ma rue et mes horizons campagnards. La promenade sur le remblai était plaisante. On croisait des Sablaises en costume traditionnel : jupes noires courtes et plissées, corsages à manches bouffantes, coiffes de dentelle aériennes dites « papillon ». Elles étaient fières de faire claquer leurs sabots. Les estivantes portaient des shorts blancs qui découvraient de belles cuisses brunies par le soleil, des chemisiers à manches courtes, plus ou moins échancrés.

Les femmes commençaient à se dénuder avec pudeur et beaucoup de grâce. Ces silhouettes étaient différentes de celles que j'admirais sur la Croisette à Cannes vers 1928-1929. Les femmes portaient alors des pyjamas de plage très seyants, de couleurs variées : blancs, bleu marine, bleu turquoise, mais cachant le corps que l'on devinait souple, détendu, attirant d'abandon sensuel.

Les hommes se contentaient de pantalons de flanelle ou de pantalons à pont, en toile bleue ou ocre et de chemisettes « Lacoste ».

Des cafés, des hôtels-restaurants avec des terrasses, un dancing, un cinéma entretenaient une animation joyeuse. A l' « Ami Pierrot » les amateurs passaient au crochet avec l'espoir de se faire applaudir, de gagner un prix et de prendre de l'assurance. Un soir, à la terrasse du « Grand Hôtel L'Océan », nous avons pour la première fois vu et entendu Charles Trenet, le chapeau de paille bien calé sur l'arrière de la tête, alors que Maurice Chevalier le portait sur le devant. Il y avait foule pour l'écouter. Il se démenait beaucoup et faisait bien vivre ses chansons.

En rentrant de vacances, nous avions rendu visite à notre maison. Dans le jardin, comme a si bien dit le poète : « Et les fruits ont passé la promesse des fleurs ». Dans nos paniers, véritables cornes d'abondance se mêlaient : poires, pommes, pêches, coings veloutés. Comme on aurait voulu que ce vers prometteur ne s'appliquât qu'aux bienfaits de la nature et que les vociférations d'un dictateur ne restassent que de sonores agressions verbales ! Hélas, dans les premiers jours de mars 1938, il annexe l'Autriche. Les magasins tenus par des juifs sont signalés par l'étoile jaune et leurs propriétaires soumis à des brimades constantes. Les juifs essayèrent de fuir cet enfer. Dans cette Europe qui se voulait à la tête de la civilisation, la chasse à l'homme était commencée.

Dans la noirceur de ces jours, je fus nommé directeur de l'école 21, rue Saint-Louis-en-l'Ile où j'exerçais depuis douze ans. J'étais l'homme le plus heureux de la terre. J'allais rester dans une école que j'aimais, près d'enfants à qui je portais intérêt et affection. Je les verrais s'épanouir avec la même joie que l'on éprouve à voir fleurir les arbres que l'on a plantés. Enfin, je m'incorporerais plus étroitement encore dans un quartier, l'un des plus beaux du monde, où je me sentais depuis longtemps si bien chez moi.

Depuis quelque temps on parlait des Sudètes, non seulement de la chaîne de montagnes longue de deux cents kilomètres qui en Tchécoslovaquie marque sa frontière avec l'Allemagne, mais des populations du même nom, d'origine allemande, qui peuplaient cette région et dont les ancêtres s'étaient fixés là, il y avait bien des siècles. Et voilà que des incidents surgissent dans cette région des Sudètes. Ils deviennent de plus en plus fréquents et se font de plus en plus graves.

Ils sont l'œuvre de provocateurs nazis pour justifier une intervention d'Hitler qui devient de plus en plus probable. La Tchécoslovaquie est une fidèle alliée de la France qui en cette première phase la soutient : des réservistes de plusieurs classes sont rappelés, un important matériel militaire est acheminé vers nos frontières de l'Est. Les Allemands se font de plus en plus menaçants, la guerre est à nos portes.

Le 29 septembre, Chamberlain proposa la réunion d'une conférence internationale. Elle se tint à Munich dans les tout premiers jours d'octobre. Y participaient : la France, l'Angleterre, l'Allemagne, l'Italie. Les Tchèques, les principaux intéressés, restaient à l'écart des discussions. La rentrée des classes se fit dans une atmosphère lourde d'inquiétude, alors que d'habitude ce jour de retrouvailles se teintait d'un air de fête. Une commission était chargée de délimiter la partie des Sudètes qui reviendrait à l'Allemagne. La France et l'Angleterre avaient fait pression sur la Tchécoslovaquie pour qu'elle acceptât ces conditions. Quand Daladier et Georges Bonnet rentrèrent à Paris ils s'attendaient à être sifflés, à recevoir des projectiles divers. Ils furent acclamés comme des sauveurs de la paix. Daladier aurait dit :

« Pauvres cons, s'ils savaient ! »

Et nous avons su.

Avec le territoire des Sudètes, Hitler recevait la ligne fortifiée qui y sinuait et assurait la défense de la Tchécoslovaquie. Bientôt ce pays cesserait d'être souverain.

Comme beaucoup, j'étais douloureusement indigné et peut-être à un degré plus fort car je revoyais en mars 1918, dans la caserne du Mans où je faisais mes classes, les Tchèques arrivant d'Amérique pour nous aider à faire front. Et l'on comprend le geste de dégoût de ces officiers tchèques qui pour la plupart, dans nos écoles militaires, avaient défilé devant une poubelle et y avaient jeté leurs décorations françaises. Parmi eux, il y en avait peut-être que j'avais croisés dans la cour de la caserne.

Mais la vie était là pressante et nous invitait à profiter du présent immédiat, son cheminement pouvant être modifié brutalement à tous moments. Nous ne manquions pas de voir les derniers films dont *Quai des brumes* avec Jean Gabin et Michèle Morgan, une jeune vedette aux yeux verts dont le regard étrange nous fascinait.

A Noël, nous avons fait une grande fête à l'école, dans le préau, joyeusement décoré par les enfants. Chaque classe a produit son numéro. Le soir, nous nous sommes promenés sur les grands boulevards alors que les petites boutiques installées sur les trottoirs leur apportent une animation joyeuse et un charme particulier.

Les bonimenteurs retenaient les badauds et des gitanes vous interpellaient pour vous prédire l'avenir.

C'est ce soir-là qu'une d'elles m'avait pris la main, m'avait prédit longue vie et une nette amélioration de notre vie matérielle dans un proche avenir.

On est toujours heureux de s'entendre dire des choses agréables, nous avons souri mais au fond de nous-mêmes nous sommes restés sceptiques car ni l'un ni l'autre nous n'avions d'oncle à héritage ni en Amérique ni ailleurs. Notre héritage nous devions le construire nous-mêmes. Nous travaillions ardemment à notre ouvrage classique et peut-être étions-nous sur le bon chemin s'il séduisait un éditeur.

Odette tenait sa classe, sa maison, s'occupait de sa fille, me donnait sa collaboration pour notre livre. Elle se couchait à onze heures, après une grande étreinte. Je la regardais dormir, je suivais le rythme souple et régulier de sa respiration, son jeune et beau visage encadré de cheveux courts légèrement bouclés, détendu sur l'oreiller : ma femme, mon amie, mon amante, riche de toute la tendresse du monde, riche de tous les dons. Mon cœur se serrait à l'idée que nous pourrions être séparés. Des événements tragiques se succédaient. Le sol sur lequel nous avancions se dérobait sous nos pas.

Qu'allait nous apporter l'année 1939 ?

Après que les Allemands se furent installés dans la région des Sudètes, ce fut la curée. La Pologne et la Hongrie exigèrent des portions plus ou moins importantes du territoire tchécoslovaque. Puis la Slovaquie, elle-même, s'en sépara. En mars, après que le président Hacha ait été soumis à des pressions physiques indignes, les troupes allemandes entraient à Prague.

J'ai encore en mémoire la photo parue dans les journaux et *l'Illustration.* Des soldats allemands casqués, le fusil à l'épaule, baïonnette au canon, défilent dans une rue. Sur un trottoir, quelques passants les regardent. Les visages sont graves, crispés, désolés. En arrière plan, des hommes les yeux pleins de souffrance et de haine lèvent le poing, tandis que la foule affectant l'indifférence continue de circuler. C'est un document poignant de vérité qui témoigne de la douleur d'un peuple qui vient de perdre sa liberté. La Tchécoslovaquie n'existe plus !

Et je reçois circulaire sur circulaire. Il faut expliquer aux enfants qu'il peut y avoir la guerre et que le quartier risque d'être bombardé par des avions. Dès le premier coup de sirène, le travail doit cesser immédiatement. Sans précipitation, rapidement cependant et en bon ordre, les élèves doivent s'apprêter à gagner les abris. En attendant d'entendre les sirènes, je fais des exercices d'évacuation en donnant le signal avec mon sifflet. Les abris sont signalés par des affichettes apposées à la porte des maisons. Trois sont affectés à l'école, quai de Béthune, dont un parfaitement aménagé dans l'immeuble d'Helena Rubinstein. Bientôt on distribue des masques à gaz à la population, on livre des sacs de sable à entreposer sur le palier de chaque étage.

Tous ces signes marquaient la montée des périls et l'imminence d'une catastrophe.

Et voilà qu'Hitler agitait la question de Dantzig. Il voulait défaire le traité de Versailles puisque tout lui réussissait.

Nous avions convenu que nous aurions trois enfants. Nous aurions dû en accueillir un en 1939. L'incertitude, la gravité des heures nous obligeaient à y renoncer. Nous avons souvent pensé à cet enfant, à toutes les joies qu'il nous aurait données. Les événements l'ont empêché de naître !

Un autre coup devait me frapper. Mon frère Jacques nous demanda de lui racheter sa part de notre maison familiale. Nous ne le pouvions pas. Il fallut la vendre. Ce fut un choc très dur. Ma maison était un être vivant qui avait veillé sur mon enfance, mon adolescence et avait enrichi ma mémoire de souvenirs chauds et tendres. J'étais déchiré à l'idée de ne plus pouvoir pousser la grille de mon jardin, de ne plus tourner la clef dans la serrure de la porte d'entrée. Longtemps, longtemps et même encore parfois j'ai rêvé que je me glissais subrepticement dans ma chambre d'enfant. Je regardais le ciel jusqu'aux collines. Je m'allongeais sur mon lit et je m'endormais entendant la voix paisible de ma mère me dire : Dors bien, mon enfant ! »

L'on entendait la voix un peu acide de Paul Reynaud stimuler les Français : « Finie la semaine des deux dimanches ».

La République espagnole était vaincue. Les débris de son armée s'étaient réfugiés en France. Maintenant nous avions trois dictateurs à nos frontières : Franco, Mussolini, Hitler.

Pour nous mettre un peu de baume au cœur, nous avons réuni mes frères un dimanche à la maison. Odette portait une robe de soie à fond noir, à riche semis de fleurs de vives couleurs qu'elle avait achetée aux Magasins du Louvre. Elle était ravissante dans l'épanouissement de ses trente ans.

Comme autrefois, nous avons chanté en nous levant autour de la table. Toutes nos chansons d'autrefois y ont passé. Et comme mes frères se retrouvaient dans une école ils m'ont demandé si je n'avais pas quelques billes, ils en feraient bien une partie dans la cour. J'avais gardé quelques agates dans le grand sac rouge que ma mère avait coulissé pour moi. Ils ont joué à la tapette, à la marelle, à saute-mouton... Ils étaient redevenus des enfants, ressaisis par leur jeunesse, ces hommes valeureux, anciens combattants de la Grande Guerre. Quelques jours plus tard nous allions voir *Ondine*, la pièce de Giraudoux interprétée par Jouvet et Madeleine Ozeray.

L'année scolaire touchait à sa fin. Au début de juillet l'inspecteur a réuni les directeurs et directrices. Il nous a remis une grande enveloppe. Elle contenait les instructions d'évacuation des enfants vers la province. Il nous souhaita bonne chance et nous serra la main. Odette s'était portée volontaire pour participer à l'évacuation des élèves de l'école.

1939 était le cent cinquantième anniversaire de la prise de la Bastille. Dans les premiers jours de juillet, des milliers d'enfants des écoles de Paris furent groupés sur la place de l'Hôtel-de-Ville agitant chacun un mouchoir remis par la municipalité, bleu, blanc ou rouge portant les armes de la Ville de façon à former un immense drapeau tricolore. Nous étions du côté de la Seine et nous avions un mouchoir bleu. Le président Lebrun a prononcé quelques paroles, nous avons tous crié « Vive la France ». La cérémonie s'est terminée par une vibrante *Marseillaise.* Et ce fut la distribution des prix dans la grande salle d'honneur de la mairie. Nous avons voulu qu'en raison des circonstances elle restât dans la mémoire des enfants.

Dès le 15 juillet nous étions à la plage.

Annie vient de passer ses quatre ans et comme tous les enfants, elle aime rire, chanter, danser et suprême plaisir se déguiser. Nous louons pour elle un costume de Sablaise et avec mon 6 1/2-11 à soufflet je l'ai photographiée près d'une maison de pêcheur. C'est une des plus belles photos que j'aie jamais faites.

Mais nos joies restaient fragiles car nous vivions des heures fiévreuses. Le bonheur ressemblait pour tous à un fruit défendu où l'on mord hâtivement à belles dents dans la crainte de ne pouvoir le savourer en entier.

Bien souvent en vacances, on ne lit que fort distraitement les journaux, là, on prêtait l'oreille à toutes les rumeurs et l'on ne manquait pas d'écouter la radio. Allait-on mourir pour Dantzig ?

Dantzig obtenu, Hitler démembrerait la Pologne.

Or la France et l'Angleterre avaient garanti les frontières de cet Etat allié.

Une mission franco-britannique se rendit à Moscou le 12 août 1939 pour demander le ralliement de la Russie à notre cause au cas où l'Allemagne nous attaquerait. Simultanément les Soviétiques menaient des négociations avec Hitler qui débouchèrent sur le pacte de non-agression germano-russe. Nous avions été bernés ! Dans l'opinion ce furent la stupeur et l'indignation et chacun se convainquit que la guerre était imminente. Les Allemands avaient maintenant les mains libres.

Les réservistes furent rappelés. Et alors que nous nous promenions sur la jetée, et que nous nous laissions envahir par les promesses optimistes des chansons, surgit l'information : « Les porteurs du fascicule n° 6 doivent rejoindre immédiatement et sans délai leur centre de mobilisation. » Odette savait que je portais le fascicule n° 6. Il figurait dans mon livret militaire que j'avais emporté. Nous nous sommes arrêtés, figés sur place, j'ai dit :

— Rentrons, je partirai ce soir. Nous nous donnions le bras, bien serrés l'un contre l'autre et je donnais la main à ma petite fille. Comme le bonheur est fragile !

D'un seul coup, la plage était à demi déserte. La chanson de Rina Ketty, *J'attendrai ton retour*, rendue plus émouvante par les intonations de sa voix et son léger accent résonnait jusqu'au plus profond de nous-mêmes. Cette promesse insistante d'une femme à un être aimé devenait celle de toutes les femmes qui attendraient pendant des mois et des mois le retour d'un fils, d'un mari, d'un fiancé, d'un amant.

Odette m'a accompagné à la gare. La salle des pas perdus était noire de monde. Nulle exubérance. Des couples, comme le nôtre, se tenaient à l'écart pour se dire des paroles d'espoir et d'amour. Nous étions pris dans un engrenage, nous ne pouvions échapper au destin. Dans le train, j'ai rencontré des collègues. Ils parlaient avec véhémence de la trahison de Staline qui rendait la guerre inévitable. Dans les gares, toutes les lumières étaient voilées de bleu. Il en était de même à Paris, où je débarquai au petit matin. J'enfilai un vieux costume et gagnai le fort d'Ivry, muni de mon masque à gaz et d'une musette.

Habillé de bric et de broc, j'avais dû garder mon pantalon civil sur lequel j'avais enroulé des bandes molletières réglementaires. Casqué, armé d'un vieux fusil Gras, doté de cinquante cartouches, je pris place dans un autobus. Nous étions tous dans le même accoutrement, une réplique de l'armée de Bourbaki. Bientôt je reconnus le chemin suivi et les paysages. Nous nous arrêtâmes à La Varenne, près du pont de chemin de fer qui enjambe la Marne et devant une guinguette, notre cantonnement, où je m'étais attablé jadis avec mon copain Henri pour boire une limonade en regardant les couples danser au son de l'accordéon et d'un piano mécanique. Et sur l'autre rive, lorsque j'étais enfant, je taquinais l'ablette, le gardon en compagnie de mon père et de Jacquot. Une nouvelle étape de ma vie me faisait retrouver mes horizons. Ce pont revêtait une grande importance stratégique, car en plus des trains de la ligne Paris-Bastille, circulaient de nombreux convois de matériel militaire et de troupes qui empruntaient la Grande Ceinture. Des sentinelles étaient postées sous le pont, sur chaque rive de la Marne et sur le pont à chaque extrémité. J'avais souvent comme compagnon, un bon copain, plus jeune que moi du genre peu rassuré. Quand nous faisions équipe, au lieu de surveiller de son côté, il venait bavarder avec moi. Il n'avait pas connu les heures de garde pendant la Grande Guerre à la corne d'un bois, dans un dépôt de munitions avec des tirailleurs sénégalais qui ne badinaient pas avec la consigne. Les Allemands s'étaient jetés sur la Pologne et avec les Anglais nous sommes entrés dans la guerre pour soutenir notre Alliée.

Sa grand-mère avait emmené Annie en Bretagne, dans notre vieille maison au pied du viaduc de Morlaix. Odette était partie vers la Normandie avec les enfants de l'école dont les familles avaient demandé l'éloignement de Paris. Lorsqu'ils débarquèrent à Bayeux avec leur maigre petit bagage, des femmes pleuraient et exprimaient leur peine :

— Les pauvres petits, les pauvres petits !

Si je continuais à regarder passer les trains, ce n'était plus l'arme au pied, j'étais entré au bureau de ma compagnie en la gare de Nogent, Paris-Est, près du pont de Mulhouse qui était étroitement surveillé.

Odette était à quatre cents kilomètres de moi, elle servait de mère à des enfants déshérités du quartier et ma petite fille Annie à six cents kilomètres en Bretagne. Aussi étais-je journellement penché sur une feuille de papier à lettre. Chaque matin, le vaguemestre me remettait une lettre provenant de Normandie et aussi de Bretagne. Autour de moi, on s'étonnait :

— Mais qu'est-ce que vous pouvez vous raconter ?

— Tout simplement ce que vous dites à vos femmes.

— Pour nous, c'est vite fait.

Et parfois, ils laissaient échapper, par gloriole, des paroles que leurs épouses auraient été choquées d'entendre. Mais pour Odette et pour moi, notre conversation par lettre était soutenue par un grand amour. Mais il fallait bien l'admettre, notre séparation si dure qu'elle fût était supportable en compensation de ce qui se passait sur notre front de Lorraine, où un de mes élèves âgé de vingt-trois ans, un doux, un rêveur, que tout éloignait de la violence, venait d'être tué. C'était la première victime de notre île Saint-Louis.

Ce qui se passait en Pologne était dramatique. Après vingt-six jours de bombardement, les Allemands entrèrent à Varsovie. Une armée russe envahissait la Pologne. Prise entre deux feux, toute résistance devenait impossible. L'Allemagne et la Russie se partagèrent la Pologne. Le Parti communiste avait été dissous, le 26 septembre 1939, et Maurice Thorez, secrétaire général, en octobre quittait son régiment et gagnait Moscou sur l'ordre de son parti. Ces événements soulevèrent une profonde indignation, mais on ne sentait pas une mobilisation générale des esprits et des énergies pour faire face à la situation. Le traître Ferdonnet à la radio allemande était chargé de nous intoxiquer par des informations dont la précision nous laissait croire que chaque Français était surveillé par un Allemand. Des bruits insensés circulaient : des tractations auraient lieu, Hitler signerait avec nous une paix blanche. La cinquième colonne faisait bien son travail ! Jean Giraudoux qui dirigeait les services de l'Information s'employait à nous donner le moral. En cet hiver, il ne se passait rien ou presque rien sur notre front protégé par la ligne Maginot.

Une guerre oubliée ! Une drôle de guerre ! Le théâtre aux

armées se portait bien. Soldats anglais et français allaient jusqu'à chanter :

— On fera sécher notre linge sur la ligne Siegfried !

Mais où était l'entraînante « Madelon » ?

Les équipes d'enseignants qui avaient assuré l'évacuation des enfants parisiens furent relevées au bout de quatre mois. Odette fut nommée temporairement en Bretagne et retrouva notre petite fille Annie.

J'avais rencontré un bon copain de la guerre 14-18, secrétaire au ministère de l'Armement. Il me dit :

— Si tu veux, je te ferai muter. Tu connais les dossiers, tu seras à ton affaire et le soir, tu rentreras chez toi.

Huit jours plus tard, je prenais mon service à l'hôtel *Majestic*. Pour les dossiers, je fus comblé ! Le soir, je retrouvais ma maison de l'île Saint-Louis. Le 8 mai, je partis en permission de détente pour la Bretagne. Et le 10, la radio nous apprenait que les Allemands venaient de lancer une grande offensive pour se livrer passage à travers la Belgique et s'engouffrer en France par la brèche laissée ouverte entre Montmédy et la mer. Ils avaient pris le même chemin qu'en 14. Tous nos aérodromes avaient été attaqués et notre flotte aérienne très endommagée. La Hollande n'était pas épargnée. Rotterdam fut à demi détruite par les bombardiers allemands. Une armée française s'était portée au secours des Belges ainsi qu'une armée anglaise. Les communiqués nous donnaient des nouvelles que nous attendions avec impatience. Une importante bataille de chars se livrait dans la grande plaine belge.

Les Allemands prirent pied sur la rive gauche de la Meuse dans la région de Sedan et établirent une tête de pont pour faire passer une armée qui prendrait à revers les troupes alliées luttant en Belgique. Le plan réussit. Les Belges déposèrent les armes, les Français et les Anglais harcelés par les redoutables avions Stukas reculèrent jusqu'à la mer. Les Anglais n'eurent qu'une idée : rapatrier leur armée. Un grand camp retranché avait été construit tout autour de Dunkerque par l'amiral Abrial. Mais la lutte était inégale. Des centaines de milliers de Français furent faits prisonniers après une défense héroïque.

L'armée allemande était riche de toutes les techniques

nouvelles. Le soldat allemand était véhiculé dans des camions alors que la plupart des fantassins français se déplaçaient à pied, le sac au dos. Beaucoup de nos batteries d'artillerie étaient encore tirées par des chevaux.

Nous étions tous angoissés et moi dans tout cela ! Chaque matin j'allais à bicyclette à la gendarmerie pour demander si je devais rentrer à Paris. La réponse était invariablement la même : nous n'avons pas d'ordre.

Lorsque je rentrai à Paris, fin mai, un officier me dit :

— Où étiez-vous ? On allait vous faire rechercher comme déserteur.

Je montrai ma permission avec tous les cachets de la gendarmerie pour prouver ma bonne foi. Les Allemands continuaient d'avancer et dans les premiers jours de juin on commença à évacuer les archives du Ministère.

Nous partions dans des camions après avoir chargé tous les documents importants. Notre convoi comprenait une dizaine de camions. Peu après la sortie de Paris, nous nous sommes trouvés pris dans un embouteillage inextricable, dans une cohue invraisemblable de véhicules, d'animaux, de gens. Tout un peuple fuyait allant à pied, sac au dos, poussant une brouette, une voiture d'enfant ou dans une auto au toit protégé par un matelas pour amortir les éclats d'obus ou dans une voiture tirée par un cheval... : spectacle hallucinant d'un peuple qui n'acceptait pas la servitude. Les convois militaires qui remontaient sur Paris n'arrivaient pas à se frayer passage. La route était proche d'une ligne de chemin de fer qui fut bombardée à deux ou trois reprises, ce qui ajouta à la confusion de ce cortège désemparé. Je fis deux fois ce voyage. Quand nous rentrâmes au *Majestic,* l'autorité militaire prit les camions, nous ne savions que faire car le ministère avait été évacué dans la journée et s'était replié au Mont-Dore. Il n'y avait plus de train. Avec un camarade qui avait une petite voiture nous sommes partis tous les deux pour Le Mont-Dore.

A ce moment-là, sur Paris s'étalait une épaisse fumée noire, c'étaient les réservoirs d'essence de Rouen qui brûlaient. Les Allemands venaient de passer la Seine.

Nous nous étions établis un ordre de mission authentique par un cachet qui traînait sur un bureau. Nous avons mis trois jours pour arriver à destination. Sur la route, des files de réfugiés fuyaient vers le sud, sans savoir où s'arrêterait leur exode. Quand nous nous arrêtions dans une auberge, sachant que nous arrivions de Paris, on nous posait mille questions. Que pouvions-nous dire ? La dernière nuit, j'ai dormi dans un de ces greniers, mémoire des générations, parmi les objets les plus hétéroclites : un vélocipède avec une grande roue et une petite — un grand Bi — un rouet avec ses fuseaux, un berceau, une voiture d'enfant d'un autre temps, deux immenses malles remplies de vieux vêtements, de poupées, de journaux anciens. J'aurais aimé m'y attarder. A mon arrivée, je me suis présenté au général contrôleur de l'Armée dont j'étais l'un des secrétaires. Il me dit :

— Nous ne savons pas où nous en sommes. Tant de bruits circulent.

Avant l'offensive allemande, le maréchal Pétain, rappelé de son ambassade d'Espagne était entré dans le gouvernement Paul Reynaud. Charles de Gaulle y avait été appelé quand notre situation militaire était désespérée. Il avait été envoyé à Londres auprès de Churchill. Quand il revint, le maréchal Pétain venait d'être nommé président du Conseil par Albert Lebrun, président de la République.

Dans le cabinet Reynaud, deux tendances s'étaient manifestées, Paul Reynaud et de Gaulle partisans de poursuivre la lutte, Pétain résolument pour un armistice. Mis en minorité dans son gouvernement Paul Reynaud avait démissionné ! Pétain demanda l'armistice le 17 juin, il fut signé le 22 et entra en vigueur le 25, mais pour nous la démobilisation commença un mois plus tard. Le contrôleur général de l'Armée me chargea d'organiser le train qui rapatrierait les démobilisés sur Paris et une partie du personnel civil du ministère. Je m'installai dans le hall du *Grand Hôtel* où nous étions logés. Il fallait que chacun eût des papiers bien en règle. Je devais établir une liste de voyageurs par compartiments puis par wagons. Tout était prêt pour notre départ. Nous avions reçu pour la route une boule de pain bien blanc, deux ou trois boîtes de conserve. On nous avait donné une paire de brodequins tout neufs et un grand morceau de cuir épais pour en assurer le ressemelage. Bien sûr, il avait fallu que nous achetions des vêtements civils. J'avais choisi un bon pantalon de flanelle et un blouson bleu à fermeture Eclair, une paire de chaussures acajou à soixante-dix francs. J'avais fait quelques provisions que j'avais mises dans une sorte de grand sac à linge. La veille de ce départ tant attendu, je suis allé saluer le général et il m'a dit :

— La guerre n'est pas finie, les Anglais ne céderont pas, les Américains viendront à leur secours. Avez-vous entendu l'appel du général de Gaulle lancé de Londres sur la BBC ?

Je ne l'avais pas entendu, mais comme j'avais été obligé de me rendre à Clermont-Ferrand, dans le compartiment une voyageuse qui avait capté ce fameux message du 18 juin avait ajouté :

— Le général de Gaulle sauvera la France, Nostradamus l'a prédit.

Enfin, nous sommes partis pour Paris. A Moulins, un des points importants du franchissement de la ligne de démarcation qui coupait maintenant la France en deux, arrêt prolongé ! Devant chaque wagon, un officier allemand et deux soldats casqués ; baïonnette au canon. On lui présentait tous les papiers qu'il demandait. Avec insistance il posait la question :

— Jude ? Jude ?

Dans notre compartiment, nous avions un copain juif, nous lui avions fabriqué de faux papiers, maintenant il s'appelait Dupont. Je débarquai à la gare de Lyon au petit matin. Nouveau contrôle ! Le métro ne marchait pas si tôt. Je partis donc à pied, mon grand sac pesant sur le dos. Je suivis le quai Henri IV et je vis émerger mon île Saint-Louis. Le clocher de l'église pointait dans la brume légère du matin. Je hâtais le pas, mon cœur battait, impatient de retrouver ma maison.

A la façade de l'école, le drapeau français avait disparu. Je me reposai un moment, puis changeai de vêtements. Je descendis pour demander à la concierge si elle avait du courrier pour moi ou un message. Sur sa réponse négative, je décidai d'aller retrouver Odette et Annie en Bretagne. Je consultai mon guide Chaix et je partis. Installé dans un coin du wagon, je me laissais aller à la joie. Quand soudain, j'entendis un haut-parleur clamer :

— Monsieur Bled est prié de descendre du train, sa femme l'attend au contrôle des billets.

C'était *in extremis,* on fermait déjà les portières.

Les gares accrochent bien des souvenirs, des séparations dramatiques, brutales, sans retour mais aussi des retrouvailles impatiemment attendues. Nous étions là tous les trois, serrés bien étroitement, maintenant réunis, plus forts dans notre impuissante faiblesse pour supporter les épreuves qui accablaient tout un peuple.

CHAPITRE XXVI

Nous avons retrouvé notre maison, notre école, nos souvenirs, toutes nos raisons de vivre. C'était fin juillet. D'habitude nous nous prélassions sur le sable fin de la plage ou nous nous promenions insouciants sur le remblai. Les perspectives de notre vie, comme celles de tous les Français étaient tout autres.

Il faudrait apprendre à cohabiter avec des gens que nous maudissions et redoutions et se plier aux impératives exigences de la recherche de la nourriture quotidienne.

Nous avons rangé dans un grand placard du salon les provisions que l'un et l'autre nous avions rapportées : une trentaine de boîtes de conserve, deux bouteilles d'huile, deux kilogrammes de sucre, deux pots de confitures, un sachet de riz, deux paquets de pâtes, un peu de café. Telles étaient nos réserves pour affronter l'adversité !

Nous avons pris un panier et nous avons fait le tour des commerçants. Beaucoup de boutiques fermées ou dépourvues de toutes marchandises. La boulangerie était ouverte. Nous avons eu du pain presque aussi blanc qu'autrefois. La boulangère aussi amène que belle avec ses yeux claires et son opulente chevelure nous dit :

— Vous êtes rentrés ! Je vous servirai comme d'habitude tant que je serai approvisionnée en farine convenablement.

Nous sommes entrés dans la boutique de nos amis monsieur et madame Melloni qui vendaient des produits de leur pays. Les étagères étaient vides. Monsieur Melloni nous dit :

— Nous devons regagner l'Italie. C'est un ordre pressant

de Mussolini et cette fois, nous devons obéir, les Allemands sont là. J'ai tout vendu, mais je vous ai réservé quelques provisions. Je vous les porterai tout à l'heure.

Le merveilleux paquet contenait des spaghetti, quelques boîtes de conserve, un grand saucisson Salami, un quartier de jambon de Parme, une bouteille d'Asti, une de rhum.

— Contre la grippe ! ajouta-t-il.

Charles et Marguerite avaient accompagné leur père, nous les avons embrassés, serré les mains de monsieur Melloni et nous nous sommes souhaité mutuellement bonne chance !

Dans notre panier, nous avions rapporté des légumes, des fruits et quelques œufs, de quoi faire un repas convenable. Mais chaque jour, le ravitaillement se faisait de plus en plus difficile et de longues files d'attente se formaient à la porte des magasins.

Vers la mi-août, des équipes de cinq à six personnes s'installèrent dans les préaux d'école et distribuèrent à la population des cartes d'alimentation : carte de pain, de viande, de matières grasses. Chaque carte comprenait un certain nombre de tickets portant des quantités 50, 100, 200 grammes et des lettres qui donneraient droit à du sucre, du savon, du tabac, des confitures, une chemise, un ressemelage, du charbon... Presque tout était contingenté. Selon l'âge et les professions les quantités pouvaient varier, les cartes portaient les indications J1, J2, J3, travailleur de force... On réapprit à être économe.

On se baissait dans la rue pour ramasser une épingle, un trombone, un clou, un bouton, un élastique... On gardait les coquilles de noix ou d'amande pour animer le feu. Une vie de sévères restrictions commençait dont il fallait s'accommoder. Bien sûr, il y eut de fausses cartes. Mais vint la parade. Les ménagères devaient s'inscrire chez un commerçant pour être servies. On se donnait parfois de bonnes adresses où sans tickets, on pourrait se procurer quelque chose d'utile, d'indispensable. Hélas parfois, on arrivait trop tard. On proposait des marchés :

— Donnez-moi des cigarettes, je vous donnerai des œufs.

Heureusement pour l'instant nous avions suffisamment de linge, de vêtements et de chaussures, car les Allemands avaient vidé les magasins, en payant bien sûr ! Odette avait acheté en Bretagne une petite paire de sabots pour Annie et pour elle des sabots avec une couverte de cuir glacé de teinte marron, très seyants. Ils s'harmonisaient très bien avec un manteau droit rouille à col de velours qu'elle avait acheté à La Belle Jardinière.

J'avais également un pardessus tout neuf de couleur approchante. Pour donner un aperçu de la valeur des choses en 1939, un manteau de femme en beau velours de laine coûtait de six cents à sept cents francs et un pardessus de neuf cents à mille francs.

On ne lisait guère les journaux. La presse était inféodée aux autorités occupantes et au régime de Vichy. Bien que les journalistes fussent devenus des équilibristes par la force des choses, il ne fallait pas s'attendre à ce qu'ils vantassent les vertus et les mérites de la République. Ebranlée par la défaite elle avait reçu le coup de grâce, quand députés et sénateurs réunis en congrès, le 10 juillet 1940, avaient voté, à l'exception de quelques dizaines d'opposants courageux, les pleins pouvoirs au maréchal Pétain, et la France vivait sous un régime autoritaire, l'Etat français à la devise : Travail, Famille, Patrie. Seules y échappaient l'Alsace et la Lorraine réannexées par les Allemands et la zone interdite située au nord d'une ligne limitée par la vallée de l'Aisne et de la Somme rattachée au gouvernement allemand de Bruxelles.

Dans notre zone nous pouvions nous déplacer. Le front de mer, cependant, était interdit. Nous nous astreignions à écouter les nouvelles. Jean-Hérold Paquis, à Radio-Paris, commençait ses émissions par le slogan : « l'Angleterre comme Carthage sera détruite. » La voix de la liberté qui nous venait de Londres nous disait en préambule ce que nous savions déjà :

Radio-Paris ment,
Radio-Paris est allemand

voix immédiatement brouillée, puis inaudible. Nous vivions dans une grande cage dont on n'apercevait pas tellement les barreaux et pourtant contre lesquels on butait constamment. Liberté, liberté chérie ! On en connaît vraiment l'étendue quand on en est privé, alors on en mesure le prix. Il n'y avait que les moineaux piaillant au bord des toits, les hirondelles tournoyant autour des clochers, les passereaux de nos jardins, les oiseaux migrateurs sillonnant en longues files le ciel d'automne, l'abeille d'or butinant à son gré, les nuages et le vent qui fussent libres.

Nous nous évadons de notre Ile. Nous croisons des soldats allemands qui font du tourisme comme moi, vingt ans plus tôt dans la région de Bade-Kreuznach, ville d'eau. Nous rencontrons un ancien élève, Br... il doit avoir dans les seize ans, il est juif. Je lui marque ma surprise par une question un peu abrupte :

— Mais qu'est-ce que tu fous là ?

— Je vends des savonnettes aux soldats allemands sur le parvis de Notre-Dame.

Il ajoute :

— Je leur dis que je suis juif, ça les fait rigoler.

Ils me répondent :

— Egal.

Je suis outré de tant d'inconscience.

— Tu sais pourquoi ils te répondent « égal » ? Parce qu'ils sont sûrs de te posséder quand ils le voudront. Fous le camp, sinon vous serez faits comme des rats. On peut encore franchir la ligne de démarcation assez facilement.

J'ai revu Br... en 1945, il m'a dit que s'il était là aujourd'hui, c'est que sa famille avait suivi mes conseils.

Entendu à la radio :

Notre moisson s'annonce belle, mais nous manquons de ficelle lieuse pour lier les gerbes. L'Allemagne va nous en fournir.

C'est ça la collaboration entre deux grands peuples !

L'affaire de Mers-el-Kebir au début de juillet, au cours de laquelle des navires français au mouillage avaient été coulés par une escadre anglaise et provoqué la mort de mille trois cents marins français, avait suscité un mouvement de révolte et jeté un trouble profond dans nos esprits. Elle avait en même temps renforcé le courant collaborationniste et le régime de Vichy.

J'entendais mille réflexions à la bibliothèque municipale installée dans l'école et dont j'étais le responsable. Il y avait beaucoup de lecteurs nouveaux. Je n'avais pas enlevé des rayons les ouvrages de Proust interdits à la vente comme tous les livres écrits par des juifs. Phénomène curieux, on s'arrachait *le Grand Meaulnes* peut-être à cause de l'esprit d'évasion qui l'animait et du merveilleux, lueur salvatrice dans notre vie contractée.

La rentrée était arrivée. Beaucoup d'absents parmi les enfants juifs de la maison de la rue des Deux-Ponts construite par Mme Halphen pour ses coreligionnaires.

Dans tous les établissements scolaires de France, le directeur était tenu de lire solennellement un message du maréchal Pétain devant toutes les classes réunies avec leurs professeurs, des parents et un membre de la municipalité. Je m'entendais donner les raisons de notre défaite : disproportion des forces en présence, énumération de nos fautes et enfin les remèdes : l'amour du travail et de la patrie. Après cette homélie, les enfants retrouvèrent leur classe. Quelques jours plus tard, la radio nous apprenait que le maréchal Pétain et Hitler s'étaient rencontrés à Montoire le 10 octobre et s'étaient serré la main. J'ai vu la photo dans *l'Illustration.*

Nous, les élèves des vieux maîtres qui nous avaient appris que la République et la Patrie étaient indissociables, ressentions peut-être plus profondément tous nos malheurs. En cinq ans, Hitler avait fait de son pays le plus puissant du monde. Et pour l'instant, notre espoir de refouler les Allemands de notre sol n'était qu'une petite lueur. Il était bon qu'elle existât !

Pendant tout le mois de septembre, les escadrilles allemandes avaient pilonné l'Angleterre. Elles avaient causé des dégâts considérables, mais elles avaient subi des pertes si sévères que les bombardements cessèrent sinon toute l'aviation allemande y serait restée. Nous les entendions passer au-dessus de nos têtes. Au départ, nombreuses et lourdement chargées, leurs moteurs peinaient et leur bruit sourd était long à se perdre. Au retour, allégées et décimées, elles regagnaient promptement leur base.

Le 11 novembre 1940, un millier d'étudiants et de lycéens en particulier de Lakanal et de Chaptal remontent l'avenue des Champs-Elysées pour aller fleurir la tombe du

Soldat inconnu. Ils chantent *la Marseillaise* et crient « Vive de Gaulle ». Ils se heurtent à l'occupant. Il y a des arrestations. Une plaque apposée sur la dernière maison à droite, en haut des Champs-Elysées, rappelle cet événement patriotique et courageux par cette inscription :

11 novembre 1940
Devant la tombe du Soldat inconnu
les Etudiants de France manifestent en masse
Les Premiers Résistants à l'Occupant.

Nous arrivions à Noël. Il y eut fête à l'école comme autrefois autour d'un grand sapin paré de fils d'argent et tout constellé d'étoiles. La République n'était pas oubliée. Son buste était encadrée d'un faisceau de drapeaux tricolores. Les enfants chantaient, disaient des fables ou des poèmes en les mimant, jouaient la comédie. Chaque enfant recevait un petit souvenir : un livre, des crayons de couleur, une boîte d'aquarelle et une orange grâce à la générosité d'un mandataire des Halles, ancien élève de l'école. Et nous nous séparions en chantant *la Marseillaise.* Un peuple qui conserve la foi en son hymne national, son folklore et le trésor de toutes ses chansons qui sont sa vie, ne peut pas mourir.

Mais où étaient les noëls d'antan avec leurs boutiques regorgeant de victuailles et de marchandises de toutes sortes, leurs éclairages joyeux, multicolores, leurs branches de sapin ou de houx parées de leurs boules rouges, leurs clients impatients d'être servis ? C'était pour l'instant du temps passé. Tout partait chez nos occupants. Cependant chacun s'ingéniait à donner aux enfants un noël qui resterait dans leur souvenir : un jouet rajeuni, un jouet oublié dans une petite boutique. Nous, qu'allions-nous recevoir ? Trois oranges, trois œufs, une plaquette de chocolat.

Et qu'allions-nous offrir à mes frères ? Cinq kilos de pommes de terre à la chair jaune, onctueuse car nous en avions reçu deux sacs de Bretagne.

Toutes nos belles pommes de terre partaient par trains entier pour l'Allemagne, et ces mêmes wagons nous rapportaient des pommes de terre noires, des rutabagas habituellement immangeables, mais il fallait savoir s'en contenter.

Les nourritures douteuses provoquaient des troubles dans notre organisme et favorisaient les éruptions de furoncles. Pour les combattre, un remède miracle : les sulfamides, qui, en tuant les microbes, démolissaient l'estomac. La quête de la nourriture nous tourmentait comme une obsession et l'on allait parfois fort loin pour s'en procurer.

Un jour, un ami me dit :

— Je connais un petit patelin du côté d'Etampes où nous pourrions avoir au moins cinq kilos de flageolets. Il y aura à marcher, c'est assez loin de la gare.

En effet, nous avons fait au moins dix kilomètres. Mais nous nous soutenions en chantant des refrains de marche. On riait :

— Tu parles d'une expédition pour des fayots !

— Bien sûr, mais comme ils ne courent pas les rues, il faut les chercher là où ils se trouvent.

Opération réussie : six kilos de chevriers payés à un prix raisonnable. A la gare d'Austerlitz, nous avons été interpelés par un policier, il nous a demandé nos papiers.

Il nous a laissés passer en nous disant :

— Des directeurs d'école ne font pas de marché noir.

— Un bon achat remarqua Odette, en faisant ruisseler les chevriers entre ses doigts. Avec nos trois tickets de la semaine, je peux avoir un morceau de mouton, dimanche nous ferons un repas de roi.

Et ce fut un beau dimanche. L'on ne parla plus des flageolets qui rangés dans un réduit constituaient une petite réserve.

Quelque temps plus tard, Odette fit cette réflexion :

— N'as-tu pas remarqué que nous avons des petits moucherons ?

— Rien d'étonnant, en ces temps de pénurie les mouches font comme nous, elles maigrissent.

J'avais attrapé l'un de ces moucherons. Ce n'était pas une petite mouche, mais un insecte tout différent. J'allai chercher le sac contenant les flageolets, il était percé de mille petits trous et il grouillait de charançons. Adieux beaux rêves de nourritures fastueuses ! Il fallut tout jeter.

Les uns et les autres, nous faisions du troc pour avoir du supplément. J'échangeais mes cigarettes. Il m'arriva une fois de servir d'intermédiaire entre deux amis. L'un avait un quintal de gros sel à écouler, l'autre en voulait cinquante kilos. Marché conclu, je reçus un magnifique rôti de porc.

Quelques autres expéditions du même genre se terminaient par un profit bien aléatoire.

Chaque mois, nous recevions de Bretagne, un colis postal d'un kilo, poids maximum autorisé. Il contenait invariablement une livre de beurre, du lard et du saucisson. Le nombre des colis n'était pas limité, aussi en recevions-nous quelquefois deux, une aubaine. Les gens des campagnes supportaient mieux que nous les restrictions car ils avaient à portée de main les produits essentiels. Mais ils avaient aussi leurs problèmes, ce qui appelait des échanges avec ceux des villes. Vivre à cette époque-là, c'était plus que jamais lutter, combattre. Je me rappelais la chanson de Georgius « Mais... ce jour-là » (*Aventures d'un civil de l'an 1917)* :

Mais ce jour-là, c'était un jour sans viande !
La bonn' s'avance et m' dit d'un air idiot
Pour éviter qu'on m' fasse une réprimande
J'ai préparé un grand plat de fayots.
Mais ce jour-là... y avait pas de pâtisserie
Mais ce jour-là... c'était un jour sans sucre

En 1917, il y avait un jour sans, les autres jours avec Sous l'occupation, il y avait un jour avec et tous les autres sans ! J'avais en moi l'écho d'une chanson révolutionnaire

Un jour Paris, se réveilla
Le ventre creux criant famine
Soleil de France, ne vois-tu pas
Tes greniers manquent de farine...

Les personnes âgées, à tout petits revenus, sans famille, sans amis étaient d'innocentes victimes. Beaucoup sont mortes de faim et de froid. Le chauffage nous obligeait aussi à des prouesses. Pour l'instant, nous n'avions pas à nous soucier de ce problème. L'établissement municipal des douches assurait le chauffage de l'école et de notre pavillon. La température descendait rarement au-dessus de 14°. Mais cette situation privilégiée pouvait s'interrompre à tout moment si cet établissement n'était pas approvisionné. Aussi ai-je fait l'inventaire des richesses de notre grande cave. Près d'un casier à bouteilles bien garni, dans un coin, un tas de charbon de moyenne importance, un vieux sommier, des madriers de chêne pour caler les pièces de vin, quelques bûches, divers objets en bois. Tous ces impedimenta laissés là par de lointains collègues allaient aujourd'hui me rendre service. Et comme le sol de la cave était recouvert d'une couche de débris de charbon, je la passai entièrement au tamis. J'ai récupéré la valeur d'un grand seau. J'ai débité à la scie et à la hache toutes les pièces de bois. Je nous ai constitué une réserve de combustibles non négligeable en ces temps difficiles. Pour accroître notre petit trésor, je faisais macérer de vieux journaux dans de l'eau puis je les étreignais de façon à former des boulettes que je roulais dans du poussier de charbon avant qu'elles ne fussent sèches. A l'usage elles donnèrent une jolie flamme bleue, mais peu de chaleur !

Un autre problème : les chaussures des enfants. Les pieds grandissent et les chaussures s'obstinent à rester ce qu'elles sont. Il y eut le troc des chaussures. Et l'on mit en vente des galoches de toutes tailles. Les adultes en portaient. Je me fis cordonnier. J'avais deux paires de vieilles chaussures bonnes pour la poubelle. Je les démontai pour récupérer le moindre morceau de cuir utilisable qui me servirait à refaire les talons des bottines d'Odette, à renforcer les semelles de bois des galoches d'Annie. J'avais gardé tout le petit matériel dont mon père se servait le dimanche pour remettre en état les chaussures de la famille. Dans la rue, on entendait le claquement incessant de toutes les galoches du quartier. En fermant les yeux, je nous revoyais enfants dans la cour ou marquant le pas auprès de notre banc à la rentrée du matin et chantant :

Où t'en vas-tu, Soldat de France,
Tout équipé, prêt au combat...

Les gens qui rentraient tard le soir devaient se méfier, les attaques se multipliaient. On recevait sur le crâne un coup de matraque d'un passant paisible et hop ! on n'avait plus de chaussures.

Bien plus, vous pouviez être déshabillé, laissé nu comme un ver sur le carreau. Cette aventure arriva à un de nos amis, inspecteur de police, alors qu'il enfonçait sa clef dans la serrure du portail de son immeuble. La fraîcheur de l'air l'avait ranimé. Il en avait été quitte pour un gros rhume.

L'implantation allemande se faisait plus pressante. Les Allemands firent ouvrir dans les banques, les coffres personnels en présence des propriétaires pour saisir l'or et les valeurs étrangères. Les juifs furent contraints de porter une étoile jaune. Beaucoup avaient fui, il en restait cependant cinq ou six à l'école.

Certains lieux publics étaient interdits aux juifs. Quand les maîtres emmenaient leurs élèves visiter un musée ou se promener au jardin des Plantes, ils faisaient dissimuler les étoiles jaunes car le contrôle était strict.

Vichy avait fait rétablir l'enseignement religieux dans les horaires scolaires, mais il se donnait à l'église.

Les agents des administrations qui appartenaient à la Franc-Maçonnerie ou ayant rempli des fonctions importantes dans un parti politique ou une organisation syndicale étaient convoqués par leur chef hiérarchique. Comme j'avais été conseiller syndical de la Seine du Syndicat national des instituteurs, je fus convoqué par mon inspecteur. Après mes réponses à ses questions, il rédigea une petite note, me la donna à lire. Je la signai. Nous parlâmes assez longuement d'autre chose. Il me rassura. Quelques collègues furent révoqués, presque tous francs-maçons. Ils cessèrent leur service fin juillet 41.

Le temps passait avec des jours d'incertitude ou

d'anxiété ou parfois traversés comme d'un trait de lumière par des illusions ou de folles espérances. Le printemps s'achevait. Nous savions que nous profiterions peu de ses promesses.

CHAPITRE XXVII

A l'aube de l'été, la radio nous apprit que des armées allemandes avaient attaqué la Russie et remporté des succès foudroyants : prisonniers en masse, prise d'un matériel considérable. L'armée russe avait été surprise. Pourtant Staline avait été prévenu de l'imminence de cette attaque par le célèbre espion Sorge, mais n'avait pas tenu compte de ce renseignement précieux. D'autre part, au cours des grandes purges de 1937, l'armée avait été décapitée de son commandement : le généralissime Toukhatchevski et des centaines d'officiers supérieurs avaient été fusillés.

La Russie entrait en guerre dans de très mauvaises conditions. L'armée russe reculait, mais appliquait la tactique de la « terre brûlée ». Des équipes démontaient les usines et les remontaient derrière l'Oural. Nous étions en été, quand l'hiver viendrait les choses changeraient. Les Russes que nous maudissions deux ans plus tôt étaient subitement devenus nos amis.

C'était la période des examens, et une cinquantaine d'institutrices, d'instituteurs, de directrices, de directeurs se trouvaient réunis. Les conversations allaient bon train et tous prophétisaient qu'Hitler perdrait en Russie ses armées et ses généraux, tout comme Napoléon, et n'atteindrait même pas Moscou. Notre moral était au plus haut. Nous étions tous gaullistes. Le 13 juillet, ce fut la distribution des prix. Ces cérémonies du temps de l'occupation comptent parmi les plus émouvantes que j'aie vécues. Nous étions chez nous, dans notre préau. Les enfants avaient dressé une petite estrade qu'ils avaient drapée de tricolore avec des papiers crépon. Des guirlandes tricolores tapissaient les murs, se croisaient au-dessus de nos têtes. Pendant des jours et des jours, tous avaient travaillé à la réussite de la fête. Les six drapeaux que j'avais en réserve avaient été mis en bonne place.

Tous les prix avaient été enrubannés de tricolore. Les mamans avaient recherché de vieux rubans dans les tiroirs, les avaient rajeunis en les repassant avec soin ou avaient dévalisé les petites mercières du quartier. Et tous, debout, enfants, maîtres, parents nous avons chanté *la Marseillaise* et *le Chant du départ*. Les voix se mêlaient avec une sincérité expressive, une conviction profonde. Elles mettaient en nous des vibrations exaltantes de nos espérances. Des émotions intenses s'étaient emparées de nous, nous nous sentions bien les uns près des autres dans une communion de sentiments. Nous nous sommes séparés. Dans la rue, tous ces enfants avec leurs prix enrubannés de tricolore mettaient une note réconfortante de confiance juvénile en l'avenir et semblaient jeter un défi à l'occupant.

Et nous partîmes en vacances pour Sully-sur-Loire. On nous avait recommandé un hôtel où nous serions bien en donnant peu de tickets. C'était vrai et, agréable surprise, nous logions chez l'habitant. Notre chambre spacieuse et accueillante donnait sur un grand jardin, riche de couleurs des fleurs, des légumes et des fruits. Près de la fenêtre une table où je travaillerais à notre livre. Nous prenions le petit déjeuner chez nos hôtes et, grand luxe, on nous donnait du beurre et des confitures.

D'humeur gaie, serviables, pleins de cœur nos hôtes avaient dépassé la soixantaine. Nous passions de longs moments à bavarder ensemble. Leur fille tenait une belle exploitation sur l'autre rive de la Loire. Outre les fruits que nous cueillions nous-mêmes, les œufs, le beurre nous étaient cédés au prix de l'amitié. Nous nous promenions l'après-midi. Annie pataugeait dans de petites mares laissées par les basses eaux du fleuve. Elle retrouvait les jeux de la plage. Odette et moi nous lisions pour notre plaisir mais aussi pour relever des phrases types pour notre ouvrage.

Un jour nous nous étions engagés dans un étroit sentier longeant la berge ombragée de hauts peupliers. Nous nous donnions le bras. Je sentais tout contre moi la légère ondulation du corps souple d'Odette. Annie courait devant nous. Image d'un bonheur paisible ! Soudain, elle s'était arrêtée près d'un monticule de terre et avait crié :

— Papa !

Nous avons pressé le pas. Nous étions devant la tombe de trois soldats allemands, enterrés là, où ils avaient été frappés. Sur un écusson fiché en terre, leur nom, leur prénom, leur régiment, leur compagnie et la date de leur mort.

Ils avaient sans doute été tués par des soldats français qui, sur l'autre rive, interdisaient le passage du pont pendant que les artificiers du génie s'employaient à poser des mines pour le faire sauter. Ils étaient là, allongés côte à côte, loin de leur patrie, à l'endroit où le fleuve décrit sa grande courbe voluptueuse dans un paysage d'harmonie et de paix qui invite à la douceur de vivre. Leurs mères porteraient toute leur vie le poids d'une incessante douleur qui abrégerait leurs jours.

Nous sommes repartis pensifs et je ne pouvais m'empêcher de me remémorer une scène pénible de janvier 1919. J'étais secrétaire à l'état-major d'un groupe d'artillerie. Nous suivions la vallée de la Moselle pour aller prendre nos emplacements d'occupation dans la région de Cologne. Un soir à l'étape, nous nous étions arrêtés dans un gros bourg. Je logerais chez l'habitant. Je frappais à la porte d'une maison de bonne apparence. L'hôtesse, une femme à cheveux blancs, au visage triste me conduisit à une chambre fort confortable. Sur une commode les portraits de trois jeunes hommes, vigoureux, fiers dans leur uniforme. Je les regardais, peut-être avec insistance. Elle me dit doucement :

— Meine drei Söhne (mes trois fils) : Karl tot in (tué à) Verdun, Hans tot an der Somme, Franz tot in Vauquois.

Son visage s'était crispé, des larmes coulaient sur ses joues. Elle ajouta d'une voix tremblante :

— Ich habe keine Kinder mehr (je n'ai plus d'enfants).

Vauquois me rappelait de bien tristes souvenirs. Mes

deux frères aînés Georges et Paul, fantassins dans la même compagnie avaient combattu dans ce secteur meurtrier où les attaques succédaient aux attaques pendant tout l'hiver 14-15. Ils avaient sauté sur une mine. Paul avait été fait prisonnier. Pendant toute une année, il n'avait pu donner de ses nouvelles. Georges avait été relevé par des brancardiers français et avait mis deux ans à mourir, la veille de la mort de ma mère. Cette bataille de Vauquois avait torturé ma mère et hâté sa fin. J'avais en moi ces souvenirs et près de moi, une autre mère qui pleurait ses fils. D'une voix troublée, dans un allemand hésitant je laissai échapper :

— Je n'ai plus de mère. La guerre...

Elle s'était rapprochée de moi et m'avait pris les mains. Les mêmes événements nous avaient soumis aux mêmes épreuves, nous avaient meurtris, déchirés par les mêmes chagrins. Dans cette chambre glaciale, nous étions toute la douleur du monde. Il faisait un froid très vif en cet hiver 1918-1919. Tout était enneigé à perte de vue. Des glaçons pendaient aux branches des sapins des forêts que nous traversions.

J'avais pris froid et je toussais un peu. J'entendis frapper à la porte. L'hôtesse me tendait un bol de lait fumant. Je le bus à petites gorgées et je sentais une extrême douceur m'envahir tout entier. Elle était Allemande et j'étais Français, mais c'était une mère et j'étais un enfant. J'aurais voulu la prendre dans mes bras pour la remercier et la réconforter comme je l'aurais fait pour ma mère. Je lui pris une main et j'y posais mes lèvres. Elle repartit en me disant : « Gute Nacht ! ».

J'avais une boule de pain dans ma musette. Je la posai sur la table. Mon hôtesse la trouverait le lendemain, après mon départ : le pain qui réconcilie les hommes. Dans un bon lit, sous un gros édredon rouge comme celui de ma chambre d'enfant, je m'endormis en entendant ruminer paisiblement des vaches d'une étable toute proche.

Nous ne repassâmes pas devant la tombe des trois soldats couchés dans le val.

Nous avons prolongé quelque peu notre séjour. Nous étions bien, loin des soucis quotidiens. Nous savions cependant la marche des événements. Les Allemands progressaient rapidement en Russie, mais nous nous disions que l'hiver les aurait au tournant. Nous vîmes apparaître des affiches apposées par les autorités allemandes. On pouvait y lire des noms de terroristes et quelquefois voir leurs portraits. Des récompenses étaient proposées aux dénonciateurs. La peine de mort punirait ceux qui les hébergeraient.

La Résistance prenait corps. Les communistes s'y montraient particulièrement actifs depuis que la Russie avait été attaquée.

Quant à nous, un grand bonheur nous était réservé. Arrivés trois, nous repartions quatre. Lorsque nous avons annoncé la nouvelle à nos hôtes, ils nous ont dit :

— Ce sera un bon gars, bien de chez nous, un costaud avec une bonne tête et ils ont ajouté, pour le ravitaillement vous viendrez autant que vous voudrez.

Et nous avons retrouvé notre Ile Saint-Louis. Certains de nos élèves qui comme nous avaient eu la chance de passer quelques semaines à la campagne respiraient la santé, les autres avaient des mines de papier mâché.

Nous étions entrés dans la deuxième année de restrictions, elles seraient difficiles à supporter. Nous nous allégerions encore de quelques kilos, il n'y aurait que les diabétiques qui se sentiraient mieux. Les Allemands razziaient plus que jamais notre pays pour approvisionner leur population et leurs armées qui combattaient et s'enfonçaient dans les solitudes glacées de Russie harcelées par les partisans. L'aviation anglaise bombarde presque quotidiennement la Ruhr et les gares de triage. Nos usines qui travaillent pour les Allemands ne sont pas épargnées.

La nuit, nous ne descendions pas dans les abris, dans notre secteur aucun objectif militaire et la Seine nous protégeait, mais elle était un repère et les avions la survolaient pour se diriger.

Il arriva qu'une nuit, un avion se mit à tournoyer, à rôder très bas au-dessus de nos têtes. Il était en flammes, l'école, le clocher de l'église, les maisons nous faisant face étaient comme éclaboussés de soleil. Ce manège tragique dura une bonne dizaine de minutes. Il s'abîma du côté du Louvre. Que nous avons tremblé cette nuit-là !

Les jours de classe, au premier coup de sirène, les enfants prenaient leur coiffure rangée dans leur case et leur manteau posé sur le dossier de leur banc. Et nous gagnions rapidement les abris. J'aidais la maîtresse de la petite classe. Les abris étaient bien aménagés, éclairés. Pour occuper les esprits, les institutrices des petites classes racontaient des histoires, tandis que les plus grands continuaient la leçon interrompue. Parfois un élève faisait une lecture dans un livre de la Collection verte qu'il avait en permanence à portée de sa main. Pas d'affolements chez ces enfants, pas de cris, pas de pleurs. Malgré les perturbations nombreuses, les restrictions, le travail était en général bon et régulier. A la fin de l'année, quarante élèves sur quarante-cinq, savaient lire. Les résultats au certificat d'études et au diplôme d'études primaires préparatoires indispensable pour entrer en sixième restaient fort honorables.

Les événements avaient prise sur nous et influençaient notre langage.

Un jour un père de famille vient me voir. Il est un peu crispé. Il hésite à parler, enfin il s'enhardit :

— M. le Directeur, je n'ose pas vous dire l'objet de ma visite.

Je lui répondis :

— Vous avez quelque chose sur le cœur ? Allez-y !

— Vous connaissez mon petit Nicolas.

— Si je le connais ? Bien sûr ! c'est un excellent élève et, avec ça, très poli.

— C'est justement pour cela que je suis là.

— Il se conduit mal à la maison ? Vous voulez que j'intervienne ?

— Pas du tout.

Il reprit son souffle.

— La maîtresse lui a dit un gros mot.

— Un gros mot, pas possible, les maîtres ne disent pas de gros mots à leurs élèves. Nicolas a mal entendu.

— Mais si, il a très bien compris que la maîtresse le traitait de cul.

— De cul !

— Oui de cul. D'habitude elle l'appelle mon petit mignon.

J'avais envie de rire. Le mot cul trottait avec malice dans ma tête et se livrait à mille fantaisies.

— Vous conviendrez que cul est un mot bien français, mais qui n'a pas sa place dans une classe. Il peut nous arriver de l'employer dans le langage ordinaire.

— Certainement.

— Vous conviendrez aussi que les nerfs de la maîtresse ont peut-être craqué, elle a quarante-cinq enfants pendus à sa jupe six heures par jour. Elle est comme toutes les femmes, elle a des moments où ses nerfs sont à fleur de peau.

— C'est bien vrai.

— Je tirerai l'affaire au clair. Revenez me voir dans huit jours.

Pendant une récréation, je me promenais dans la cour avec la maîtresse. Je lui parlais de Nicolas et de la visite de son père.

— Vous lui avez dit que c'est un très bon élève.

Et elle continua :

— Oui un très bon élève, mais un peu fatigant, il craint toujours de mal faire et se dérange constamment pour demander : Madame mon trait est droit, Madame j'ai bien écrit...

Je le renvoie à sa place en lui tapotant la joue, mais bien souvent il me lasse.

— Justement un jour ne l'auriez-vous pas traité de cul ?

— De cul ? Vous n'y pensez pas et elle éclata de rire. A l'école ? ça non !

— Peut-être avez-vous prononcé un mot renfermant la syllabe cu ?

— Quel rébus !

Le lendemain matin, la maîtresse venait vers moi, toute souriante :

— J'ai trouvé. Laurent s'était enfoncé un morceau de crayon d'ardoise dans une oreille. Alors que j'étais occupée à le retirer avec une petite pince, Nicolas revint à la charge plusieurs fois pour me montrer sa copie.

Excédé, je lui lançais un :

— Evacue ! peu aimable et lui a compris : Et va cul.

Je revis le père le samedi et cette histoire se termina dans un grand éclat de rire.

Un grand coup de tonnerre avait retenti dans le monde quand le premier jour de l'été 1941 l'Allemagne avait attaqué la Russie. Au seuil de l'hiver, le 7 décembre, un autre coup de tonnerre ! La flotte japonaise sans déclaration de guerre avait coulé une grande escadre américaine au mouillage à Pearl Harbor dans les îles Hawaï.

Le Japon possédait une puissante armée, une des meilleures flottes du monde et une redoutable arme humaine : les kamikazes. C'étaient des aviateurs qui avaient fait le sacrifice de leur vie. Ils pilotaient des avions-suicides, porteurs de bombes les plus puissantes et bourrés d'explosifs. Pilotes et avions en piqué venaient s'écraser sur le pont des plus belles unités de la flotte ennemie et les envoyaient par le fond.

Fin 1941, rien n'était encore joué. Cependant au ras du ciel, à l'horizon encore bouché, apparaissait une étroite bande de lumière : l'espérance du monde libre.

A l'automne nous avions présenté le premier jet de notre ouvrage classique chez Hachette. Déjà cinq années de travail ! Nous devions repasser un mois plus tard. L'attente a été longue. Le jour convenu, un jeudi, nous sommes partis plus tôt que prévu et nous avons fait un détour par le Luxembourg. Les grands marronniers perdaient leurs feuilles. Il y en avait une belle jonchée. Les enfants jouaient au petit train et les faisaient voler.

Annie les a imités. Je lui ai dit :

— Si tu trouves sept marrons nous aurons de la chance, si tu en ramasses douze notre livre sera accepté.

Et Annie trouva les douze marrons ! Il y a toujours en nous un fonds de superstition. Quand nous sommes arrivés dans le bureau du directeur des Classiques, notre manuscrit était sur la table. D'emblée, il nous a dit :

— Votre ouvrage est une nouveauté pédagogique qui a retenu notre attention. Mais vous savez, le papier est contingenté et réservé aux titres déjà existants. D'autre part, ce qui nous intéresse c'est une collection qui couvrirait toute la scolarité. Etes-vous prêts à vous lancer dans un tel travail ? De plus il faudra prévoir, pour les maîtres, des livres complémentaires sur lesquels vous ne toucherez aucun droit.

J'ai posé ma main sur celle d'Odette, ensemble nous avons répondu :

— Nous nous engageons à faire ce travail.

Et hardiment, nous nous sommes mis à l'ouvrage. L'année s'annonçait bonne pour nous, de plus, à la mi-mai, le mois des roses, nous aurions un nouvel enfant. Odette allait bien. Les femmes enceintes avaient des cartes de travailleurs de force. De temps en temps, les commerçants faisaient un geste. Le boucher ajoutait un petit supplément apprécié de 25 à 30 grammes, le charcutier donnait une tranche de jambon un peu plus épaisse.

Quant à la crémière elle avait dit à Annie :

— Ninou, tu viendras tous les soirs à six heures trente, tu auras un quart de litre de lait pour ton petit frère.

Car Annie, heureuse annonçait partout que bientôt elle aurait un petit frère. J'allais plusieurs fois à Sully, mais le car était surveillé et les bagages fouillés.

Le visage de nos rues avait bien changé. L'essence était rare, aussi les chevaux avaient-ils repris du service. Les camions et les autos autorisés à circuler étaient flanqués d'un gazogène, sorte de grand cylindre où l'on brûlait du bois ou du charbon de bois. Les autobus étaient équipés de bouteilles de gaz posées sur leur toit. Les privilégiés du régime touchaient des bons d'essence. Des fiacres donnaient à nos rues un petit air 1900. Les moineaux étaient à la noce !

Une nouveauté à deux places, qu'on appelait pousse-pousse, sorte de petite charrette à deux roues accrochée à l'arrière d'un tandem faisait son apparition.

Si l'on voulait être déposés à sa porte, il n'y avait que le fiacre ou le pousse-pousse car les taxis étaient pratiquement inexistants. Une société, la SLOTA, en possédait un parc assez important et généralement on pouvait en avoir un en cas d'urgence.

C'était un de ces taxis qu'il me faudrait pour conduire Odette à la clinique quand elle ressentirait les premières douleurs. Je m'enquis du numéro de téléphone de la SLOTA, mais les écoles de Paris n'avaient pas de téléphone. Pendant le jour, c'était sans importance, le bougnat en face de chez nous en avait un. Mais la nuit ? Je m'adressai au commissariat de police du quartier. Réponse affirmative après bien des palabres. Et le 22 mai, à 10 heures du soir, je la conduisis très normalement à la clinique. Je revins par le dernier métro. Le lendemain matin, à la première heure, la bougnate m'apprenait que nous avions un garçon. Quelle joie ! C'est ce que nous espérions. Il se prénommera Jean-Paul.

Maintenant, nous pensions aux vacances. Une auberge de la Mayenne nous accueillerait. Nous préparions nos valises, sans oublier nos rations de sucre quand le 16 juillet, vers quatre heures du matin nous entendîmes courir et crier dans la rue. Des gens qu'on pourchasse, qu'on rattrape, qui se débattent, qu'on frappe, qu'on injurie, qu'on traîne. Un va-et-vient oppressant. Des fenêtres s'ouvrent, un impératif :

— Rentrez chez vous !

les fait se refermer aussitôt.

J'ai des craintes : on doit arrêter les juifs de l'immeuble de la rue des Deux-Ponts. Le lendemain matin, j'ai confirmation de mes craintes. Des familles entières où je reconnais quelques-uns de mes élèves sont rassemblées sous bonne garde, au coin de la rue des Deux-Ponts. Elles se sont munies d'un maigre et inutile bagage.

Tous les juifs de l'arrondissement sont groupés à la mairie du IVe. Je les vois en allant régler les comptes de cantine à la Caisse des écoles. Je rencontre des visages familiers. Je ne peux supporter leurs regards. Je suis désarmé, je souffre de ne pouvoir rien faire. J'ai honte d'être un homme.

Le Vélodrome d'Hiver, première étape de leur calvaire, puis Pithiviers, Drancy, Compiègne et des trains entiers aux wagons plombés vers des camps d'extermination.

Ni la Gestapo, ni l'armée allemande ne participaient à cette grande Rafle. La police et la gendarmerie françaises avaient été chargées par Vichy de cette horrible mission. Les Allemands avaient exigé qu'on leur livrât les juifs adultes. Pierre Laval décida que les enfants fussent emme nés avec leurs parents. Près de 13 000 juifs furent arrêtés à Paris dont 4 051 enfants. Très peu revinrent des camps de la mort. Pas un enfant.

Les 112 habitants dont 40 petits enfants de la maison Halphen, 12, rue des Deux-Ponts, déportés, sont morts dans les camps allemands en 1942.

Le temps a passé, passera, les événements s'estomperont, mais on ne peut pardonner la monstruosité de ces crimes. J'ai gardé en moi ces sombres images, elles resurgissent quand je pense à ces années-là.

Il me revient en mémoire l'histoire tragique de notre élève Marcel Féror. Bien qu'il eût terminé sa scolarité, il revint à l'école en octobre 1940. Il portait alors une étoile jaune bordée de dentelle. Je le comprenais mais je lui dis :

— Méfie-toi, il ne faut pas jouer avec le feu.

Un jour de juin 1942, il rentre chez lui, à bicyclette. Il porte une étoile jaune en carton, à la mention fantaisiste et téméraire de « Swing ». Rue Saint-Louis, deux agents cyclistes français débouchent d'une autre rue, mettent pied à terre et l'arrêtent comme fauteur de trouble à l'ordre public et le conduisent au commissariat Saint-Gervais. Là sa mère aura la permission de venir l'embrasser. Suprême vision ! De dépôt en dépôt, il sera interné à Drancy. D'autres détenus ont été arrêtés pour le même motif : port d'une étoile jaune en carton à la mention fantaisiste d'Auvergnat, de Breton... Déporté à Auschwitz en 1943, il s'évadera à l'approche des Russes. Il a la vie sauve. Ses parents, d'origine grecque, arrêtés en 1944, ne reviendront pas.

Des nombreuses familles juives de notre Ile, déportées dans les camps de la mort, notre ami Féror sera je crois, le seul à en être revenu. Il avait vingt ans. Seul devant la vie.

A cette même époque, les jeunes Français étaient requis pour aller travailler en Allemagne au titre du STO — service du travail obligatoire. Beaucoup passaient en zone libre et gagnaient le maquis, alors que certains autres, hélas ! se rangeaient résolument aux côtés des Allemands en s'engageant dans la légion Charlemagne composée uniquement de nos compatriotes, et sous l'uniforme allemand iraient combattre le bolchevisme sur le front russe.

Pour rappeler qu'ils étaient français, ils portaient sur le bras gauche un écusson tricolore. Aucun de mes élèves dans cette légion ! Mais plusieurs avaient rejoint le général de Gaulle à Londres.

Encore remués par les événements tragiques dont nous avions été les témoins, nous sommes partis en vacances, en Mayenne. Une grande carriole bien bâchée, conduite par le maire du village, nous attendait devant la gare. Nous avons traversé une riche campagne de bocage où alternaient cultures et pâtures. Des fermes dispersées, quelques dizaines de maisons autour d'une vieille église, une auberge. Nous étions arrivés. On nous a conduits à notre chambre dans un bâtiment plutôt délabré. Elle était spacieuse, les murs passés à la chaux, un mobilier rustique. Le berceau de Jean-Paul était une pièce de musée, comme on en voit sur les gravures des temps anciens. Quant à notre lit, une épaisse couette remplaçait le matelas. Dans ce lit, nous étions dans une balançoire et cela nous amusait beaucoup. Mais nous étions venus pour reprendre du poids et manger à notre faim. Peu importait de dormir ! Nous fûmes comblés. Quelle cuisine ! Exquise, abondante, une présentation raffinée. De la viande, des desserts à tous les repas. Tout cela sans tickets ! J'écrivis à mon frère qui avait perdu vingt kilos. Il vint nous rejoindre. Nos promenades étaient orientées. Nous allions vers les fermes où nous demanderions du ravitaillement à nous réserver pour le moment de notre départ.

L'instituteur nous accompagnait bien souvent pour faciliter la réussite de nos démarches. Les récoltes étaient rentrées. Nous glanions des épis de blé dont la farine nous servirait à faire sauter quelques crêpes et d'orge dont nous torréfierions les grains pour notre « café ». L'aubergiste était en même temps maréchal-ferrant et forgeron ; à côté de chez lui, le bourrelier. Je respirais avec délices l'odeur âcre de la corne brûlée comme dans la banlieue de mon enfance. Un vrai village où la vie s'écoulait lente et rythmée comme autrefois. Une oasis oubliée et je me rappelais la chanson que nous entonnions, jeunes conscrits en 1918 :

Jamais les Prussiens n'auront
Les gars de la Mayenne,
Jamais les Prussiens n'auront
Les gars de c' canton

En ce pays béni, on ne voyait jamais d'Allemands, mais on ne pouvait ignorer qu'ils existaient tout près de nous et au loin. Ils avançaient en direction du Caucase, on savait aussi qu'au mois d'août 1942, un commando anglo-canadien avait débarqué dans la région de Dieppe pour tâter les défenses allemandes.

La mi-septembre nous ramena à Paris, nantis d'un bon chargement de victuailles. J'ai gardé la vision pittoresque du train où nous avions pris place. Odette avec Jean-Paul dans les bras pu s'asseoir grâce à l'amabilité d'un voyageur. Chaque compartiment prévu pour huit personnes en comptait une bonne douzaine. Dix en équilibre plus ou moins instable sur une ou deux fesses, parfois un enfant sur les genoux, deux ou trois debout les bras en croix se tenant aux barres des porte-bagages.

Dans les couloirs, nous étions serrés comme des sardines parmi des amoncellements de valises, de sacs de pommes de terre, de paquets. Et en plus de tout cela, des animaux : des poules liées par les pattes cherchant à se libérer, des lapins apeurés dans des boîtes, un porcelet, une chèvre, un mouton... Le voyage durait cinq heures. Impossible de bouger. J'avais rapporté un cent d'œufs bien calés dans de la sciure. Pour les conserver, je fis comme ma grand-mère, je les mis dans un lait de chaux.

La rentrée scolaire de cette troisième année d'Occupation avait été attristée par le souvenir des petits juifs qui arrêtés à la mi-juillet avaient été déportés. Nous ne les reverrions plus. Nous gardions en mémoire leurs visages, leurs regards réfléchis ou rieurs. Dans nos écoles, tous les enfants se comprennent. Qu'importent la couleur de leur peau, leur lieu de naissance, leur religion, les accents de leur voix pour faire une bonne partie de billes ou d'osselets. Les enfants ne sont pas racistes. Et j'en veux pour preuve le geste de cet élève qui le jour de la rentrée avait posé une fleur sur la table qu'occupait, l'année passée, son ami déporté.

La vie et le travail reprirent leurs droits. Le soir, toutes portes fermées nous écoutions la radio : Radio-Sottens, informations vraies, commentaires sincères et fouillés de René Payot. Nous essayions de capter la BBC et parfois nous entendions la voix et les paroles réconfortantes du général de Gaulle toutes portes fermées, indispensable précaution. Je me rappelais le libellé d'une affiche apposée sur tous les murs de France pendant l'autre guerre :

Taisez-vous, méfiez-vous !
Les oreilles ennemies vous écoutent.

La vie artistique, sans être aussi riche qu'avant la guerre, n'était pas suspendue. De nombreux films furent tournés, certains ont traversé le temps dont celui de Marcel Carné *les Visiteurs du soir* avec Jules Berry, Arletty... et Cora Vaucaire qui prêtait sa belle voix à la chanson *Démons et Merveilles.* Tout le monde n'était pas gaulliste. Il y avait les pétainistes qui sans s'engager dans la voie politique tracée par le Maréchal pensaient qu'il était le mieux placé pour obtenir les conditions de paix les plus honorables pour la France. Ceux-là n'étaient pas dangereux. Mais les autres qui collaboraient à fond étaient redoutables. Il fallait se méfier autant de la milice que de la Gestapo. Ils s'égalaient en malfaisances et en atrocités. Il y avait encore les dénonciateurs qui écrivaient des lettres anonymes aux autorités en place. En 1934, j'avais été menacé par les fascistes de la Solidarité française et comme maintenant ils tenaient le haut du pavé je devais me tenir sur mes gardes d'autant plus que je venais de m'engager dans la Résistance. Aux moindres faux pas, les gaullistes étaient arrêtés, torturés, et déportés.

C'est ce qui venait d'arriver à une collègue de l'arrondissement.

Le 8 novembre, la nouvelle se répand que les Américains

ont débarqué en Afrique du Nord. Les événements vont se précipiter. Les Allemands envahissent la zone libre, ils foncent sur Toulon, pour s'emparer de la flotte. Elle s'est sabordée. Pétain n'a pas quitté Vichy. De Gaulle installe son gouvernement à Alger. Une importante armée française se constitue en Afrique. Elle combattra aux côtés des Américains. Evanoui le rêve d'Hitler de prendre le canal de Suez. Rommel pris dans un étau entre Montgomery et les forces américaines et françaises rompt le combat et replie son armée sur l'Italie. Depuis de longues semaines, une armée allemande fait le siège de l'important complexe industriel de Stalingrad sur la Volga. L'hiver arrive, la lutte est de plus en plus âpre. Mal ravitaillée et même plus ravitaillée du tout, d'assiégeante l'armée allemande devient assiégée et le maréchal von Paulus qui la commande capitule fin janvier 1943. Hitler n'atteindra pas non plus les puits du Caucase.

Nous étions loin de ces terribles événements. Mais l'ennemi était toujours présent nous obligeant à nous surveiller, à nous contrôler. C'était terrible de ne plus être maîtres chez soi.

Le bruit circule que cinq lycéens de Buffon appartenant à un réseau de résistance, dénoncés par un traitre, ont été fusillés le 8 février 1943 au champ de tir d'Issy-les-Moulineaux. Ils avaient été arrêtés en juin 42 et condamnés par un tribunal spécial français. Ils s'appelaient : Jean Artus, Jacques Baudry, Pierre et Lucien Grelot, Pierre Benoît. Leur crime ? Ils aimaient leur patrie et la défendaient jusqu'au sacrifice. Ces cinq héros sont passés dans l'Histoire sous le nom des cinq Martyrs de Buffon.

Notre vie matérielle est de plus en plus difficile. Odette qui nourrit Jean-Paul comme elle a nourri Annie, maigrit et perd ses couleurs. Je troque mon savoir contre du substantiel et j'ai pu, suprême aubaine, avoir un superbe gigot pour les fêtes de Noël. Avec mes frères, nous avons passé un bon réveillon. Chacun a apporté ce qu'il a pu.

Ce bon repas de Noël ne nous faisait pas oublier que les tickets étaient honorés avec retard, la nourriture à laquelle ils donnaient droit de plus en plus insuffisante et les prix au marché noir de plus en plus prohibitifs. Dans les écoles, on distribuait chaque jour des biscuits vitaminés et les jeunes mamans avait droit à un goûter.

Les premiers revers des armées allemandes mettaient notre moral au plus haut. Nous ne nous cachions pas qu'il faudrait attendre notre libération encore de très longs mois, mais nous savions que nous en étions sur le chemin. Cette certitude chacun la portait en soi et elle se manifestait par mille petits signes. A la bibliothèque, des lecteurs jusque-là réservés, me faisaient comprendre discrètement qu'ils étaient gaullistes. Je dis discrètement car certaines oreilles restaient douteuses.

Mais que lisaient mes abonnés en cette année 1943 ? Les ouvrages d'où se dégageaient les mirages de l'évasion et de la liberté et qui parfois par un lien ténu semblaient rappeler l'actualité. Il est certain que la campagne de Libye et la résistance héroïque de Bir-Hakem avaient donné un second souffle à *l'Atlantide,* à *la Châtelaine du Liban* de Pierre Benoît. La contre-offensive russe portait de nombreux lecteurs à s'intéresser à *Anna Karenine* de Tolstoï, tandis que les opérations en Extrême-Orient contre le Japon faisaient ressortir les ouvrages de Pierre Loti dont *Madame Chrysanthème.* Les romans dont l'action se déroulait dans de grands espaces comme *Maria Chapdelaine* de Louis Hémon et ceux de Jack London restaient rarement en rayons. Cependant, un monsieur qui pouvait avoir soixante-quinze ans dévorait littéralement les Jules Verne. J'étais surpris et je lui fis cette réflexion :

— Vous êtes revenu à vos lectures de jeunesse ?

Il rectifia :

— Que j'aurais dû lire si à treize ans je n'avais été embarqué comme mousse sur un « trois-mâts » qui doubla plusieurs fois le Cap Horn. Maintenant avec Jules Verne je retrouve des rivages où autrefois j'ai abordé.

Il y avait un autre lecteur qui pouvait avoir le même âge. Il avait tenu boutique de tailleur au pied de la Butte Montmartre. Il nous rendit de fameux services en rajeunissant des vêtements usagés. Il était gai et fredonnait des chansons un peu anarchisantes de Monthéüs, me racontait des histoires du *Chat Noir.* Je les connaissais par ce que disaient mon père, mes oncles, ma marraine, mes frères et aussi par une revue *le Chat Noir* dont je possède encore une cinquantaine de numéros.

Je savais que Théodore Botrel y avait lancé sa *Paimpolaise* que tout le monde chantait alors à la fin d'un bon repas, que Paul Delmet avait marqué l'année 1900 par sa chanson :

Une étoile d'amour
Une étoile d'amour, une étoile d'ivresse
Les amants, les maîtresses
s'aiment la nuit, le jour,

que Debussy y tenait parfois le piano, que Verlaine, Mallarmé, Maurice Donnay, Maurice Rollinat y disaient leurs poèmes.

Et voilà qu'en 1943, surgissait *Chanson d'automne* dont Rollinat avait écrit les paroles et la musique :

Viens cueillir encore un beau jour
En dépit du temps qui nous brise,
Et mêlons nos adieux d'amour
Aux derniers refrains de la brise..

Cette chanson me ramenait à mes années de collège où j'avais appris un de ses poèmes tiré de son recueil *Dans les brandes.*

Au début de l'été de cette année-là, nous parvenait d'Outre-Manche, par la voix de Jean Sablon, *le Chant des partisans* dont les paroles avaient été écrites par Joseph Kessel et son neveu Maurice Druon, actuellement Secrétaire Perpétuel de l'Académie française, sur une musique de Anna Marly :

Ami entends-tu
Le vol noir des corbeaux

Sur nos plaines
Ami, entends-tu
Les cris sourds du pays
Qu'on enchaîne ?
Ohé Partisans, ouvriers et paysans,
C'est l'alarme !...

Souvent nous entendions des messages :

Les carottes sont cuites...
Le soleil se lève à l'Est...
Andromaque se parfume à la lavande...

qui pour ceux à qui ils étaient destinés, avaient un sens : parachutage d'armes ou de matériel de transmission...

Toutes les nuits, la France était survolée d'avions fantômes. La Gestapo aidée de la Milice, luttait contre la Résistance, démantelait des réseaux alors que d'autres se reformaient. C'est à cette époque que Jean Moulin fut arrêté. Le temps nous durait et pourtant de réconfortants événements se succédaient, les Alliés s'étaient emparés de la Sicile fin juillet. Les Russes étaient partis à la reconquête de leur pays et le « rouleau compresseur » mis en marche après la victoire de Stalingrad avançait inexorablement. Mussolini destitué par le roi Victor-Emmanuel est emprisonné. Les Italiens vont demander l'armistice. Le fameux axe Rome-Berlin est brisé comme un fétu de paille. L'Italie ne sera pas libérée pour autant. Les Allemands y établiront de solides lignes de résistance. Et nous, nous séjournions sur les bords de la Loire.

Notre belle-sœur Denise nous avait dit :

— Ne vous inquiétez pas pour vos vacances. Je m'en occupe et j'irai avec vous. Ma cousine Solange tient un bon hôtel près du château de Chambord.

Nous y étions bien, quant au logement, une grande chambre avec terrasse donnant sur le fleuve, mais la chère n'y était ni abondante ni variée. Nous étions au pays des asperges dont la saison était passée.

Au détour d'une rue, je me heurte à un copain avec qui j'ai fait mes classes en mars 1918. Nous parlons un moment. Il me dit :

— Demain, il y a une vente de charité, je tiens un comptoir et j'aurai des choses intéressantes.

Le lendemain, nous sommes à l'heure. Nous dépensons pas mal d'argent et nous repartons avec un pot de confiture. Nous aurions bien voulu en avoir deux ou trois, le règlement du jeu l'interdisait. Odette en riant disait :

— Pour notre réserve d'hiver !

Mais mon camarade connaissait beaucoup de monde. Il nous procura des œufs que nous gobions sans attendre. Et il frappa un grand coup.

— Tu pédales bien, toi, mon vieux Bled.

— Pas trop bien. Il y a près de vingt ans que je n'ai enfourché un vélo.

— T'en fais pas. Ça ira ! On m'a indiqué une ferme où nous pourrons avoir du ravitaillement dont quelques kilos de lentilles et un morceau de petit salé. Cela vaut la peine, un repas de roi par les temps qui courent ! Et tu verras, ils sont chics, on mangera un morceau avec eux.

Nous roulerions à 15 de moyenne. Le temps de bavarder un peu avec les fermiers et de faire les paquets, de bien les arrimer sur nos porte-bagages, il nous faudra partir un peu avant 7 heures pour être de retour pour le déjeuner.

— D'accord !

Un matin, comme prévu, nous avons pris la route. L'air vif nous donnait des ailes. Nous avons franchi la Loire par une passerelle et nous nous sommes dirigés vers le nord. Il nous a fallu gravir des côteaux plantés de vignes. Nous n'arrêtions pas de grimper, les côtes nous arrivaient dessus comme des vagues. J'étais en eau, et mes jambes demandaient un répit. Je mis pied à terre et m'assis sur le bord d'un fossé. Mon copain me rejoignit, il était très essoufflé lui aussi.

— En somme, à vélo ou à cheval, nous ne sommes pas fortiches.

Et nous avons remué nos souvenirs vieux de vingt-cinq

ans, avant de repartir. Pour nous donner du courage, il a fait une judicieuse remarque :

— Les côtes, quand on les prend par l'autre bout, deviennent des descentes. Quand nous reviendrons chargés comme des baudets, nous n'aurons plus qu'à nous laisser aller.

Et nous sommes arrivés. Deux gros chiens ont aboyé et nous ont flairés. Une fermière regorgeant de santé a paru sur le seuil.

— Vous désirez ?

Et mon copain débita son boniment. Je commençais à comprendre qu'il s'était un peu vanté. La fermière prit un air navré.

— Ce sont les battages, je n'ai plus rien.

Mon copain insistait :

— Pas même des lentilles et un morceau de petit salé ?

— Non, je n'ai plus rien.

— Et quelques œufs, pour les enfants ?

— Hélas, non ! les poules ne pondent pas en ce moment. Revenez dans un mois et si vous apportez des clous, des bleus de travail, du gros sel, on s'arrangera. Nous aussi, nous avons nos problèmes.

Nous avons repris nos vélos. Nous avons tenté notre chance dans d'autres fermes. Mêmes questions, mêmes réponses.

— Foutu pays, toutes les poules ont le croupion bouché ! dit mon ami.

La déception ne nous avait pas foudroyés. Nous avions retrouvé nos vingt ans et nous chantions tout au long de la route. Nous sommes rentrés vers midi. Odette m'attendait. J'avais les mains vides mais j'avais rapporté une courbature.

— Et alors ?

— Alors rien !

— C'est très bien, les charançons ne mangeront pas les lentilles avant nous.

Le beau temps se maintenait. L'après-midi nous allions sur les bords de la Loire. Annie y trouvait les jeux de la plage et Jean-Paul qui était dans ses quinze mois, voulait imiter sa sœur et batifolait. Parfois nous allions jusqu'au château de Chambord qui se dresse au milieu d'une immense clairière. Nous nous arrêtions dans la partie boisée. Nous nous asseyions, Odette et moi, au pied d'un de ces arbres séculaires dont les frondaisons touchaient le ciel et chantaient dans le vent. Annie jouait à la balle dans les grandes allées Jean-Paul dormait dans son landau. Odette avec de la vieille laine, tricotait un vêtement pour l'un des enfants. Au loin, je regardais le château avec ses tours rondes encore massives, ses fenêtres à meneaux, ses hautes cheminées et sés lanterneaux. Ce n'est pas lui que je voyais. Curieuse, mystérieuse faculté que la mémoire qui comme les fourmis amasse les moindres richesses, engrange les souvenirs, les observe, les range dans mille petits tiroirs secrets et qui sous l'effet d'un choc, d'une émotion, d'un abandon, les sort, les soupèse, les mélange, les assemble et par une merveilleuse alchimie recrée des images, des situations, des histoires que l'on croyait à jamais perdues.

Je regardais le château royal et j'en voyais un autre qui avait fasciné mon enfance et suscité tant de rêves, celui de Grobois, en briques roses, entouré de sa grande forêt, où nous allions cueillir au printemps jonquilles, violettes et muguet et ma pensée refaisait le chemin de naguère. Je retrouvais ma mère, ma maison. J'étais si bien, si heureux, comme dans un habit taillé à mes mesures.

J'avais une profonde nostalgie de mes horizons, de mon quartier, de ma rue, de ma maison. Elle s'emparait souvent de moi. Plus tard, quand Jean-Paul aura huit ou dix ans, nous nous appuierons sur le mur de clôture du jardin de ma grand-mère et nous resterons un long moment à la regarder et je ferai comprendre à nos enfants qu'une maison c'est autre chose que des pierres superposées mais que c'est de la vie, de l'amitié, de l'amour, un être cher.

Ce n'était pas dans mes habitudes de rester trop longtemps silencieux quand je me trouvais près d'Odette, elle avait posé son ouvrage et m'avait pris la main.

— Alors, mon grand, tu étais encore parti en promenade avec tes souvenirs ?

— Oui, j'étais dans notre jardin.

— Je comprends, il était si beau avec son banc aux

confidences à l'ombre du grand marronnier à fleurs roses et le paulownia à grappes mauves derrière la maison.

— Je ne me consolerai jamais.

— Si, il le faudra, nous avons tout fait pour le garder le plus longtemps possible.

Nous nous étions levés et maintenant c'était bien le château Renaissance qui s'offrait à mes regards. Je regardais Odette, elle était amaigrie : une maternité, un gros garçon qu'elle allaitait, une classe nombreuse à conduire et les privations de toutes sortes qui étaient, bien, sûr celles de tout le monde, avaient altéré sa belle santé. Nous nous étions reposés mais les denrées devenaient de plus en plus rares, l'occupant opérait des prélèvements de plus en plus massifs. Avant notre retour à Paris, nous songions à nous constituer un petit stock. Je dis à ma belle-sœur :

— Tu devrais demander à ton cousin s'il pourrait nous procurer quelques victuailles.

— Ce sera difficile, car il garde ce qu'il trouve pour faire marcher son hôtel-restaurant.

Elle me donna la réponse.

— Il s'adressera de ma part au gars Eugène qui habite une petite maison isolée à l'orée du bois.

Nous sommes allés voir le gars Eugène. Il parut surpris mais quand nous lui avons dit que nous venions de la part de l'hôtelier, il changea d'attitude. Il nous a fait entrer dans sa chambre à coucher, déplaça une chaise sur le dossier de laquelle était posé un vieux veston tout taché. Il s'est penché, a passé un bras sous le lit, a sorti un quartier de viande aussi douteux que la chambre était sordide.

— Je vous en coupe combien ?

Odette a dit :

— Nous partons dans une quinzaine, nous reviendrons vous voir.

Subitement, nous n'avions plus faim, notre appétit était coupé ! Et pourtant, au cours de cette période, nous avons mangé bien des aliments suspects. En réalité, nous rentrions à Paris, le lendemain, riches de deux douzaines d'œufs, d'un pot de confiture et d'un petit saucisson à cuire. Quelques jours de tranquillité et il faudrait reprendre les longs stationnements dans les files d'attente, sous le soleil, sous la pluie, dans le vent, le froid quand on apprendrait qu'un ticket vient de sortir ou que l'on vend de la marchandise sans ticket. Heureusement nous avions des nourritures morales qui palliaient nos insuffisances de nourritures terrestres : les Alliés, au début de septembre, avaient débarqué sur la plage de Salerne et étaient entrés à Naples.

Des troupes françaises participent à cette campagne d'Italie. Les Allemands opposent une vigoureuse résistance. Il faudra des mois et des mois pour les déloger de l'abbaye bénédictine du Mont Cassino où ils se sont retranchés.

Les bombardements aériens se multiplient sur les centres industriels d'Allemagne et des pays occupés et sur la base sous-marine de Saint-Nazaire.

Nous allons souvent, avec nos élèves, dans les abris.

Les Russes avancent inexorablement. Et nous, nous parlions du débarquement tant attendu.

Sur les murs de Paris ont été apposées par les Allemands des affiches rouges sur lesquelles figuraient le portrait d'une dizaine de Résistants et ce titre « La libération par l'Armée du crime ». Quelques-uns de ces Résistants furent arrêtés à la mi-novembre. Ce réseau composé d'immigrés, juifs pour la plupart, tous communistes, fut démantelé et vingt-trois furent fusillés au mont Valérien en février 1944. On sut par la suite que ce réseau portait le nom de leur chef, Manouchian, réfugié arménien.

Vers la mi-mai, se présentèrent à mon bureau deux retraités du service des impôts. Ils me demandaient l'autorisation de s'installer dans le préau pour percevoir l'impôt-métal.

Pour tout matériel, une balance romaine et le rôle d'imposition. Et commença le défilé des assujettis qui apportaient des débris de cuivre, des robinets cassés mais aussi de vieux objets : bougeoirs, chandeliers, bouts de table, bouilloires, bouillottes, bassinoires qui auraient ravi les antiquaires. On aurait dit que nos provinces s'étaient concertées pour que chacune envoyât les pièces les plus belles, les plus originales de son art populaire. Le soir, la récolte de la journée était entreposée dans un local fermé à clef. Puis les contribuables se firent plus rares. Les deux sympathiques retraités jouaient à la belote en fumant la pipe. Un jour, ils disparurent. C'est à la fin des hostilités que les Domaines firent enlever ce précieux métal qui aurait dû servir aux Allemands.

Nous espérions le débarquement pour le mois de mai. A la radio de Londres, les messages personnels se faisaient plus nombreux et l'on aborda le mois de juin. Le 5 juin 44, au soir, notre attention fut éveillée par un message qui différait de tous les autres quant à sa forme :

« *Les sanglots longs des violons...* »

Il fut brouillé, nous ne pouvons affirmer s'il eut une suite.

Le lendemain matin en surveillant la rentrée des élèves, des parents et des passants me dirent :

« Monsieur le Directeur, ça y est, les Américains ont débarqué en Normandie. »

Leurs voix enjouées vibraient d'espérance.

Le fameux vers de Verlaine ne nous annonçait pas des « langueurs monotones » mais le débarquement et alertait les réseaux de résistance pour passer à l'action afin de retarder les mouvements de l'ennemi vers le théâtre des opérations. Dans ces mêmes heures, les Français entraient dans Rome.

Nous connaissions les rivages de cette partie de la Normandie. C'est dans ces parages, fin août 1939, à Caumont-l'Eventé, qu'Odette avait conduit une cinquantaine d'enfants du quartier pour les soustraire à d'éventuels bombardements aériens. Elle était restée trois mois avec eux. Toutes ces plages avaient été truffées de mines par les Allemands. Ils les avaient rendues impénétrables sur une grande profondeur par des réseaux de fil de fer barbelé. Derrière, les redoutables forteresses du mur de l'Atlantique.

A la pointe de l'aube du 6 juin, des nuées de bombardiers laissèrent tomber des tonnes et des tonnes de bombes sur les installations ennemies alors que les navires de guerre lançaient des bordées d'obus de gros calibre. Des avions larguaient des parachutistes et des planeurs se posaient dans les prés avec leurs contingents de combattants. Ces grèves, ces bocages où il faisait si bon vivre et passer d'agréables vacances étaient devenus des paysages d'enfer.

J'étais intimement lié à ce petit coin de terroir. C'est là que mon grand-père paternel était né et que ses ancêtres avaient vécu depuis la nuit des temps. Quand nous entonnions la chanson :

J'irai revoir ma Normandie
C'est là que j'ai reçu le jour...

nous avions une pensée pour eux. Mais il ne s'agissait plus de chansons ! Les hommes se détruisaient les uns les autres sans se connaître.

Quand les Alliés posèrent le pied sur notre sol, ils trouvèrent une France pillée, exsangue, vidée de ses réserves et de sa subsistance. Ils devaient faire venir tout, absolument tout d'Angleterre ou d'Amérique. Mais nous avions l'espoir que la moisson de 44 serait pour nous. Nous écoutions la BBC, hélas trop vite brouillée, Radio-Paris et surtout Radio-Sottens. Les combats faisaient rage dans la ville de Caen et dans Falaise. Bayeux fut la première ville française à être libérée. Comme le disait la chanson de mon frère Georges :

Les gars de Bayeux avaient le cœur joyeux.

L'enthousiasme était délirant ce 14 juin 1944.

Le général de Gaulle y prononça un discours célèbre où il affirmait la continuité de la légitimité républicaine.

Nous reçûmes l'ordre de conduire nos élèves à treize heures trente place de l'Hôtel de Ville pour entendre le message du maréchal Pétain en visite à Paris à ce moment-là.

Il y avait les enfants des écoles du IVe, du Ve, du IIIe arrondissement, c'est-à-dire tous les écoliers du cœur de Paris. Pétain était sur une petite estrade et parlait dans un micro. Des haut-parleurs avaient été installés. Matériel défectueux ou sabotage, on n'entendait pas ce que disait le Maréchal mais par instants on entendait les enfants crier : Pétain, du pain !

Vers la fin de juillet, nous apprenions qu'Hitler avait été victime d'un attentat, dans un bunker de Prusse orientale.

Le 20 juillet, au cours d'une réunion avec ses conseillers,

un officier placé à côté de lui avait posé sa serviette tout contre le siège d'Hitler. Elle contenait une bombe. A un moment, cet officier s'absenta et la bombe explosa. Miraculeusement Hitler n'avait pas été tué, mais seulement blessé peu gravement. Les membres de ce complot furent pendus sauf le maréchal Rommel qui fut contraint par ordre d'Hitler de se suicider. On lui fit des funérailles nationales. Que voulaient ces officiers ? La fin de la guerre car ils savaient que pour eux, elle était perdue, ils voulaient épargner à leur pays un écrasement total.

Mais Hitler croyait toujours en la victoire grâce aux armes nouvelles, telles que les bombes volantes, les V1 et les V2 qui devaient mettre l'Angleterre à genoux. Son comparse Mussolini avait été arrêté par des résistants italiens et pendu.

Les bruits les plus inquiétants circulaient : les Allemands défendront Paris rue par rue et s'ils doivent l'évacuer ils feront tout sauter. Paris est miné. Partir, oui, mais où ? L'eau, le gaz, l'électricité seraient coupés. Pour la lumière, nous étions plutôt tranquilles. C'était autrefois une habitude d'avoir une réserve de bougies pour pallier les pannes de courant. Chez nous, quand j'étais enfant, sur le rebord de la hotte, cinq bougeoirs garnis avec à côté une petite boîte d'allumettes. Cinq chambres à éclairer, cinq bougeoirs.

Là, nous avions amplement ce qu'il nous fallait, plus deux lampes à pétrole remplies, un bidon de luciline et une lampe électrique de poche avec deux piles de rechange pour courir aux abris et ne pas nous rompre le cou dans des escaliers aux marches usées ou mal commodes. Pour l'eau, nous remplissions quelques bouteilles et cinq seaux de dix litres que nous recouvrions d'une serviette propre. Cette réserve nous en utilisions une partie chaque jour et nous la renouvelions. Quant au gaz, cela posait un problème sérieux, car nous n'avions pas de cuisinière à charbon. Mon frère Jacques dont l'esprit inventif était toujours en éveil, nous construisit un réchaud avec de vieilles boîtes de conserve. Les familles ayant un enfant en bas âge purent se procurer un réchaud plus perfectionné à la mairie. Ces réchauds n'étaient pas faits pour brûler du charbon. On les alimentait avec des boulettes de papier, des débris de bois. Il fallait être constamment à côté pour entretenir le feu. En ces temps difficiles, la marmite norvégienne nous rendit de grands services. Le ravitaillement se faisait de plus en plus mal. Nous étions coupés de la Normandie, de la Bretagne et des pays de Loire. Les ponts sur ce fleuve ont été démolis ou fortement endommagés par l'aviation alliée. Les maraîchers de la grande banlieue ne s'aventuraient plus sur des routes encombrées de convois militaires.

Des gens partaient à vélo auquel était attelée une petite remorque et rapportaient légumes et fruits qu'ils vendaient sous des portes cochères.

Des garderies étaient organisées dans les écoles, les enfants pouvaient avoir un repas chaud à midi.

Je me souviens d'un camarade de régiment à qui j'ai rendu quelques services quand nous gardions le pont de Mulhouse à Nogent en 39. Il est maraîcher à Polangis à trois ou quatre kilomètres du pont de Joinville. Je décide d'aller le voir. J'ai emporté une musette et un petit sac de toile. Il me reconnaît.

— Toi aussi tu as faim ? sont ses premières paroles

— Bien sûr, j'ai faim et les miens aussi, comme tout le monde.

Il me donne, car il ne voudra pas que je le paie, deux petits choux, des carottes, quelques poireaux, une salade et des pommes de terre nouvelles. Nous allons avoir des vivres pour quelques jours.

Et comme tous les gens du quartier, je faisais des essais de culture. Dans cinq pots de fleurs alignés sur le bord d'une fenêtre, j'avais semé des haricots et dans ma mémoire retentissait la voix de ma mère :

— Pas cinq, pas six, pas huit, mais sept dans chaque pot.

Ils étaient déjà en fleurs et nous aurions une ou deux poignées de haricots verts très fins ! Douce illusion !

Le 15 août, une armée commandée par le général de Tassigny débarque sur les côtes de Provence.

Radio-Paris a cessé ses émissions. Des petits groupes de soldats allemands, épuisés, traînant la jambe ou parfois entassés dans des carrioles paysannes suivent la Seine en direction de l'Est. Le 19, je remets le drapeau tricolore à la façade de l'école. Je groupe les élèves de la garderie dans la rue. Nous chantons *la Marseillaise,* les fenêtres s'ouvrent et tout un quartier se met à chanter et à crier : « Vive la France ! » Des barricades se dressent un peu partout. Avec mes élèves nous descellons les pavés du pont Marie et nous les empilons en travers du Quai des Célestins. La Résistance s'est emparée de la Préfecture de police. Une fusillade plus ou moins nourrie éclatait d'instant en instant puis s'apaisait. Il y avait les tireurs de toits. Je rencontre la gouvernante du curé. Elle boitille et s'aide d'une canne.

— Alors Mademoiselle Marie, ça ne va pas ?

— Ma foi non, j'ai été blessée.

Elle me raconte.

— Je loge dans une grande chambre sous les toits, je n'ai pas de vis-à-vis. Je faisais ma toilette, la fenêtre ouverte, une détonation et je sens une brûlure.

Mademoiselle Marie n'a pas dit à la fesse, elle pose pudiquement sa main et dit :

— Là !

En réalité, elle porte une longue éraflure. Le tireur des toits a-t-il voulu taquiner Mademoiselle Marie, il aurait pu faire mouche car elle était bien pourvue par la nature de de côté-là !

Ces fusillades sporadiques ne pouvaient pas changer la situation mais nous obligeaient à rester sur nos gardes et à raser les murs.

Chaque jour on entend plus distinctement le bruit du canon. Nos libérateurs se rapprochent de nous. Mais notre joie ne sera-t-elle pas endeuillée par de violents combats de rues et Paris ne sautera-t-il pas selon les ordres d'Hitler ? Nous avons vu les soldats allemands poser, accrocher des chapelets de pains de dynamite sous les ponts qui rattachent notre Ile aux deux rives. Nous savons aussi que Notre-Dame et le Panthéon sont minés. Malgré l'angoisse, l'espoir immense d'être libérés domine tout. Des drapeaux tricolores en banderoles, frappés d'une croix de Lorraine, joignent des maisons qui se font face.

Dans la journée du jeudi 24 août, nous apprenons que les chars de la division Leclerc libèrent la banlieue sud, approchent de la porte d'Orléans. Nous vivons dans la rue, en quête de la moindre nouvelle. Vers vingt et une heures trente quelqu'un crie :

— Ils sont à Sully-Morland.

— Ils sont à l'Hôtel de Ville.

On court pour les voir au pont Marie. Une grande clameur s'élève : les voilà... ! Notre barricade a été démolie, coupée en deux comme l'étrave d'un navire fend la vague écumeuse. Le capitaine Dronne qui commande les chars, est acclamé à son arrivée à l'Hôtel de Ville, un peu avant vingt-deux heures. C'est du délire ! Le bourdon de Notre-Dame s'ébranle, puis la cloche de Saint-Gervais sonne, et, à son tour, la cloche de Saint-Louis-en-l'Ile. Toutes les cloches de Paris semblent se répondre. La liberté vole de clocher en clocher. Un patriote acrobate a fixé un drapeau tricolore au sommet du nôtre. Dans la rue on chante *la Marseillaise* et *le Chant du départ.* Nous sommes tous frères, ce soir-là, unis comme les doigts de la main. D'aucuns, dans l'euphorie de ces heures enthousiastes, déchirent leurs tickets d'alimentation en morceaux menus comme des confettis de Carnaval. Ils croient que tout va immédiatement redevenir normal. Quelle erreur ! A l'ouest, une grande barre rouge, reste d'un couchant somptueux, d'un jour glorieux, s'efface lentement. Nous sommes libres !

Monsieur Latronche, qui tient un café en face de l'école, fait sauter le bouchon d'une bouteille de champagne et nous trinquons à la France retrouvée.

Le lendemain, 25 août à quatorze heures quarante-cinq, le général allemand von Choltitz, gouverneur militaire de Paris, signait l'acte de reddition des troupes placées sous son commandement, en présence du général Leclerc en la vieille gare Montparnasse, c'est-à-dire celle qui existait à l'époque, à l'emplacement de la succursale des Galeries Lafayette et de la Grande Tour. Nous devons une certaine reconnaissance à ce général allemand qui malgré les ordres pressants d'Hitler se refusa à faire sauter Paris.

Samedi 26 août, les tirs de harcèlement continuent. L'après-midi, le général de Gaulle doit descendre les Champs-Elysées et se rendre à l'Hôtel de Ville par la rue de Rivoli. Nous sommes partis très tôt, avec Annie. Jean-Paul est resté à la maison, gardé par une amie. Il est heureux d'arborer le calot rouge de la division Leclerc. La foule grossit d'instant en instant. Nous sommes au premier rang devant les chars rangés le long du trottoir qui borde la façade de l'Hôtel de Ville. Nous attendons l'homme dont nous ne connaissons que la voix et qui est déjà entré dans la légende pour avoir cru à la pérennité de la Patrie, alors qu'elle était frappée à mort. Nous entendons une rumeur qui s'enfle et éclate lorsqu'il apparaît sur la place avec son escorte. Il s'arrête à quelques dizaines de mètres de nous. Il monte sur le perron, entre dans l'Hôtel de Ville où il est reçu par des personnalités et commence à parler dans un rythme ternaire qui lui est familier.

> *« Paris ! Paris outragé ! Paris brisé ! Paris martyrisé, mais Paris libéré par lui-même, Paris libéré par son peuple ! »*

A ce moment-là, une violente fusillade se déchaîne, les chars tirent, de grands éclairs bleus marquent les maisons qui nous font face. Le désordre est indescriptible. Les gens veulent se dégager de cette foule compacte, c'est à qui se fraiera un chemin, c'est la bousculade aveugle. De Gaulle et son escorte ont franchi le pont d'Arcole et se dirigent vers Notre-Dame. La fusillade s'est apaisée sur la place de l'Hôtel de Ville, mais on l'entend toujours très nourrie dans l'île de la Cité. Les trottoirs sont jonchés d'objets inattendus : des chapeaux, des chaussures, des lunettes, des mouchoirs, des portefeuilles, des cannes... Nous rentrons à la maison, sans nous attarder. La nuit sera aussi mouvementée que l'après-midi. Nous sommes couchés depuis peu. Nous avons la fenêtre ouverte, il fait très chaud. Nous entendons un ronronnement sourd qui se précise et se rapproche : ce sont des avions. L'alerte est donnée, le tocsin de Saint-Gervais sonne. Nous nous habillons en hâte. Nous enveloppons le petit Jean-Paul dans une couverture et nous descendons dans l'abri d'une maison voisine.

Tout le quartier est illuminé par des fusées. Nous

sommes entassés dans cette cave et de temps à autre nous entendons des éclatements de bombes suivis d'un silence. C'est la fin de l'alerte. Je monte voir ce qui se passe. La caserne Schomberg a été touchée, des bombes incendiaires brûlent encore sur les ponts et sur les quais. Peut-être les Allemands ont-ils voulu toucher les chars de la division Leclerc garés dans le jardin des Plantes.

Ce sera la dernière action allemande contre Paris. Les prophéties de l'appel du 18 juin 1940 se réalisent. Nous allons vers la victoire.

CHAPITRE XXVIII

Paris libéré. Nous étions libres. Nous écoutions maintenant une radio française, nous lisions des journaux français : *Franc-Tireur, Combat, Libération* qui, sortis de la clandestinité, paraissaient au grand jour. Des règlements de comptes commençaient. Les collaborateurs étaient emmenés au commissariat de police, les mains sur la nuque. Quant aux femmes, les coiffeurs leur avaient rasé les cheveux et on les promenait dans le quartier en chemise de nuit, pieds nus, avant de terminer au poste. Mais, il y eut des méprises graves. Certains que l'on croyait être des collaborateurs étaient des résistants authentiques qui étaient au mieux avec les Allemands, pour en tirer des renseignements utiles à la Résistance et aux Alliés.

Le Général de Gaulle fait verser à tous les serviteurs de l'Etat une indemnité, d'environ mille francs, de quoi s'acheter un kg de beurre de huit cents francs au marché noir ! Quant au ravitaillement, rien de changé. Tickets, files d'attente subsisteront encore longtemps et ne disparaîtront qu'en 1948. Les syndicats se reconstituent. Le Parti communiste s'étant emparé de la CGT, le Syndicat national des instituteurs et les autres syndicats d'enseignants qui sont pour un syndicalisme apolitique fondent la FEN, Fédération de l'éducation nationale. La rentrée scolaire se fait dans une atmosphère très détendue. Les visages sont plus souriants. L'enseignement religieux cesse de se donner pendant les heures de classe. Notre école retrouve son unité.

A Noël 1944, les Allemands lancent une violente offensive

dans les Ardennes belges. D'abord victorieuse, elle sera pourtant stoppée. Début 1945, le territoire français est complètement libéré. Les Russes avancent. L'Allemagne est prise dans un étau. La guerre maintenant se livre sur son sol. Staline réunit une conférence à Yalta sur les bords de la mer Noire en vue de coordonner les efforts des Alliés contre l'Allemagne, de décider de son sort après la victoire. La France n'a pas été invitée. Roosevelt est malade, Churchill défend nos intérêts. Staline se montre rusé et obtient des avantages considérables.

Les événements s'accélèrent, les Russes se battent dans Berlin, Hitler se suicide. Les Allemands demandent l'armistice. Ils signent leur capitulation dans une école de Reims le 8 mai 1945. Les Russes le signèrent le 9 mai à Berlin. A Paris, c'est la fête. Les sirènes hurlent de joie, la foule, parmi elle beaucoup d'étudiants, de lycéens, se porte sur la tombe du Soldat inconnu. André Gillois lit le dernier communiqué de guerre au Poste Parisien et de Gaulle prononce une allocution :

« La guerre est gagnée, la victoire des Nations unies est la victoire de la France... » Mais la guerre continue en Extrême-Orient. Le Japon a subi de sévères défaites, mais il résiste toujours. Des aviateurs américains lâchent la terrible bombe atomique sur Hiroshima le 6 août 1945 puis une deuxième bombe sur Nagasaki le 9 août 1945. Le secret de l'existence de la bombe atomique avait été très bien gardé. Quand on apprit l'ampleur du désastre, le monde fut frappé de stupeur et d'épouvante. Le Japon capitule. La guerre est enfin finie et sur des millions et des millions de tombes va-t-on pouvoir entonner des hymnes de paix et reconstruire un monde fraternel ? Pétain, qui avait été emmené en Allemagne par les Allemands, se présente fin avril à la frontière franco-suisse, car il veut être jugé pour défendre son honneur. Incarcéré aussitôt au fort de Montrouge, il sera jugé et condamné à mort le 15 août 1945, peine commuée par le général de Gaulle en détention perpétuelle, d'abord au fort du Pourtalet puis à l'île d'Yeu. Pierre Laval jugé, sera condamné à mort puis fusillé. L'O.N.U. est créée en 1945 par les Etats qui s'étaient engagés à respecter les obligations de la Charte des Nations unies signée à San-Francisco le 26 juin 1945 pour sauvegarder la paix et instituer toutes les formes de coopération entre les peuples. Edith Piaf chant *la Vie en rose* comme pour marquer le début d'une ère nouvelle.

Chez nous, on va voter pour élire les conseillers municipaux puis les députés à une Assemblée nationale. Nous verrons Léon Blum venir à l'école remplir son devoir de citoyen. De Gaulle donne le droit de vote aux femmes. Electrices, éligibles, elles sont les égales des hommes sur le plan politique.

En cette année 1945, par un référendum on demandera aux Français s'ils veulent conserver la Constitution de 1875 ou s'ils en veulent une nouvelle. Les Français en veulent une nouvelle, les députés deviennent Constituants. Et Colette est élue à l'Académie Goncourt.

On ne peut que regretter qu'un écrivain d'un si grand talent n'ait pas été la première femme à être accueillie sous la coupole du quai Conti. Quand on ouvre un livre de Colette, on entre dans un monde attirant, merveilleux. Son style savoureux, plein d'images, vibre de mille sensations. Tout est vivant et il en est ainsi de tout ce qu'elle écrit. Vers cette époque, on verra sur les écrans *Gigi*, tiré d'un de ses romans et où se révèle le jeune talent de Danièle Delorme.

La France s'est remise au travail. Il ne manquait pas. Nous avions tant de ruines à relever. Par-ci, par-là quelques mouvements de grève. Maurice Thorez, ministre d'Etat, disait : « Il faut savoir finir une grève. Retroussons nos manches. »

Les partis s'étaient reconstitués et ils s'opposaient de plus en plus violemment. De Gaulle, sentant qu'il ne dominait plus la situation, se retira à Colombey-les-deux-Eglises le 20 janvier 1946. Une nouvelle Constitution est soumise au vote des Français. Elle ressemble comme une sœur à celle de 1875. Le président de la République n'a aucun pouvoir. Seule modification, le Sénat prend le nom de Conseil de la République. Cette assemblée ne pourra renverser le gouvernement. Les constituants se sont rappelé que le Sénat avait renversé Léon Blum en 1937. La IVe République est née. Son premier président est Vincent

Auriol, le premier président du Conseil Ramadier, tous deux des fidèles de Léon Blum.

A Nuremberg, le procès des criminels de guerre se termine. La plupart seront pendus dont le maréchal Keitel et son adjoint le général Jodel. Goering s'est empoisonné. Edgar Faure faisait partie de la délégation française à ce procès.

Annie est maintenant au lycée Victor Duruy. Elle a réussi le concours d'entrée en sixième à dix ans. Elle fait du latin. C'est une belle conquête démocratique dont nous sentons tout le prix. Autrefois, l'étude de cette langue ancienne était réservée aux enfants des classes très aisées.

1945 est l'année où l'on inaugure dans les écoles les méthodes nouvelles. Les élèves sont partagés en équipes. Chaque équipe étudie un sujet, fait des enquêtes, l'un d'eux expose la leçon. Naturellement, le maître reprend. Cette méthode a l'avantage d'éveiller chez l'enfant la curiosité, le goût de la recherche.

Jean-Paul qui va sur ses quatre ans nous voit le nez dans un livre ou souvent penchés sur de grandes feuilles blanches. Il veut un cahier, un crayon et essaie de reproduire les petits dessins, les lettres dont il ne connaît pas encore la signification et qu'il déchiffrera bientôt. Nous, nous sommes à la recherche incessante d'exemples d'auteurs pour nos ouvrages futurs. Quelle satisfaction, quelle victoire quand nous tombons en arrêt devant une phrase littéraire qui illustre, étaie la difficulté à étudier ! Mais nous attendons toujours la décision de la librairie Hachette. Cela fait quatre ans que nous attendons le verdict et plus de sept années que nous avons commencé à rédiger les premières pages.

Un certain jeudi de mai, vers les dix-sept heures on sonne. C'est un des directeurs des Editions classiques. Nous nous asseyons au salon, il ouvre sa serviette et nous tend un feuillet imprimé : quelques-unes de nos leçons. Il nous dit d'un ton enjoué : « L'affaire est dans le sac ! Nous en vendrons trente mille par an. »

trente mille nous paraît un nombre considérable, nous ne pouvons le croire, nous sommes traversés d'une immense joie. Ce premier livre, la première année se vendra à deux cent quatre-vingt mille exemplaires ! L'aventure des « Bled » commençait. Des années et des années de travail, de veilles tardives, une rude épreuve pour mes yeux fragiles, mais que de joie de voir ses ouvrages exposés non seulement en France, mais à Athènes, à Rome, à Munich, à Londres !

Quand nous partions en vacances, nous emportions une grande malle d'osier pleine de documents. Nous n'avions pas encore retrouvé le chemin des plages en cours de déminage. Nous nous installions en cette providentielle et généreuse Bretagne dans une maison que nos amis Palut se sont construite de leurs mains au faîte d'une colline qui domine le bourg pittoresque de Saint-Thégonnec. Tous les deux jours, nous descendions au moulin où l'on faisait le pain. Nous rapportions une grosse boule craquante. Ce n'était pas du pain mais du gâteau. Nous avions du lait, du beurre, des œufs, des pommes de terre à volonté. A deux kilomètres du village, l'on achetait la viande sans tickets.

Avec quelques points de textile, Odette m'avait offert une chemisette à carreaux. Au bout de quelques lavages elle était devenue une brassière ! Le soir, la table desservie, les enfants nous embrassent et vont se coucher. A la lueur de la lampe à pétrole, nous ouvrons nos livres, nos cahiers et nous nous disposons à travailler. Parfois, le vent souffle fort autour de la maison car la mer est toute proche et la pluie vient fouetter les vitres. Nous sommes bien dans cette maison. Et nous, unis intimement dans le travail comme dans la vie, nous éprouvons l'ineffable douceur d'un grand bonheur qui ne finit pas.

Pendant l'Occupation, nous n'étions allés ni au théâtre, ni au cinéma. Nous renouerons avec la série de *Madame Minniver* dont les interprètes, Greer Garson et Walter Pidgeon, demeurent inoubliables. Nous verrons à cette même époque le film de Marcel Carné *les Portes de la nuit* où l'on entend par la voix d'Yves Montand l'émouvante chanson *les Feuilles mortes* de Prévert qui fera le tour du monde et traversera le temps.

Après la capitulation de l'Allemagne, quelques familles juives qui avaient pu se réfugier en zone libre revinrent dans notre quartier. Trois ou quatre arrivaient des pays de l'Est. Odette eut un de ces enfants comme élève, enfant attachant mais de santé fragile. Un jour, la maman du petit David me rendit visite et me prévint qu'elle allait partir pour l'Amérique et que David rendrait le lendemain ses livres. Elle m'expliqua :

— J'ai perdu tous les miens, je n'ai plus que David. Je suis bien en France, mais sait-on jamais ? un nouvel Hitler peut faire la loi un jour. De l'autre côté de l'Océan, nous serons tranquilles.

Le lendemain, il rendit ses livres. Sa maîtresse l'embrassa et lui souhaita bonne chance. David était ému, ses camarades lui dirent :

— Tu nous écriras !

Trois mois passèrent et un matin je trouvai dans mon courrier, une lettre timbrée d'Amérique. Je l'ouvris. David devait être bien arrivé. Dès les premières lignes, je ne compris pas. Je relus la lettre, je montais dans la classe d'Odette et lui tendis. Des larmes coulaient de ses yeux. Les élèves avaient remarqué la scène et semblaient émus à leur tour prêts à entendre une fâcheuse nouvelle. Odette me dit qu'elle ne pourrait pas parler aux élèves. Je m'entendis prononcer ces quelques paroles : « Je viens de recevoir une lettre de la maman de David. Il n'arrivera jamais en Amérique. Il a fait une crise cardiaque sur le bateau, il repose maintenant au fond de l'Océan. »

Les enfants me posèrent des questions et je dus leur expliquer que la dépouille mortelle est enveloppée dans un linceul et fixée sur une planche à laquelle est attaché un gros poids. Une cérémonie d'adieu est présidée par le commandant du navire, on dit des prières, on fait glisser la planche, c'est fini. Les élèves étaient bouleversés, certains pleuraient et, le soir, ils écrivirent tous sur leur cahier journal où ils notaient les faits saillants du jour, une pensée affectueuse. Le lendemain, un élève apporta un bouquet en hommage au petit camarade disparu et quand le bouquet fut fané, chacun prit une fleur séchée et la mit dans son livre de lecture. C'est toujours avec émotion que nous nous souvenons de la disparition tragique de notre petit élève.

Vers 1910, on m'avait fait cadeau d'un porte-plume réservoir, invention toute nouvelle. Il nous arrivait l'année où la comète de Halley, après une ballade de soixante-seize ans parmi les étoiles, revenait nous rendre visite. Tout le monde voulait avoir un porte-plume réservoir. On le mettait dans la pochette de sa veste, retenu par une agrafe. En 1947, une nouveauté : le crayon à bille qui nous venait d'Amérique du Sud. En 1910, le maître ne voulait pas qu'on se servît du porte-plume réservoir car la plume ne permettait pas de respecter les pleins et les déliés. Il en fut de même pour le crayon à bille.

Mais on n'arrête pas le progrès. A plus ou moins longue échéance la plume d'acier était condamnée et avec elle l'encre violette et le cher encrier de porcelaine, confidents de nos jeunes années.

Christian Dior lance la mode « New look ». Les jupes et les robes descendent jusqu'aux chevilles et les chaussures ont des semelles plus épaisses, comme pour braver les restrictions. Il y a encore pénurie de tissus, les femmes allongent leurs robes avec des bandes d'étoffe de couleurs différentes mais qui s'harmonisent.

A l'automne de cette même année, notre pays fut agité par de grandes grèves insurrectionnelles plus particulièrement dans la région du Nord, dans les charbonnages. Pour la première fois, les instituteurs de la Seine se mirent en grève, le gouvernement ayant présenté un plan de reclassement des fonctionnaires qui lésait gravement les intérêts des instituteurs et l'avenir même de l'Ecole. Le personnel de la Seine se mit en grève et obtint satisfaction en partie.

Odette allait avoir quarante ans et pour elle c'était l'approche de l'été, et non plus l'automne de la femme de trente ans chez Balzac. Dix-sept ans plus tôt, j'avais fait sa connaissance dans la salle à manger où journellement nous prenions nos repas. Elle se tenait près de la cheminée de céramique brun-rouge. Tout en elle m'avait séduit. Aujourd'hui, à quarante ans, elle était plus séduisante encore dans sa robe écossaise gris-bleu qui dessinait les courbes harmonieuses de son corps. Le cœur embellit bien souvent l'être aimé. Ma mémoire conserve fidèlement les traits du visage et la silhouette gracieuse d'Odette. Une photographie atteste que mes sentiments ne m'ont pas égaré.

Pour la première fois, depuis 1939, nous allions retrouver

la plage des Sables-d'Olonne. Au Casino des Fleurs, nous entendons un soir, une chanteuse, Simone Langlois, présentée par Jean Nohain. Elle interprète *le Moulin de maître Pierre*. Elle a une voix d'une grande ampleur. C'est une fille du pays des beffrois. Ses cheveux blonds sont une gerbe de blé sous le soleil éclatant d'un après-midi d'été. Au cinéma du Remblai, nous voyons *le Père Tranquille* où Noël-Noël, au moment de quitter un prêtre, lui adresse ces paroles savoureuses : « Bien l' bonjour à vot' dame ». Et nous retournons, quelque temps, chez la mère Deshors à Chamboulive où il fait si bon vivre. Les mauvais jours s'éloignaient de nous, mais jamais nous ne pourrons les oublier.

Comme tout le monde, je portais en moi les terroirs de mes ancêtres, mais j'avais en plus deux petits terroirs particuliers auxquels j'étais très attaché : mon quartier d'Adamville où j'ai passé mon enfance et mon adolescence, avec ma rue Gustave, et l'île Saint-Louis où j'enseignais, où j'avais réussi ma vie d'homme, où j'avais fondé une famille. L'île Saint-Louis, un quartier pas comme les autres, a ses limites naturelles, ses hauts peupliers dont les pieds s'enfoncent dans le fleuve et qui, à l'automne, lorsqu'ils sont traversés par le vent laissent échapper leurs feuilles rondes comme des poignées royales de pièces d'or. Il y a un esprit, un comportement de l'île Saint-Louis. On est ou on n'est pas de ce village prestigieux. Tous les gens se connaissent, se saluent, s'abordent. On flâne, on rencontre l'Histoire à chaque pas. On peut voir, parfois, le soleil se coucher entre les tours de Notre-Dame. Tout proches, le jardin des Plantes et le Luxembourg, les bouquinistes sur les quais de la Seine.

Là tous les quatre, bien serrés les uns contre les autres, on se sentait bien comme dans un nid protégé. Des joies de toute nature, une affection profonde, de l'amitié de tous côtés. Nous ne pensions quitter ce quartier qu'à l'heure de la retraite. On bâtit des projets à longue échéance, soudain des contraintes surgissent qui changent tout. L'inspecteur vient me voir et me dit :

— « La direction des Collèges de la rue Grenier-sur-l'Eau va être libre au 1er octobre prochain, je voudrais que vous la preniez, vous aurez beaucoup de travail, c'est pourquoi je vous propose de poser votre candidature, avec vous je serai tranquille. »

Je le remercie et lui dis que je lui donnerai ma réponse dans deux jours. Odette, comme moi est troublée, c'est un cas de conscience.

— Nous sommes bien ici, mais l'inspecteur te donne une grande marque d'estime. Comment refuser ! Allons visiter l'appartement avant de donner la réponse.

S'il est haut perché, il est bien exposé et comprend quatre chambres, les enfants auront chacun la leur et de la quatrième nous ferons une salle de bains. Nous avons remarqué que nous verrons le haut du clocher de l'église de l'île Saint-Louis et des tours de Notre-Dame. Nous sommes d'accord. Je pose ma candidature et je suis nommé. Dans quelque temps, nous quitterons l'île Saint-Louis mais nous entendrons la cloche de Saint-Gervais où nous nous sommes mariés.

CHAPITRE XXIX

De 1930 à 1960 nous avons enseigné ensemble dans le IVe arrondissement de Paris. Pendant ces trente années, nous avons élaboré une grande fresque de vie où les taches de teintes fort diverses rappellent nos émois, notre amour, notre bonheur, nos enfants, nos joies et nos épreuves familiales, nos élèves, les faits marquants de notre activité professionnelle, les événements que nous avons subis comme tout le monde, une chanson, un livre, un film, une pièce de théâtre... tout ce qui construit ou accompagne une vie dans sa vérité. Aujourd'hui, quand un souvenir des années lointaines vient nous visiter, notre mémoire alertée nous précise : ça c'est du temps de « Saint-Louis », mais ça c'est du temps du « Grenier ». Et nous avons fait la rentrée, un peu dépaysés car nos nouveaux élèves étaient fort différents d'esprit de nos petits Corréziens et Creusois de notre île.

Notre nouveau domaine était limité par la rue des Nonnains-d'Hyères, la rue de Rivoli, les quais de la Seine jusqu'à l'Hôtel de Ville, la mairie du IVe, une caserne de gardes républicains, quelques vieux hôtels historiques, la Maison du Compagnonnage, le collège Sophie-Germain. On trouvait beaucoup d'espaces libres où s'amoncelaient des moellons, vestiges d'immeubles démolis. Devant l'école il y en a un où l'on élèvera le Mémorial juif qui rappelle le martyr de six millions de juifs exterminés sur les ordres d'Hitler.

Vers 1930, une grande partie de ce quartier avait été déclarée îlot insalubre et devait disparaître. Ainsi j'ai vu et entendu s'effondrer avec fracas toutes les maisons moyenâgeuses de la rue de l'Hôtel de Ville. Une poussière de plâtre s'était élevée, avait flotté un moment au-dessus de décombres et le vent l'avait dispersée avec les pauvres souvenirs des générations qui s'y étaient succédé. La pittoresque enseigne d'un petit rémouleur qui surmontait la boutique d'un coutelier a été déposée au musée Carnavalet. La guerre avait interrompu ces travaux de rénovation. Les immeubles vétustes vidés de leurs habitants avaient retrouvé dès 1944 de nouveaux habitants.

L'établissement que je dirige maintenant comprend un collège d'enseignement général, un collège d'enseignement commercial, une école primaire de huit classes, une classe de préapprentissage, environ six cent cinquante élèves dont cent vingts à la cantine.

Et pour assurer l'administration de cet ensemble, j'étais seul. Rien d'exceptionnel, c'est le lot de toutes les directrices, de tous les directeurs placés à la tête d'établissements similaires. La République demande beaucoup au personnel enseignant et ne se montre ni reconnaissante ni généreuse envers lui. Elle paiera un jour ses erreurs et verra notamment se tarir le recrutement des instituteurs. Les élèves nous viennent de tous les horizons, je veux dire de tous les pays, de toutes les religions. Beaucoup de pays de l'Est et d'Afrique du Nord, un bon brassage sympathique. Ce qui me frappe, c'est l'effectif pléthorique du cours préparatoire : soixante-quinze élèves. Je demande le dédoublement de cette classe. Je l'obtiens après trois années d'effort et de réclamation. L'institutrice qui le tient n'a jamais voulu en changer. Sa joie : voir des intelligences s'entrouvrir à la connaissance et s'épanouir comme sous l'effet d'une baguette magique, celle de son savoir-faire et de sa tendresse. C'est une femme d'une grande culture. D'anciens élèves lui rendent souvent visite. Un jour, un jeune homme l'attend à la porte de l'école au moment de la sortie. Il me dit :

— Je viens d'être reçu au concours d'entrée à l'Ecole normale supérieure. Je viens le dire à ma première maîtresse, elle sera contente. Je lui dois beaucoup.

Chère amie, toujours vêtue de sombre, coiffée d'un

feutre : elle semblait porter le deuil de sa jeunesse Elle avait vingt ans en 1914 et l'hécatombe des jeunes hommes l'avait vouée au célibat.

Les parents que je recevais dans mon île parlaient un français correct relevé parfois d'une savoureuse pointe d'accent. Dans le quartier Saint-Gervais beaucoup avaient du mal à s'exprimer et leurs enfants qui eux aussi présentaient des difficultés de langage mettaient une belle ardeur, une sorte d'acharnement à se libérer de ce handicap. On les retrouvait bien souvent à la tête de leur classe. J'ai gardé le souvenir de Maklouf qui jusqu'à sa sortie du collège fit des étincelles et après continua d'en faire. Son bulletin trimestriel : rien que des B ou des TB, pas même un petit AB dont beaucoup se seraient contentés. Après les appréciations des professeurs je portais la mienne amicale et élogieuse. Je voyais régulièrement son père et son oncle qui tenaient un commerce dans le quartier.

Notre conversation nous ramenait immanquablement à Maklouf. Un jour son père me dit :

— Toi, t'es un bon directeur.

Ce qui me fit plaisir, mais ne me surprit pas outre mesure, les bons élèves font les bons directeurs. Il continua :

— Toi, je te connais depuis longtemps, t'étais capitaine des tirailleurs à Tizi-Ouzou.

C'était une magnifique promotion que je ne refusai pas, il y allait de mon prestige.

— Tizi-Ouzou ! Tizi-Ouzou ! répétais-je comme si ma tête était pleine de souvenirs enchanteurs et je parlais des tirailleurs dont tout le monde connaissait la bravoure légendaire. D'autre part, je les avais approchés dans les derniers mois de la Grande Guerre.

Je dus me documenter sur Tizi-Ouzou pour ne pas me laisser prendre de court. Il faut bien reconnaître que ce n'était pas facile, mais en parlant à Maklouf, j'eus les éléments d'une bonne conversation. Qu'est devenu cet adolescent intelligent, laborieux, brillant dans notre civilisation sans renier la sienne ? J'ai souvent pensé à lui pendant les heures douloureuses que nous avons tous vécues. Une histoire en appelle une autre.

Je fais les inscriptions pour la classe de préapprentissage. Un travailleur nord-africain me tend son livret de famille. Je remarque qu'il a deux enfants nés à quatre mois d'intervalle. Je lui dis, en souriant :

— Deux enfants la même année, c'est rare.

— Tu sais bien que j'ai deux femmes.

Bien que je le vis pour la première fois, je m'entends répondre :

— C'est vrai, j'avais oublié.

— J'ai deux femmes, c'est plus propre que toi, t'as des maîtresses !

Ainsi, je m'enrichissais dans cette école d'un képi bleu de capitaine et de plusieurs maîtresses. Curieuse école !

C'était oublier ma belle Favorite qui depuis près de vingt ans éclairait ma vie comme un soleil !

Je reviens régulièrement dans mon île car je tiens encore pour quelques mois la bibliothèque municipale. Anatole France, Pierre Loti et même Georges Duhamel sont délaissés. *La Dame aux camélias* continue à humecter bien des yeux. Les romans d'Alexandre Dumas passionnent toujours jeunes et moins jeunes. Marcel Pagnol, Jean-Paul Sartre, Jean Giono, Maurice Genevoix sortent souvent mais Jules Romains dont nous verrons *Donogoo* à la Comédie Française, François Mauriac, Albert Camus et Colette dominent. Bien sûr on s'arrache *Mon village à l'heure allemande* de Jean-Louis Bory, *Week-end à Zuydcoote* de Merle, *le Bon Beurre* de Jean Dutourd et un récent prix Goncourt, *Vipère au poing* d'Hervé Bazin, un roman bien écrit mais dont la thèse soulève des remous. Voilà ce qui intéressait mes lecteurs lorsque je les ai quittés vers la moitié du siècle.

En ces cinquante années, des progrès prodigieux étaient intervenus dans tous les domaines. En 1840, ma grand-mère était venue de Mulhouse à Paris en diligence. Quand au-dessus de son jardin, elle voyait passer un aéroplane, grande libellule bourdonnante, elle ne manquait pas de dire :

— Mais où s'arrêteront-ils ?

« Ils », les inventeurs, les savants. Ils ne s'arrêtent jamais et vont toujours de l'avant. Ils ont exploré tout l'espace du possible et déjà franchissent le seuil de l'impossible. On se demande parfois s'ils n'entraînent pas l'homme dans la voie de sa destruction.

Qu'allait-on voir au cinéma ? *Autant en emporte le vent,* qui retrace en toile de fond des épisodes de la guerre de Sécession et où Scarlett O'Hara (Vivien Leigh) nous séduit par sa rage de réussir à conserver ses terres. L'on retient une douloureuse histoire d'amour : Ashley (Leslie Howard) ou l'amour impossible, Rhett Buttler (Clark Gable) ou l'amour manqué.

Nous nous étions bien intégrés dans le personnel de l'école dont l'effectif s'élevait à vingt-cinq. Le quartier nous était devenu familier. Depuis des années, nous le traversions pour nous rendre au marché de la rue Saint-Antoine. Et de la fenêtre de notre salon nous apercevions le quai de la Seine où pour la première fois j'avais pris le bras d'une charmante jeune fille en lui disant :

— J'ai affaire de votre côté, cela ne vous gêne pas que je vous accompagne ?

Comme elle était d'accord, je lui offris une brassée de roses et trois mois plus tard nous étions mariés.

Dans ce quartier, se trouvaient encore quelques vieilles boutiques dont on faisait tinter une sonnette en poussant la porte. J'ai gardé le souvenir de l'une d'elles, rue du Pont Louis-Philippe. Elle était tenue par une dame souriante, à cheveux blancs. Elle vendait de la mercerie, réparait les cols et les poignets de chemises et, chose rare, des parapluies. Nous étions souvent ses clients et avions pris plaisir à parler avec elle. Un petit rayon de sucreries attirait les enfants de l'école et lui assurait chaque jour un petit bénéfice.

Mais le Bazar de l'Hôtel de Ville est tout proche. On y trouve de tout. Un jour, on put lire sur les volets fermés, une affichette :

Fermé pour cessation de commerce.

Et on ne revit plus la charmante dame aux cheveux blancs.

Nous travaillions beaucoup. Certains de nos élèves avaient seize ans et même dix-sept ans au Commercial. Nous avons entrepris d'écrire un livre pour eux. Il sera terminé en 1954 et connaîtra le succès comme les autres. Le travail si absorbant qu'il soit ne nous écarte pas de notre temps. Nous verrons le film *Casque d'or* de Becker où Simone Signoret révèlera son talent et paraîtra dans tout son éclat. J'avais vraiment tenu à voir ce film car je connaissais depuis ma petite enfance Casque d'or qui, avec sa bande, hantait les quartiers des boulevards extérieurs, de Belleville et de Ménilmontant. Je crois bien l'avoir aperçue un soir au théâtre de Belleville alors que l'on jouait *la Porteuse de pain* ou *les Deux Orphelines.* Ma marraine parlait abondamment de ces femmes aux cheveux hautement coiffés, tenus par de grands peignes et aux jupes plissées et froufroutantes.

Nous sommes en 1952. Annie vient de réussir la deuxième partie du baccalauréat, elle a dix-sept ans. Une autre jeune fille du même âge, Françoise Sagan, fait paraître un roman : *Bonjour tristesse.* C'est un immense succès. Son livre est une mince histoire mais contée avec talent et bien écrite. A l'autre extrémité de la gloire, François Mauriac reçoit le prix Nobel de littérature.

Sur les écrans, on peut voir *le Trou normand* dont les acteurs sont Bourvil qui s'était fait connaître par sa chanson *Elle vendait des crayons et des cartes postales* et une très belle jeune fille, Brigitte Bardot. Ce nom ne dit pas encore grand-chose au grand public sauf à ceux qui l'ont vue défiler comme mannequin au palais des Glaces. Star internationale, elle apportera beaucoup d'argent au Trésor français !

Jean-Paul a dix ans, il entre en sixième du lycée Charlemagne. C'est un enfant qui lit beaucoup et ses lectures ont éveillé très tôt sa sensibilité. Je lui avais dit :

— Quand tu seras en âge de bien comprendre l'attachement qui vous lie indissolublement à des objets inanimés que la vie a chargé de souvenirs, nous irons rendre visite à mon quartier, à ma rue, à ma maison.

Par une journée mélancolique et sereine de l'arrière-saison, nous avons fait tous les quatre ce pèlerinage. Odette et moi, avons retrouvé mon quartier. Peu de changements. Pourtant de loin, je n'ai pas aperçu la silhouette familière de mon réverbère. J'ai eu un pincement au cœur. Non, il n'était plus là, le vieux réverbère, point de ralliement de tous mes copains, notre protecteur, notre compagnon, notre confident auprès de qui nous nous racontions, le soir, une dernière histoire avant de nous séparer. Nous nous serrions la main et en courant nous faisions claquer nos galoches.

Et nous avons tourné au coin de la rue de ma grand-mère. Sa maison portait encore les traces de nos graffiti. J'ai montré la fenêtre de la chambre où je suis né. Puis nous nous sommes arrêtés devant ma maison. Odette et les enfants se tenaient tout près de moi. Nous avons peu parlé. Odette connaissait la maison comme si elle y avait vécu et le jardin qu'elle appelait le Paradou si tristement livré à lui-même. Annie se souvenait vaguement qu'elle y avait joué à la poupée alors qu'avec mon frère Jacques nous repeignions les volets. Les enfants n'ignoraient rien de ma maison car j'avais tout expliqué sur de grandes photographies.

Le souvenir de ma maison est en moi avec celui de mes parents, de mes frères, de ma famille qui venait y passer des heures heureuses. Ce souvenir est tellement au fond de moi-même que je rêve souvent à elle. Je reviens la nuit, les portes s'ouvrent devant moi. J'entre. J'entends les nouveaux occupants parler, rire, et aussi un peu de musique. Je monte l'escalier comme si j'effleurais les marches. La porte de ma chambre est ouverte. Rien n'est changé. J'ouvre la fenêtre, je contemple le ciel et, comme lorsque j'étais enfant, je me dis que les étoiles sont les yeux d'un immense univers qui nous regardent vivre. Parfois j'entends une voix :

— Edouard est mon enfant.

Est-ce celle de ma mère ? Je sais qu'on ne reconnaît pas la voix de ceux qui nous ont aimés et qui s'en sont allés.

Jean-Paul me dit :

— Serais-tu le revenant de ta maison ?

Nous sommes rentrés par les bords de Marne où vingt ans plus tôt, nous étions passés tous les deux ; les enfants marchaient devant nous. Les cheveux d'Annie serrés en queue-de-cheval se balançaient aux mouvements de son corps. Nous les observions. Odette m'a serré le bras et m'a dit :

— C'est beau la vie !

Nous avons pris le train à La Varenne. Sur le quai, j'ai sorti un petit carnet sur lequel j'écris des exemples qui me viennent à l'esprit pour nos livres ou quelques vers qui jaillissent de mon cœur. J'ai écrit pendant quelques minutes et Jean-Paul m'a dit :

— Tu veux bien que je lise ?

Et il a lu :

Quand j'étais enfant, j'aimais un réverbère
Planté droit, au coin de la rue de ma grand-mère
C'était une étoile, un ami, un confident
Près de qui nous restions assis de longs moments...

— Tu compléteras un jour ce poème.

Le train est arrivé. J'étais assis près d'Odette. Comme il est étrange que ma maison soit née d'un rêve et qu'au même moment une petite fille qui devait devenir ma femme venait au monde dans un gros bourg entouré de bois et de landes, au pays des légendes. Pendant le dîner, nous avons parlé de notre journée. J'ai dit :

— Quand vous serez mariés et que vos enfants seront assez grands pour comprendre, nous referons ce pèlerinage. Jean-Paul remarqua :

— Dans une trentaine d'années.

— C'est long, dit Annie.

— Ne pressons pas le temps, ajoutai-je. D'ailleurs je reviens souvent dans ma rue tout seul.

Odette a tourné le bouton de la radio. Jacqueline François de sa belle voix émouvante, après avoir chanté *Mademoiselle de Paris* nous charmait par *Quand les poètes ont disparu,* le dernier succès de Charles Trenet, notre infatigable et trépidant troubadour. Cette chanson est bien venue, dit Odette, car en ce moment les poètes qui aiment les mots qui chantent, qui pleurent, étincellent, qui ont le velouté et le coloris des fleurs sont tristes et inquiets. En effet les membres de la commission Beslais sont réunis pour discuter de la réforme de l'orthographe. Les journaux nous tiennent au courant des travaux de la commission. Le *Figaro littéraire* y consacre plusieurs pages chaque samedi. L'affaire est d'importance. Il y a ceux qui avancent que la langue française appartient à tous les Français sans distinction. Si la graphie de quelques mots peut être modifiée, l'ancienne et la nouvelle seront valables. L'usage tranchera. Et il y a ceux qui proposent une orthographe phonétique. Pour y arriver, suppression des *h* et des *y*, des consonnes doubles et unification de certains sons. Un texte fut composé à partir de ces prétendues réformes, un vrai galimatias.

Moi-même j'avais écrit une phrase en m'inspirant de la nouvelle orthographe :

— Un ome, sa fame é leur fils antonent un imne ritmé d'une bone et bêle voi.

Notre langue française était par terre, en morceaux. Ce fut une belle levée de porte-plumes. Colette entra dans la bataille :

— N'abîmez pas les mots, ne touchez pas aux *h*, aux *y*. Mettez-en partout ! Ce sera plus beau !

Cette orthographe qui mutilait les mots et les coupait de leurs racines serait reçue différemment par les gens du Nord, les Occitans, les Auvergnats, les Alsaciens... Chacun aurait son orthographe phonétique. Ce serait la fin de l'unité nationale ; un peuple est uni par sa langue. Les trésors des bibliothèques, que deviendraient-ils ? Ils seraient seulement accessibles à des privilégiés. Il n'était pas possible que la langue française qui s'était façonnée pendant un millénaire, admirée de tous pour sa clarté, son élégance, son harmonie, sa beauté, riche des mots exprimant tous les mouvements, toutes les nuances, toutes les subtilités de la pensée et des sentiments pût être frappée à mort. Ce projet de réforme aberrant fut repoussé. Mais tous les quarts de siècle on reparle de la réforme de l'orthographe comme on parle du serpent de mer Aux Français d'être vigilants ! Les mots ont un visage qui nous est familier. Ce sont des êtres vivants, ce sont des amis.

Comme pour répondre aux offenses dont notre langue avait été l'objet, un événement important de par la volonté d'un homme et d'un éditeur vont la conforter. Tous les chefs-d'œuvre de notre littérature et tous les ouvrages récents ayant connu une large audience du public paraîtraient dans une collection, à prix modique dans un format pratique. Le Livre de poche naissait le 9 février 1953. J'y étais. Il devait connaître rapidement un essor considérable.

Face à l'audiovisuel triomphant, le Livre de poche relevait le défi mortel des nouvelles technologies et la galaxie Gutenberg continuait de briller de l'éclat le plus vif.

Au début de mars, un grand souffle d'espérance souleva le monde. Il semblait que l'on respirait mieux. Le dictateur, le despote qui depuis trente ans gouvernait la Russie d'une poigne de fer, Staline, venait de mourir. Les souffrances qu'il avait imposées à son peuple nous avaient été révélées par le livre de Kravtchenko *J'ai choisi la liberté.*

C'est vers ces années-là que nous sommes allés à l'Alhambra entendre la magnifique, la sculpturale chanteuse inca Ima Sumac, phénomène vocal exceptionnel dont la voix semblait ne pas avoir de limites et dont les accents nous transportaient, nous pénétraient. Un autre soir nous avons pris le chemin de l'Olympia pour écouter Edith Piaf que nous entendions souvent à la radio, mais la radio, boîte à paroles, boîte à musique et à chansons, c'est bien mais voir l'artiste, petite, mince, dans sa robe noire dans le halo des projecteurs faire vivre ses chansons, c'est autre chose ! Cette chétive silhouette tenait toute la scène de son immense talent. Sa voix montait des profondeurs de son être, caressait, s'exaltait, s'enflait comme un tumulte dans les hauteurs des aigus, redescendait comme pour prendre contact avec le réel. Elle faisait corps avec ses chansons : *la Vie en rose, Milord, Mon Légionnaire, De l'autre côté de la rue...* Edith Piaf, chanteuse populaire était aimée de tous et plus particulièrement des gens des faubourgs dont elle était issue.

Annie a des correspondantes étrangères, elles passent une quinzaine de jours à la maison. Nous les emmenons au spectacle, à la Comédie française pour rencontrer les chefs-d'œuvre classiques. Mais il faut reconnaître que les thèmes de ces pièces sont souvent éloignés de notre vie et nos invitées semblaient plus attirées par les opérettes du Châtelet, des chansons, des danses, des ballets, de la couleur, de la jeunesse. Des chanteurs dont le plus aimé, le plus talentueux : Luis Mariano. Nos invitées connaissaient donc *la Belle de Cadix, le chanteur de Mexico.* Ses admiratrices se comptaient par milliers et avaient fondé un club.

Ces évocations me ramènent à mon enfance. J'entends la voix de ma mère :

— Alexandre ! quand irons-nous au Châtelet ? Edouard viendrait avec nous.

Il faut dire qu'à cette époque, le Châtelet était considéré comme un théâtre pour enfants. Mon père lui répondait :

— Mais Henriette, nous irons quand le spectacle te plaira !

Il y avait toujours un empêchement pour aller en matinée au Châtelet. Ma mère, pour autant, ne vivait pas en recluse. Elle était libre, heureuse dans sa maison et son jardin et privilégiée car une ou deux fois par an elle assistait en soirée à une représentation du théâtre des Variétés. Aller au théâtre, quand on habitait la banlieue, relevait alors d'une véritable expédition. Le coiffeur venait à la maison à quinze heures. Elle finissait de s'habiller vers dix-sept heures trente, mais avant, elle avait préparé le dîner de mes frères sans oublier la pâtée du chien.

Elle prenait le tramway puis le métro ou le train.

On dînait au restaurant, à vingt heures trente on était installé à l'orchestre ou dans une baignoire. Le spectacle durait généralement trois heures. A la sortie, il fallait courir vers la station de métro la plus proche ou bien on hélait un fiacre qui souvent ne s'arrêtait pas. On reprenait le train avant une heure du matin. On se pressait pour ne pas le rater. C'était un omnibus qui flânait. On arrivait à la gare du Parc un peu avant deux heures et l'on était à la maison à deux heures et demie. Les rues étaient mal éclairées. Une mauvaise rencontre était toujours possible. Mon père avait toujours son parapluie canne-épée. On comprend que les gens de notre quartier préféraient se coucher tôt, ou s'attarder à lire *la Veillée des chaumières*. Mais chez nous, on aimait la Comédie...

Mais la réalité m'éloignait de ce temps. La France vivait des heures difficiles et cruelles. Mendès France, président du Conseil, voulait mettre fin rapidement à la guerre d'Indochine qui durait depuis de longues années. Chaque semaine, à la radio, il s'adressait à nous pour nous entretenir des problèmes importants du moment. Cette initiative était très appréciée. Un camp retranché avait été construit, une véritable forteresse : Diên Biên Phû. Le 7 mai 1954, submergée, elle capitulait. Ce soir-là, un spectacle du Bolchoï devait être donné à l'Opéra. Il fut annulé.

Le lendemain, 8 mai, anniversaire de la Victoire, des ministres furent pris à partie par les Anciens Combattants lors des cérémonies de l'Arc de Triomphe.

En juillet, un accord signé à Genève reconnaissait l'indépendance du Tonkin qui prit le nom de République démocratique du Vietnam. Elle était limitée au sud au 17e parallèle. Les troupes françaises qui y étaient stationnées firent mouvement vers le sud et avec elles, près de deux millions de Tonkinois qui ne voulaient pas vivre en régime communiste. La guerre d'Indochine était finie, tout au moins on le croyait. Des milliers de morts s'ajoutaient à tous les autres. L'Indochine dans mes souvenirs d'enfant c'était la mort glorieuse du sergent Bobillot à Tuyen-Quan, les exploits de l'amiral Courbet contre les « Papillons noirs » surnom des Tonkinois.. Il y avait aussi la fameuse chanson :

Ma Tonki-ki... ma Tonkinoise...
Elle est belle, elle est charmante...
Comme un petit oiseau qui chante...

A la Toussaint de cette même année, nous apprenions qu'un jeune couple d'instituteurs, qui allait prendre un poste double dans les Aurès, avait été assassiné. Alors commençait l'insurrection algérienne, une guerre fratricide qui allait durant des années bouleverser et diviser les Français. J'ai bien dit fratricide, car pour nous l'Algérie était le prolongement de la France et pendant les trois guerres qui nous avaient opposés à l'Allemagne, les régiments algériens s'étaient montrés fidèles et d'une bravoure exceptionnelle. En 1870, ils portaient un uniforme comparable à celui des zouaves mais bleu, on les appelait les « Turcos ».

En témoignage de notre attachement à l'Algérie une mosquée avait été construite à Paris, près du jardin des Plantes. Dans notre quartier vivaient beaucoup de nord-africains. Ils logeaient dans des immeubles qui devaient être abattus. C'étaient de bons travailleurs. Ils menaient une vie tranquille. J'avais ouvert à leur intention des cours d'adultes pour leur apprendre ou réapprendre à lire, à écrire, à compter. Quelques-uns arrivèrent même à obtenir le certificat d'études primaires des adultes. Ils en étaient très fiers. Tous les soirs, je me tenais à leur disposition, si besoin en était, pour leur expliquer leur feuille de paie ou établir leur feuille de Sécurité sociale ou encore écrire une lettre. Leur comportement était des plus naturels et les événements qui se passaient dans leur pays ne semblaient pas les concerner. Plusieurs de mes anciens élèves disparurent pendant ces années tragiques dont un qui avait choisi le métier des armes, ce qui m'avait étonné car c'était un enfant rêveur. Il disparut lors d'une embuscade dans le Djebel.

La Seconde Guerre mondiale est terminée depuis dix ans et l'on continue à se battre un peu partout, pourtant il y a du bonheur pour tout le monde si les hommes voulaient se tendre les mains au lieu de s'affronter. Le progrès galope, il devrait apporter ce bonheur, mais il sert trop souvent à rendre les armes de plus en plus meurtrières.

Si les chevaux ne piaffaient plus dans nos cités, les films les rappelaient à notre souvenir. Dans *les Grandes manœuvres* de René Clair, Gérard Philippe en fringant uniforme d'officier de dragon, à la tête de son peloton, faisait battre le cœur de Michèle Morgan. Gérard Philippe, le talent, la jeunesse, la beauté, enfant chéri du théâtre et du cinéma, étoile brillante, éblouissante puis soudain la nuit, la chute dans l'éternité... Sa mort sera douloureusement ressentie et considérée comme une impardonnable injustice du sort et une perte irréparable pour l'art dramatique.

En ces mêmes temps passait sur les écrans un film de Renoir : *French Cancan,* qui me rappelait tout ce que j'avais entendu raconter par mon père, mes oncles et ma marraine. Infatigables, légères, les danseuses au pied agile dont les jupes à volants avaient plus de dix mètres d'ampleur et qu'elles faisaient virevolter comme des ailes de papillons. Et ils parlaient de la Goulue qu'ils avaient connue en ses heures de gloire et dont je pouvais parler moi aussi. C'était en 1913. Un soir à la sortie du collège, j'étais allé avec mon vieux copain Barbitras, à la Foire du Trône, place de la Nation, pour admirer les manèges dont les vertigineuses montagnes russes comme celles qui m'avaient donné le frisson à Luna-Park, à la porte Maillot, et pour nous acheter un petit cochon en pain d'épice à deux sous. Nous avions aperçu la Goulue qui sur une estrade dansait la matchiche. Elle avait bien de la peine à lever la jambe et les badauds lui criaient : « Plus haut ! Plus haut ! » Tout le monde riait. C'était une femme massive, sans grâce, plutôt une lutteuse qu'une danseuse. Je l'ai revue bien plus tard, à la fête de la Bastille et à celle de Neu-Neu. Hélas ! Malgré sa déchéance, la Goulue reste dans notre souvenir, la belle danseuse effrénée du Moulin Rouge, l'héroïne populaire du Gai Paris et de la Belle Epoque.

Quelques mois avant ses vingt ans, Annie a obtenu la licence d'anglais. Un de ses professeurs, en raison de son avance, lui conseille de faire une année d'études dans une université américaine. Elle fait des démarches à l'ambassade des Etats-Unis à Paris. Sa demande est agréée. Annie choisit l'université de Tucson en Arizona. Nous l'accompagnons au Havre. Nous déjeunons à bord du *Liberté,* ancien paquebot allemand *Europa.* Un coup de sifflet, les accompagnateurs descendent à terre, la passerelle est levée. Le *Liberté* lève l'ancre, s'éloigne. Quelques points blancs, des mouchoirs agités. Annie restera loin de nous pendant une année. A New York, elle prendra le train. Son voyage durera trois jours et trois nuits pour venir à bout de cet immense continent. Elle traversa le désert du Texas avec ses grands cactus-candélabres, ses montagnes tabulaires appelées *mesas* et arriva à Tucson pays des Indiens Vovao. Pendant les petites vacances et à la fin de l'année un groupe d'étudiants avec Annie fit quelques voyages. De Mexico, elle rapporta une ample jupe noire à volants, rehaussés de dentelles blanches, un sombrero mexicain à larges bords et de la pacotille. Elle visita Los Angeles, Hollywood, San Francisco et s'extasia devant les chutes du Niagara.

Jean-Paul, quelques années plus tard, nous demanda de partir à la découverte des pays nordiques en faisant de l'auto-stop et en séjournant dans les auberges de jeunesse. Il réussit ainsi à atteindre le cap Nord et y voir se lever le soleil. Sa fille âgée seulement de treize ans est déjà allée en Suisse, en Autriche, en Allemagne, en Italie, en Roumanie, en Angleterre, en Irlande, au Québec !

Mon établissement était centre des examens et des concours de premier cycle. L'intérêt des familles s'était déplacé. Si le certificat d'études gardait encore bien des faveurs, son auréole commençait à pâlir, alors que le prestige du concours d'entrée en sixième grandissait d'année en année.

Les parents, dans leur majorité, voulaient que leurs enfants fissent des études. A première vue, le choix semblait bien naturel et pour eux bien mesuré, bien réfléchi. Ils pensaient que leurs enfants atteindraient les situations les mieux rémunérées qui les hisseraient dans l'échelle sociale. Ce raisonnement manquait un peu de réalisme, car il n'y avait que les premiers qui y parviendraient, les autres seraient des « cols blancs » aux aspirations plus modestes. Sans le dire, avant de les mépriser un peu, on se détournait des métiers manuels, qu'on considérait comme inférieurs. Pourtant que de travaux utiles, merveilleux quand l'intelligence conduit une main habile. Je me suis toujours préoccupé avec la plus grande attention de l'orientation de mes élèves.

Je demandais aux parents de venir me voir, à la fin du deuxième trimestre de la septième et de la classe de fin d'études. Je les revoyais à la fin de la cinquième pour changer, le cas échéant, l'orientation des enfants qui peinaient. Je les dirigeais alors vers une école professionnelle ou une école de métier ou à côté d'un enseignement général de qualité, ils recevaient un enseignement théorique et pratique. Une année, un problème d'intelligence et quelques participes arrogants ou pervers mirent les candidats du concours d'entrée en sixième en déroute. Il y eut des protestations dans la presse. Le mode de recrutement des élèves fut modifié à leur avantage.

J'eus un jour de sérieux démêlés à propos d'un concours d'entrée en sixième, avec la mère du petit Edouard, un excellent élève.

A la rentrée de janvier il avait perdu son allant et ses couleurs. Il avait viré sa cuti. On l'envoya à la campagne pour plusieurs mois avec la recommandation expresse de ne pas ouvrir un livre de classe, de ne pas tenir un porte-plume sauf pour écrire à ses parents. Vers la fin mai, sa maman le ramena à l'école, piaffant comme un jeune poulain. Elle me demanda de l'inscrire sur la liste des candidats au concours d'entrée en sixième. Je lui fis remarquer que les chances d'Edouard étaient minces, son intelligence ne pouvait pallier l'insuffisance de sa préparation. Elle me sourit et me dit :

— Je viendrai vous voir après les résultats.

La maman d'Edouard était très belle, des cheveux blonds vénitiens, des yeux bleus à reflets changeants. Elle me rappelait Julie, la blanchisseuse de mon enfance et de mon adolescence à qui je portais les plus beaux fruits de mon jardin. Edouard avait échoué, elle vint me voir à mon bureau. Il faisait chaud. Court vêtue, elle était assise devant moi. D'emblée, elle annonça la couleur.

— Monsieur le Directeur, vous avez gardé une place pour Edouard en sixième ?

— Evidemment non, puisqu'il n'a pas réussi.

— C'est trop fort, ses camarades qui ont toujours été après lui, passent et lui reste là.

— C'est vrai mais ils ont eu une année de préparation, ils ont réussi. Il reviendra en septième, c'est la sagesse et à la fin de l'année il sera en tête de la liste des reçus.

— Monsieur le Directeur, je ne suis pas venue pour écouter des paroles de sagesse, mais pour avoir une place en sixième.

— Impossible.

- Comment impossible, vous êtes bien le directeur ?

— Oui, mais je vous répète que c'est impossible.

Elle se démenait sur sa chaise, tirant nerveusement sa jupe par le bas, par le haut et me regardait d'un air étrange.

— Faites-moi plaisir. Je serai très gentille.

— Mais je le sais que vous êtes très gentille

— Non, vous ne le savez pas.

Et je pensais que sur la plage, on voit des femmes tres

dénudées, cela ne surprend pas, mais là dans mon bureau, le spectacle était inattendu et équivoque ; pourtant sa robe retroussée, découvrant des cuisses mates et ambrées de brune, ne me fit pas changer d'avis.

Je voulus lui faire comprendre que rien n'était perdu pour le petit Edouard, puisqu'il n'avait que dix ans. Elle voulait absolument une place tout de suite. Séduction, agressivité, tout y passa comme dans une scène de tragédie. Je l'entendis me dire :

— Quand les gens ne veulent pas comprendre ! En somme vous êtes un directeur qui ne dirige rien ! Edouard ne remettra plus les pieds dans cette école.

Ma réponse :

— Ce serait une grande faute de le couper de son milieu scolaire.

Naturellement, Edouard revint et fit une excellente année. Sa mère resta invisible. Parfois, son père, le samedi, venait le chercher à la sortie de l'école et nous bavardions un moment. Pourquoi un jour ai-je dit :

— Edouard avec ses cheveux blonds et ses yeux bleus ressemble à sa mère.

— Mais non, si vous la connaissiez de près comme moi, vous sauriez qu'elle est brune. Mais c'est bien connu, les hommes préfèrent les blondes.

Je souris :

— Pourtant une brune aux yeux bleus, c'est plus rare, et ça se remarque.

La liste des candidats reçus au concours d'entrée en sixième était affichée dans le vestibule à l'école. Edouard occupait la première place. Personne ne s'en étonnait. Une semaine plus tard, se présenta à mon bureau, une fort jolie brune aux yeux bleus. Je reconnus la maman d'Edouard. Elle était assise devant moi, comme il y a un an, mais dans un état d'esprit différent. Elle me tendit un petit paquet :

— Une édition numérotée qui vous fera plaisir, vous lisez beaucoup. Je le sais par tous les exemples d'auteur que l'on trouve dans vos livres, et la brune vous présente ses excuses pour les sottises, les folies de la blonde. Vous vous rappelez ?

— C'est curieux, je ne me souviens pas.

Elle sourit ·

— Un directeur qui n'a pas de mémoire c'est comme une brune aux yeux bleus, c'est rare et ça se remarque. Vous êtes vraiment très chic.

Elle se leva et alla chercher Edouard qui attendait à la porte. Il disposa sur mon bureau, une grande boîte de confiserie sur laquelle figurait un petit carton : Pour Madame et Monsieur Bled. Elle poussa Edouard vers moi et lui dit :

— Embrasse ton directeur qui s'est occupé de toi comme un père.

— A moi, maintenant, Monsieur le Directeur, je n'ai pas mis de rouge à lèvres.

Dans le courant de décembre c'était la fête de Noël et aussi celle de l'école. Chaque classe donnait un petit spectacle. Les enfants avaient illustré des programmes qui portaient chacun un numéro pour la loterie. Le bénéfice était versé à la coopérative centrale pour financer le voyage de fin d'année. En juin, deux autocars emmenaient une centaine d'élèves visiter la cathédrale de Reims, l'église Saint-Rémy, les vignobles champenois, ou à Rouen, la vallée de la Seine. A cette fête de Noël, les plus jeunes recevaient un jouet et un goûter, les autres des livres pour leur bibliothèque de classe. Il y avait parfois une attraction de choix. Un jeune maître qui avait une remarquable voix de basse nous interprétait *Mississipi.* C'était du délire. Un grand élève jouait avec sa flûte l'air célèbre du *Troisième Homme,* un autre faisait des prodiges avec son harmonica. L'Ecole est une maison sacrée, où les jeunes, avec sérieux et aussi dans la bonne humeur, en s'imprégnant, en s'enrichissant de savoir, tissent les premiers fils de leur destin.

Le 23 octobre 1956, la radio, les journaux nous apprirent qu'on se battait dans les rues de Budapest. Les étudiants, l'armée, la population s'étaient insurgés contre le pouvoir communiste. Les Hongrois voulaient vivre libres, comme nous vivions libres chez nous. Les chars soviétiques avaient quitté la ville. La statue de Staline avait été déboulonnée. Des comités de soutien se constituèrent et un soir avec Jean-Paul et Annie nous portâmes des vêtements et un colis de vivres à la gare d'Orsay. Nous avions glissé dans les poches de brefs petits billets d'encouragement. Au début, les insurgés marquèrent des points. Ils appelèrent à l'aide, personne ne bougea. Les accords de Yalta avaient placé la Hongrie dans l'orbite soviétique et elle devait y rester. Le 4 novembre, les chars soviétiques revinrent en masse. Pendant une dizaine de jours, les patriotes livrèrent des combats désespérés, pour l'honneur. Le 15 novembre, le calme était rétabli à Budapest. La liberté était écrasée. Des morts par centaines et par centaines et des milliers de Hongrois essayèrent de fuir leur pays. Trois ans plus tôt, les chars soviétiques avaient écrasé dans le secteur de Berlin-Est deux cent cinquante ouvriers qui manifestaient contre l'augmentation du prix du pain et de la viande. Et les gens qui tuaient aujourd'hui avaient été à nos côtés pour abattre un tyran monstrueux : Hitler. Il y eut de vives discussions dans les syndicats après le soulèvement manqué de Budapest.

Pendant ces terribles journées d'octobre et de novembre 1956, que se passait-il en France ? Le congrès du Parti radical se terminait à Lyon. A Paris, on jouait la pièce de Jean Anouilh *Pauvre Bitos ou le Dîner de têtes.* On préparait en secret l'expédition de Suez. Le canal avait été nationalisé. Nasser ravitaillait le F.L.N. et encourageait les Algériens à se rebeller contre la France.

Le débarquement de Port-Saïd s'était bien effectué, mais une intervention diplomatique stoppa net les opérations.

En Algérie, sur le terrain la rébellion gagnait du terrain. Albert Camus, natif d'Algérie où vit encore sa mère, vient d'obtenir le prix Nobel de littérature.

Tout le monde connaît l'attachement d'Albert Camus à la liberté, mais l'amour qu'il porte à sa terre natale est aussi grand. Sa position l'éloigne de certains intellectuels français qui penchaient pour l'indépendance, notamment de Jean-Paul Sartre. Les manifestations d'étudiants, les meetings se succèdent.

Le ministère Félix Gaillard est renversé. Pflimlin est appelé et ne pourra former son ministère. Le 13 mai 1958, la foule s'empare du gouvernement général à Alger. Ces événements marquent la fin de la IVe République.

Le président de la République René Coty appelle « le

plus illustre des Français » Charles de Gaulle, pour régler la crise. Il accepte, à la condition que la France se dote d'une autre constitution où le pouvoir exécutif sera renforcé pour éviter les crises ministérielles qui se succèdent à un rythme si rapproché qu'il est impossible de gouverner. De Gaulle se rend à Alger. Français et Musulmans semblent s'être réconciliés. C'est un enthousiasme délirant. Il prononcera la phrase fameuse : « Je vous ai compris. »

Les travailleurs nord-africains qui fréquentent les cours du soir ne semblent pas se préoccuper des événements. Ils sont toujours aussi calmes et intéressés à l'apprentissage du français. La fréquentation des cours est toujours aussi régulière. Plusieurs familles israélites d'Algérie dont les enfants fréquentent l'école regagnent, rassurées, leur pays. La nouvelle constitution est soumise aux Français par référendum le 28 septembre 1958. Elle est adoptée par plus de 80 %. Ce jour marque le commencement de la Ve République.

De Gaulle est élu Président en décembre 58 à une très forte majorité contre le candidat communiste Maranne par un collège d'environ quatre vingt mille Grands Electeurs : députés, sénateurs, représentants des Conseils généraux et des Conseils municipaux. En Algérie, la rébellion recule. Le Général Massu est partisan d'une pacification. Il est rappelé en France. En 1961, au mois d'avril se produit la révolte des généraux : Salan, Zeller, Challes, Jouhaux, « le quarteron des généraux » qui veulent entraîner l'armée car ils sont pour l'Algérie française. Mais le contingent refuse de les suivre, c'est l'échec de cette tentative. Arrêtés et jugés, ils seront emprisonnés. L'organisation de l'Armée secrète est créée, l'O.A.S., qui provoque des attentats.

De Gaulle propose aux Algériens la « paix des braves », puis il parle d'autodétermination. Des tractations secrètes ont lieu à Melun, en Suisse puis ouvertement à Evian. Les Accords débouchent sur l'indépendance de l'Algérie.

Après les accords d'Evian, les Français d'Algérie — les pieds-noirs — pour la plupart se sont expatriés. Des centaines de milliers se sont réfugiés en France. On ne peut pas dire qu'ils avaient été accueillis comme des frères !

De Gaulle entreprend de décoloniser l'Empire français. Il

remet au chef de chaque Etat un drapeau aux couleurs de son pays cravaté de nos trois couleurs pour marquer que les nouveaux Etats restaient associés à la France dans une Communauté. De Gaulle, partout, reçut un accueil enthousiaste sauf en Guinée où Sékou Touré se montra particulièrement agressif. La Guinée sortit de l'orbite française. La Communauté ne vécut pas longtemps, mais tous ces Etats restèrent associés à la France par des liens de coopération. Antoine Pinay, « le petit homme au chapeau rond », assainit nos finances. Il lança en 1958 comme en 1952, un emprunt-or à faible taux d'intérêt mais assorti d'avantages intéressants. Le franc ayant été affaibli par une inflation galopante, de Gaulle créa le nouveau franc (N.F.) qui valait cent anciens francs. La France voyait s'ouvrir devant elle une ère de prospérité.

En 1958, paraissent les *Mémoires d'une jeune fille rangée* de Simone de Beauvoir qui obtenaient autant de succès que les *Mandarins* sortis en 1954.

Dans le domaine de la chanson, le phénomène Yé-Yé, défoulement exubérant, extravagant, consécutif aux angoisses provoquées par les guerres du Vietnam et d'Algérie et dans celui du cinéma : la Nouvelle Vague avec Godard, Truffaut et Chabrol.

La chanson changeait de style et le monde du cinéma bougeait, s'agitait.

Grâce à un matériel plus léger, plus maniable, on abandonnait les studios et leurs décors en carton-pâte. Maintenant on tournait dans de vrais décors : la nature, la rue, la vie prise sur le vif...

De nouveaux acteurs apparurent au générique : Jean-Paul Belmondo, Alain Delon, Catherine Deneuve...

La première émission du Journal télévisé eut lieu en 1949 avec Pierre Sabbagh. La généralisation de la télévision en France se fit après 1960. A cette date, un million trois cent mille postes fonctionnaient. J'en avais acheté un pour le collège sur les fonds de la loi Barangé. Chaque classe disposait d'un Pathé-Baby et de films. De plus l'école possédait trois appareils pour projeter des diapositives. Et nous, au milieu de tous ces bouleversements, nous voyions approcher l'âge de la retraite.

Annie s'était mariée avec Robert. Elle nous donna le 13 février 1960 un beau petit-fils Laurent. Une naissance, de la joie, de l'espérance, un avenir à assurer, à préserver... Le même jour, la fameuse bombe atomique française explosait dans le Sahara.

Annie habite Londres où son mari est rédacteur à l'Agence France-Presse. Quand nous serons à la retraite, nous passerons un mois avec eux pendant les fêtes de Noël et du Jour de l'An et nous découvrirons un pays plein de charme. Pour l'instant nous préparons notre dernière distribution des prix avec un pincement au cœur, car le métier que nous quittons est bien différent des autres et vous prend tout entier.

Chaque matin, le jardinier rend visite à ses roses, il leur parle, les entoure de tous ses soins, il crée des variétés somptueuses et embellit notre vie. Le boulanger, toutes les nuits, pétrit la pâte du pain qui nourrit les hommes. Le maçon construit des maisons pour abriter nos vies, nos intimités... Tous ces métiers et bien d'autres encore ont beaucoup de noblesse mais aucun n'est aussi grand que celui de maître d'école dont Charles Péguy a dit qu'il est le plus beau du monde.

Enseigner les commencements, meubler harmonieusement les intelligences, éveiller les dons du cœur et les faire s'épanouir, donner à chacun une base solide de connaissances où s'édifiera tout le savoir de l'avenir, apprendre aux enfants à regarder autour de soi pour façonner son jugement, développer l'esprit de curiosité et le goût d'ouvrir des livres, en un mot mettre les jeunes dans le chemin de la vie et les aider à devenir des hommes et des femmes, voir fleurir chaque année les arbres que l'on a plantés, n'est-ce pas une mission incomparable ?

CHAPITRE XXX

Les astronautes russes et américains réalisaient le vieux rêve des hommes : voler, et même marcher sur la Lune, l'astre des poètes et des utopistes comme Jules Verne. L'utopie était devenue réalité avec l'ère des techniques et des ordinateurs. Mais l'évolution morale de l'homme ne suit pas : en 1963, John Kennedy est assassiné à Dallas.

Odette et moi écrivons un premier et un second livre d'orthographe pour les enfants des pays d'Afrique et un livre de textes qui les entraîne à la découverte du monde. Avec Jean-Paul, préparant l'agrégation, nous voyageons en Italie, en Grèce, dans les îles de la mer Egée. Les vieilles pierres parlent à ceux qui savent les entendre. C'est aussi l'époque des minijupes : une présentatrice de la télévision française est licenciée pour avoir trop montré ses genoux. Annie nous donne un second petit-fils, Philippe.

En 1965, alors que nous sommes à Londres, comme chaque année au moment de Noël, Churchill agonise. La mort du « vieux lion », intraitable défenseur de la liberté face à Hitler, nous bouleverse. De Gaulle est élu président de la République au suffrage universel. La France est dans une période d'expansion.

Jean-Paul est reçu à l'agrégation. Il est nommé à Metz où il rencontre Nicole, professeur elle aussi. Ils se marient à Saint-Malo. Nous sommes tous réuni, c'est une journée inoubliable de bonheur. Jean-Paul et Nicole partent pour un long voyage.

Annie et Robert font un séjour en Suisse. Nous gardons les enfants. Ils nous ont annoncé leur retour, nous les attendons pour dîner. Le temps a été beau toute la journée, mais comme il arrive souvent au bord de la mer, quelques gros nuages accourent de l'horizon. Un coup de vent violent, une averse brutale de quelques minutes et l'eau ruisselle de partout. Annie et Robert ont été surpris à trois ou quatre kilomètres de la maison. La pluie a dissimulé de grandes plaques de mazout. C'est l'accident. Annie est indemne, mais sa vie est détruite, elle a trente-deux ans. Elle se consacrera à l'éducation de ses fils qui lui donneront beaucoup d'amour et de grandes joies. Nous réinstallerons Annie et ses enfants à Paris.

Nous passons quelques jours à Metz que j'ai entrevu en décembre 1918 alors que j'allais rejoindre mon unité dans les environs de Forbach. Nicole attend un enfant, la vie semble à nouveau nous sourire. Une branche de ma famille est lorraine, je suis attaché à ce terroir. Metz, ville ancienne, Metz ville vivante où il fait bon vivre, ville riche d'un long passé, mais pour nous Metz avait été longtemps la ville assiégée en 1870 et je revoyais les gravures de mes livres de lecture, les officiers bouleversés brûlant leurs drapeaux pour ne pas les remettre aux Prussiens après la capitulation. Je revoyais aussi le champ de bataille de Gravelotte où s'étaient livrés de furieux combats. Dans le folklore populaire, il est resté une expression : ça pleut comme à Gravelotte ! pour désigner une pluie violente par analogie à la pluie de balles en 70 à Gravelotte. Nous sommes allés à Gravelotte et nous avons visité l'émouvant petit musée.

Pendant notre séjour lorrain, la presse et la radio nous apprennent qu'une vive effervescence agite l'université de Nanterre et qu'elle fait tache d'huile. A Metz, les étudiants et lycéens des classes terminales se promènent en cortège ou s'asseyent au milieu de la chaussée.

Cela garde un caractère bon enfant. Mais l'agitation gagne le quartier Latin. Des heurts violents ont lieu entre manifestants et CRS ; les étudiants, coiffés de casques de motards, harcèlent les CRS de projectiles divers : fragments de plaques d'arbres, pavés, boulons et incendient des autos, défoncent des vitrines... Les CRS les pourchassent et lancent des grenades lacrymogènes : de vraies scènes d'émeutes. La situation est sérieuse. Les syndicats et les partis politiques de gauche menacent de se joindre au mouvement. Dans la crainte d'une grève de la SNCF, nous regagnons Paris en toute hâte car Annie nous attend, elle doit se rendre à Londres pour régler des affaires et nous devons garder Laurent et Philippe. Elle prend un des derniers avions. Tous les services publics s'arrêtent Les syndicats décrètent la grève générale.

L'agitation est extrême, elle va durer près d'un mois. Le général de Gaulle est en Roumanie. Il dit à Georges Pompidou, premier ministre, de faire cesser « la chienlit ». La Sorbonne est évacuée, mais cela ne change rien à la situation.

Nous faisons la queue pour avoir du lait, du pain, de l'essence. Les magasins d'alimentation sont presque vides, et les porte-monnaie aussi car les banques, les caisses d'épargne sont fermées. Nous retrouvons l'atmosphère et les soucis de l'Occupation. Une immense manifestation en faveur du général de Gaulle est organisée de la Concorde à l'Arc de Triomphe.

Pompidou a pris contact avec les syndicats. Des réunions succèdent aux réunions qui débouchent sur les accords de Grenelle qui apportent des avantages substantiels aux salariés. On apprend que de Gaulle a quitté Paris avec sa famille. On saura plus tard qu'il s'est rendu à Baden-Baden près du général Massu. Il réapparaît. Il parle à la radio et à la télévision :

— Je ne m'en irai pas. Je dissous l'Assemblée nationale. Les élections auront lieu le 23 et le 30 juin.

Sa voix était ferme mais émouvante, cette voix qui pendant les longues années de l'Occupation avait été notre soutien, notre rempart contre le désespoir. Nous l'attendions avec impatience et quand nous l'avions entendue, nos souffrances devenaient supportables pendant des jours et des jours. Ce soir-là, elle était celle d'un homme blessé qui fait front. Des millions de Français devaient avoir le cœur triste.

Dans les heures troublées que nous vivions, il donnait la parole au peuple.

L'inadéquation de l'école et de l'université aux conditions du monde moderne explique le sentiment de frustration des étudiants et l'ampleur du mouvement. La petite, la modeste école élémentaire, que devient-elle dans tout cela ? D'abord elle sera fermée le samedi après-midi. Le mercredi sera réservé aux exercices religieux au lieu du jeudi.

Une école nouvelle sortira-t-elle de tout ce tumulte ? On dit que maintenant les enfants y viendront pour apprendre « à apprendre », évidence vieille comme le monde, car on sait bien que c'est par l'apprentissage des commencements que se produit l'éveil du savoir. Mais tout dépend de la manière dont on les aborde et de l'utilisation qu'on en fait. S'écartera-t-on des trois règles d'or : apprendre à lire, à écrire et à compter ? En s'harmonisant avec rigueur, elles construisent une base solide sur laquelle grandira un enseignement original tenant compte des techniques nouvelles. Que de joie quand un enfant après six mois d'école possède la clé merveilleuse de la lecture qui lui permet d'aller à sa fantaisie vers le savoir. La nouvelle pédagogie veut que tout travail réponde à une « motivation » qui laisse une « imprégnation ». Il semble que tout exercice qui en principe, sollicite un effort, soit écarté. Que devient la rigueur dans la joie qui laisse une trace féconde ? Il ne faut pas « traumatiser » les enfants. L'émulation, vertu qui permet de se comparer à soi-même et aux autres n'est plus de mise. Plus de notes, mais des lettres, plus de livrets mensuels, plus de billets de satisfaction, plus de tableaux d'honneur, plus de distribution des prix.

Que deviennent les enfants à la fin de l'enseignement élémentaire ? Ils s'engouffrent en sixième et que font-ils après la troisième s'ils y arrivent ? Les uns accèdent à la seconde, les autres à la rue où ils grossissent l'armée des chômeurs. Est-ce là l'égalité des chances ? Ne serait-il pas plus logique, plus humain de prévoir pour ceux qui peinent ou que les études n'intéressent pas, des formations professionnelles qui leur assureraient un métier ? Pourquoi a-t-on délaissé l'apprentissage ? Il est temps de le remettre à l'honneur. Du temps où j'étais instituteur rue Saint-Louis-en-l'Ile, j'ai eu, parmi tant d'autres, un élève brillant devenu membre de l'Institut. Un autre, doté de mains habiles et d'une belle intelligence a choisi un métier et est devenu meilleur ouvrier de France. Sur les sommets où le destin les a placés, ils peuvent contempler leur vie avec une égale fierté. En regardant les travaux confiés à nos élèves quarante ans auparavant, des journalistes, qui étaient venus nous interroger sur les réformes demandées, nous ont dit qu'ils nous considéraient, Odette et moi, comme de véritables novateurs.

Les événements de 1968 donnèrent à la Famille un grand choc. Beaucoup volèrent en éclat. Les adolescents voulaient démontrer à leurs parents qu'ils ne comprenaient rien à la vie, ils voulaient diriger la leur à leur guise. D'où les conflits, les drames. Certains jeunes fuient cette « société imbécile de consommation », vivent en communauté, élèvent des moutons, des chèvres, en tissant et filant la laine ou façonnent des poteries. Les garçons portent les cheveux longs et les filles des pantalons, une convergence des sexes à s'y tromper parfois. Pour de nombreux jeunes, l'heure était à la licence. N'y avait-il pas la pilule ? Certains cinémas s'étaient spécialisés dans le film « porno ». L'amour se vendait comme une marchandise. De ces temps troublés, je retiens une chanson : *Mes universités* de Henri Djian, interprétée par Philippe Clay :

Mes universités
C'était pas Jussieu, c'était pas Censier, c'était pas Nanterre
Mes universités
C'était le pavé, le pavé de Paris, le Paris d' la guerre...
Nous quand on contestait,
C'était contr' les casqués
Qui défilaient sur nos Champs-Elysées...

Pendant que la France était secouée par sa jeunesse, fleurissait le printemps de Prague. Dubcek, secrétaire général du Parti communiste tchèque, voulait donner plus de liberté à ses concitoyens dans un régime socialiste à « visage humain ». Les Soviétiques laissèrent faire un moment, mais les chars russes entrèrent dans Prague le 21 août 1968 et tout fut balayé. Dubcek fut écarté. Le « socialisme bestial » triomphait. Des étudiants, de jeunes hommes s'immolèrent par le feu pour montrer que les morts sont plus heureux que les vivants sans liberté. Mais que pouvait le peuple tchèque aux mains nues contre des chars russes qui douze ans plus tôt avaient écrasé les patriotes hongrois ?

De Gaulle avait repris la direction du pays. Il posa par référendum, aux électeurs deux questions : régionalisation, réforme du Sénat. Vote négatif. Le lendemain 29 avril 1969, il se démet de ses fonctions de président de la République et se retire à Colombey-les-deux-Eglises où il continuera d'écrire ses *Mémoires.*

Georges Pompidou est élu Président. Un matin, nous faisions des achats dans un magasin. La radio ronronne dans un coin. Soudain, la voix de Georges Pompidou : « La France est veuve, le général de Gaulle est mort. » C'était le 9 novembre 1970, il avait quatre-vingts ans. Une vague de tristesse déferla sur la France. Dans *le Figaro,* un dessin de Jacques Faizant : un des chênes le plus majestueux de la forêt gauloise, foudroyé par le temps, est allongé sur le sol. Appuyée sur l'arbre couché, Marianne pleure.

Sous Pompidou, se produira un formidable choc pétrolier qui ébranlera les économies mondiales, fermera des entreprises et mettra des millions de travailleurs au chômage.

On murmure que Pompidou est malade. Le bruit devient certitude. Pompidou est gravement atteint et contre son mal, les remèdes sont inefficaces. Il remplit cependant ses fonctions et va même s'entretenir avec Brejnev en Union soviétique.

Un matin de printemps, le 2 avril 1974, je taille quelques arbustes de mon jardin. Par une fenêtre ouverte, j'entends la radio de mon voisin : « Georges Pompidou est mort dans son appartement privé quai de Béthune en l'île Saint-Louis ». Je connais bien ce bel immeuble. Dans les années 30, je l'ai vu construire pierre à pierre à l'ancienne, pour Helena Rubinstein, la reine mondiale des produits de beauté.

Pendant l'Occupation, au moment des alertes, deux de mes classes se réfugiaient dans ses abris. Là, habitait de Brinon, ambassadeur de Vichy auprès de Abetz représentant Hitler pour la France occupée. Malgré cette présence, c'était pourtant le siège d'un important réseau de résistance.

Pompidou y passa sa dernière nuit et le service religieux eut lieu dans l'église Saint-Louis-en-l'Ile contiguë à l'école où nous avons longtemps enseigné.

Giscard d'Estaing est élu Président, Jacques Chirac est nommé premier ministre.

1980 : Marguerite Yourcenar vient d'entrer à l'Académie française. Nous eussions souhaité que Colette fut la première.

Je vais vers mes quatre-vingts ans et je commence à rassembler mes souvenirs pour laisser un message à mes enfants et à mes petits-enfants afin qu'ils connaissent leurs origines lointaines et nos manières de vivre autrefois. Mes frères viennent de nous quitter : Marius blessé à Morhange en août 1914, Sylvain blessé à la grande offensive de Champagne en septembre 1915, Jacques, le compagnon de mon enfance, blessé et gazé à Verdun en 1916, Paul, notre aîné, blessé et fait prisonnier à Vauquois en 1915.

Maintenant, je reste seul à me souvenir.

ÉPILOGUE

C'était fin octobre 1981, François Mitterrand avait été élu Président. Il faisait froid. Une centaine de personnes cependant m'attendaient dans la salle Raymond Radiguet de la maison de la Culture de Saint-Maur, ma ville natale On m'a posé des questions sur le Saint-Maur d'autrefois. La conversation languissant, j'ai raconté ma première rentrée à l'école, j'ai évoqué le souvenir des maîtres prestigieux, d'une grande intégrité morale et intellectuelle qui m'avaient enseigné, puis je proposai aux auditeurs de leur parler de ma rue, au temps de mon enfance.

J'ai fermé à demi les yeux et j'ai tout retrouvé, tout reconnu : les habitants de chaque maison, les passants, les carrioles des commerçants, les rumeurs, les appels, les cris des petits marchands mais aussi les silences.

Puis, avec mon épouse, mes enfants et mes petits-enfants, nous sommes allés en pèlerinage sur les lieux que je venais d'évoquer, trente ans après la promesse que j'avais faite à Jean-Paul lorsqu'il avait dix ans.

Nous nous sommes arrêtés à l'école. C'était jour de congé. Je me suis nommé et nous sommes entrés. J'ai poussé la porte de la classe où quatre-vingts ans plus tôt, j'avais appris à lire avec gourmandise. Qu'était devenu le grand poêle de fonte dans lequel nous jetions des marrons qui claquaient comme des coups de fusil et qui mettaient au-dessus de nos têtes un léger nuage de fumée bleue et qu'étaient devenues aussi les rudes tables de chêne avec leurs encriers de porcelaine d'où sortaient de belles pages d'écriture avec des pleins et des déliés ?

Nous avons arpenté la cour où je jouais à la toupie, aux billes, aux osselets, à saute-mouton et où plus grand j'étais imbattable au triple saut. Nous sommes entrés dans la petite chapelle où j'ai été baptisé.

Et nous nous sommes dirigés vers ma rue et ma maison. Le ciel était bas. Quand nous avons débouché rue François-Adam, au croisement de cette rue avec la mienne, j'ai aperçu un important attroupement. Il venait d'être mis en lumière comme si, par une déchirure des nuages, le soleil les avait pris dans le faisceau de ses rayons alors que nous restions dans une demi-ombre, comme au théâtre où les acteurs sont éclairés par les feux de la rampe et les spectateurs dans l'obscurité.

Cela tenait de la fantasmagorie. Nous avons marché encore un peu et nous nous sommes arrêtés pour mieux regarder cette vision surnaturelle et merveilleuse.

Il étaient tous là à m'attendre, ces gens du quartier qui m'avaient donné un peu ou beaucoup d'eux-mêmes.

J'ai reconnu tous les miens et nos amis de ma rue parmi lesquels j'avais passé mon enfance et mon adolescence.

Ma mère en jupe grenat et en corsage blanc, mon père en cote bleue, son légendaire chapeau de paille un peu sur le côté, tout contre eux, un petit garçon en costume marin, coiffé d'un Jean-bart, notre bon chien Turc à la robe fauve tachée de blanc; ma grand-mère, mes frères, la mère Doulbeau notre femme de ménage, une amie au cœur plein de noblesse, son mari, Henri son frère mon copain, Henriette sa fille aux joues trop pâles; Monsieur Pélerin, la trompe de chasse en sautoir, son épouse; Bertrem avec sa clarinette pour nous faire danser; l'employé des wagons-lits en uniforme marron; le fort des Halles portant son immense chapeau, Julot mon copain et son frère; les Deviller, le vieux couple Rousselot qui aimait les myosotis; Monsieur Fosse, le Gaulois et sa belle Romaine; le petit cordonnier, allumeur de réverbères; Henriette la blanchisseuse, son mari le sculpteur, la jolie Zézette leur fille et le grimacier Didi; Virginie aux cheveux d'or, au corps harmonieux dans sa robe bleue, ma belle et tendre amie qui me révéla l'amour, Jeanne et Jean, ses enfants; la Dame blanche qui par les soirs d'été nous entraînait dans le rêve, quand elle chantait en s'accompagnant au piano, son mari et sa mère coquette comme une jeune fille ; la pulpeuse Julie, la tentatrice ; les forains qui venaient remiser leurs chevaux pendant l'hiver ; Monsieur Lorillère, le coiffeur avec sa boîte contenant son petit matériel ; la maman du petit Emile toute de noir habillée ; Marthe à qui son patron avait loué un petit logement pour qu'elle ne se fatigue pas, sa mère, mon copain couche-tout-nu ; Madame Bricon l'épicière fière d'avoir un fils instituteur ; les frères Farenq, les charbonniers dans leurs rudes vêtements de travail, coiffés d'un grand chapeau de feutre noir à larges bords, Mayan les épiciers, la famille Chatte, les fermiers dont la fille avait le pied menu comme Cendrillon et enfin ma belle boulangère à l'opulente chevelure d'ébène et aux yeux de velours et que j'aimais tant.

Oui, ils étaient tous là à nous attendre. Ils font des gestes, semblent se parler et pourtant on n'entend aucun brouhaha de voix. Nous nous approchons un peu, la lumière qui les auréolait s'éteint, le ciel s'est refermé et la vision s'éloigne jusqu'au pied des collines où elle disparaît derrière un rideau de brume avec toute une époque, elle aussi disparue à jamais.

Nous avons tourné à l'angle de la maison de ma grand-mère, nous sommes entrés dans la rue du Docteur Roux, nouveau nom de ma rue. L'énorme acacia avait été abattu. C'était toujours la même et lourde grille comme autrefois. Elle a cent ans. Que de fois l'ai-je poussée ! J'ai montré à notre petit groupe la fenêtre de la chambre, au premier étage, où j'ai porté mes premiers regards sur la vie.

Puis nous nous sommes appuyés au mur du jardin de ma grand-mère et nous avons regardé ma maison, chef d'œuvre de mes parents, c'est là que je les retrouve, que je les revois toujours. Elle porte maintenant le numéro 21. Deux pavillons ont été construits dans notre jardin. Disparue, la belle allée de tilleuls dont les fleurs miellées, au début de juin, attiraient les abeilles. Mais elle a toujours fière allure. Malgré ses trois quarts de siècle, elle ne vieillit pas. Une patine lui conserve son air de noblesse. Nous avons eu une conversation secrète de quelques instants. Nous ne nous étions pas oubliés. Une dame à cheveux blancs s'est arrêtée et m'a dit :

— Vous regardez notre petit château ? Vous ne pouvez savoir comme l'intérieur est confortable et beau.

— Je vous remercie, lui ai-je dit. J'y ai passé mon enfance et mon adolescence, je la connais bien, mais j'ignorais qu'on l'appelait le petit château.

Elle a ajouté :

— Quand j'étais petite fille, un monsieur en cote bleue et en chapeau de paille me donnait des fruits, plein mon panier. Je l'aimais bien.

— C'était mon père.

Pour vivre et construire sa vie, l'homme a besoin de se souvenir. Des giroflées sauvages dans le creux d'un vieux mur, le chant d'adieu d'un oiseau dans un arbre tout doré par l'automne, le parfum d'une fleur, l'aboi d'un chien dans le soir qui tombe, les tintements d'une cloche, des cris joyeux d'enfants, des appels d'une mère, l'écho d'une chanson font ressurgir des images, des résonances du temps béni de ma lointaine jeunesse dans ma rue, dans mon quartier. Quels que soient les chemins où les événements l'entraînent, l'homme reste toute sa vie, l'enfant de son enfance.

La Baule, Neuilly, Nice
16 avril 1983, 16 avril 1986

Achevé d'imprimer en mars 1987
sur presse CAMERON,
dans les ateliers de la S.E.P.C.
à Saint-Amand-Montrond (Cher)
pour le compte de la Librairie Arthème Fayard
75, rue des Saints-Pères - 75006 Paris

35-57-7720-04
ISBN 2-213-01948-7

Dépôt légal : avril 1987.
N° d'édition : 4635. N° d'Impression : 653.
Imprimé en France

35-7720-2